中经金课财经类精品课程
新时代高等教育创新型教材

财务管理
Financial Management

主　编　李宛宣　洪玉娟　矫海燕
副主编　张晓凤　高　莹　鞠　铨

中国经济出版社

图书在版编目（CIP）数据

财务管理 / 李宛宣, 洪玉娟, 矫海燕主编. -- 北京：中国经济出版社, 2024.6. (2025.8重印) -- (中经金课财经类精品课程). -- ISBN 978-7-5136-7790-5

Ⅰ. F275

中国国家版本馆CIP数据核字第2024D2N085号

选题策划	雷　生
责任编辑	彭　欣
责任印制	李　伟
封面设计	牧野春晖

出版发行	中国经济出版社
印　刷　者	北京艾普海德印刷有限公司
经　销　者	各地新华书店
开　　本	889 mm × 1194 mm　1/16
印　　张	14
字　　数	393千字
版　　次	2024年6月第1版
印　　次	2025年8月第2次
定　　价	59.00元

广告经营许可证　京西工商广字第8179号

中国经济出版社　网址 www.economyph.con　社址 北京市东城区安定门外大街58号　邮编 100011
本版图书如存在印装质量问题，请与本社销售中心联系调换（联系电话：010-57512564）

版权所有　盗版必究（举报电话：010-57512600）
国家版权局反盗版举报中心（举报电话：12390）　　服务热线：010-57512564

前言 PREFACE

　　财务管理是企业管理的重要组成部分，它利用价值形式对企业生产经营过程进行管理，组织企业财务活动，处理企业与相关各方的财务关系，是一种综合性经济管理工作，对于企业的生存和发展至关重要。同时，为了适应新形势下高等院校转型并培养应用型财务人才的需求，本书遵循"以应用为目的"的原则，在内容上以公司资本运动为主线，重点阐述公司筹资、投资和收益分配等财务运作的理论和方法。此外，对于公司全面预算管理、财务报表分析等内容也进行了专题阐述。本书采用了一种系统化的编排方式，旨在帮助读者全面掌握财务管理的核心内容。每章开始以"学习目标"明确本章的重点，通过"开篇案例"引出实际问题，让读者在现实情境中体会财务管理的应用。紧接着用"导言"对本章内容进行概述，引导读者理解其重要性。随后，"理论知识"部分系统介绍相关内容，奠定坚实的知识基础。在学习理论后，通过"开篇案例解读"回顾并分析案例，将理论与实践紧密结合。最后，通过"小结"对本章内容进行回顾，并在"习题"部分通过各种练习形式，巩固所学知识，确保读者能在理论与实践之间建立深刻的联系。本书以地方性企业为研究对象，为学生未来求职提前做好企业调查，有助于提升学生服务地方经济的意愿，助力区域经济发展。

　　在编写过程中，我们充分借鉴了现代西方财务管理理论，并结合我国企业财务管理的实践，旨在体现财务管理理论与方法的前瞻性和实用性。通过本书的学习，读者能够掌握财务报表的分析技巧、理解资金筹集的策略和方法、熟悉投资决策的流程和风险控制、懂得营运资金的管理策略和优化方案，以及掌握利润分配的原则和预算编制。

　　本书共五篇，合计十一章。第一篇为基本理论篇，包括第一章　财务管理总论和第二章　财务管理的价值观念；第二篇为筹资篇，包括第三章　筹资管理、第四章　资本成本与资本结构；第三篇为营运资金篇，包括第五章　营运资金管理；第四篇为投资篇，包括第六章　项目投资管理、第七章　证券投资管理、第八章　利润分配管理、第九章　财务预算和第十章　财务成本控制；第五篇为财务分析篇，包括第十一章　财务分析。

本书由李宛宣、洪玉娟和矫海燕主编，张晓凤、高莹和鞠铨为副主编。编写团队在财务管理领域有着深厚的理论功底和丰富的教学实践经验，能够深入浅出地阐述财务管理的核心理念，将复杂的概念通过生动的案例和分析变得易于理解，同时注重理论与实践的结合，通过案例分析和应用实践等形式，帮助读者将理论知识应用于实际工作中，提高其解决实际问题的能力。第一章和第二章由李宛宣副教授负责，第三章和第四章由高莹负责，第五章和第十一章由张晓凤负责，第六章和第七章由矫海燕负责，第八章、第九章和第十章由洪玉娟负责，鞠铨负责全书校对，李宛宣副教授负责最后的统稿和审核。

本书适用于普通高校财务管理专业本科的学生、企事业单位的财务管理人员以及需要了解和学习财务管理知识的读者。无论你是此领域的初学者，还是有一定经验的财务管理者，相信都能从本书中获得启示和指导。

本书在编写过程中，得到了学校和出版社的大力支持，在此表示由衷的感谢！我们参阅了参考文献中的教材、著作等资料，在此向作者们表示感谢。虽然我们力求准确、简明地阐述财务管理的基本概念和原理，避免烦琐的公式推导和复杂的计算过程，但由于编写时间仓促以及编者经验不足，本书在具体内容上不可避免存在一定的瑕疵，恳请专家、读者批评指正，我们将在本书后续的出版过程中不断修订、改进和更新。

编　者

2023 年 11 月

目录 CONTENTS

第一篇　基本理论篇

第一章　财务管理总论 ········· 002
- 第一节　财务管理概述 ········· 002
- 第二节　财务管理目标 ········· 005
- 第三节　财务管理环境 ········· 009
- 第四节　财务管理环节 ········· 011
- 第五节　财务管理原则 ········· 013
- 第六节　金融市场 ········· 014
- 第七节　有效市场理论 ········· 016

第二章　财务管理的价值观念 ········· 019
- 第一节　资金时间价值 ········· 020
- 第二节　风险与收益分析 ········· 031
- 第三节　证券估价 ········· 037

第二篇　筹资篇

第三章　筹资管理 ········· 044
- 第一节　筹资管理概述 ········· 045
- 第二节　债务性筹资 ········· 049
- 第三节　权益性筹资 ········· 055
- 第四节　混合性融资 ········· 057

第四章　资本成本与资本结构 ········· 062
- 第一节　资本成本 ········· 063
- 第二节　杠杆效应 ········· 067
- 第三节　资本结构 ········· 070

第三篇　营运资金篇

第五章　营运资金管理 ········· 078
- 第一节　营运资金管理概述 ········· 079
- 第二节　现金管理 ········· 081
- 第三节　应收账款管理 ········· 090

第四节　存货管理 ··· 099
　　第五节　流动负债管理 ·· 106

第四篇　投资篇

第六章　项目投资管理 ·· 112
　　第一节　项目投资概述 ·· 113
　　第二节　项目投资的现金流量分析 ·· 116
　　第三节　项目投资决策评价指标及其计算 ··································· 119
　　第四节　项目投资决策评价指标的运用 ······································ 126

第七章　证券投资管理 ·· 135
　　第一节　证券投资概述 ·· 136
　　第二节　股票投资 ··· 139
　　第三节　债券投资 ··· 141
　　第四节　基金投资 ··· 144

第八章　利润分配管理 ·· 148
　　第一节　利润分配概述 ·· 149
　　第二节　股利分配政策 ·· 150
　　第三节　股票分割与股票回购 ··· 157

第九章　财务预算 ·· 161
　　第一节　财务预算概述 ·· 162
　　第二节　财务预算的编制方法 ··· 164
　　第三节　现金预算与预计财务报表的编制 ··································· 170

第十章　财务成本控制 ·· 177
　　第一节　财务控制概述 ·· 178
　　第二节　责任中心 ··· 179
　　第三节　内部转移价格 ·· 183

第五篇　财务分析篇

第十一章　财务分析 ·· 190
　　第一节　财务分析概述 ·· 191
　　第二节　财务分析方法 ·· 193
　　第三节　财务分析指标 ·· 195
　　第四节　财务综合分析 ·· 203

附　表 ··· 209
　　附表一　复利终值系数表 ··· 209
　　附表二　复利现值系数表 ··· 211
　　附表三　年金终值系数表 ··· 213
　　附表四　年金现值系数表 ··· 215

参考文献 ·· 217

第一篇 基本理论篇

第一章 财务管理总论

第一节 财务管理概述

第二节 财务管理目标

第三节 财务管理环境

第四节 财务管理环节

第五节 财务管理原则

第六节 金融市场

第七节 有效市场理论

第二章 财务管理的价值观念

第一节 资金时间价值

第二节 风险与收益分析

第三节 证券估价

第一章 财务管理总论

ITEM 1

学习目标

本章主要介绍了财务管理概述、财务管理目标和财务管理基本内容。通过本章的学习，要求掌握和了解：

1. 企业财务管理的概念、财务活动及其内容、财务关系及其内容。
2. 企业四种财务管理目标观点的优缺点。
3. 财务管理的环境；财务管理的环节；财务管理的原则。

开篇案例

为什么要学习财务管理？

如果你不打算从事企业的财务管理工作，那么为什么还要学习财务管理知识呢？

一个很好的理由是"为未来的工作环境做准备"。越来越多的企业正在削减经理职位，而把公司金字塔的各个层级糅合在一块，是为了降低成本和提高劳动生产率。结果，剩下的经理的职责范围变得很宽。未来，成功的经理应该是一名合格的团队首领，他的知识和能力保证他既能在组织内纵向流动，又能横向流动，即从事复合型的工作。所以，在不久的未来，基本的财务管理知识将是你工作中不可缺少的关键要素。

思考：通过本章学习，结合以上内容说一说学习财务管理的重要性。

导　言

随着经济社会的发展和互联网力量的渗透，一个企业的兴衰成败与财务息息相关，企业管理必须以财务管理为中心。企业财务管理是任何企业都必须要重视的，企业要加强认识学习财务管理的重要性。

第一节　财务管理概述

财务管理是对财务活动和财务关系的管理。企业的财务活动是围绕资金运动开展的，并在过程中体现各种财务关系。因此，要理解财务管理的含义，首先必须弄清什么是资金和资金运动，然后进一步理解企业的主要财务活动，最后分析企业资金运动过程中体现的财务关系。

一、财务管理的含义

在市场经济中，企业的一切财产物资都是有价值的，都凝结着相同的社会必要劳动，这种社会必要劳动的货币量化就是资金。资金是企业开展一切经济活动的血液和灵魂，没有资金，企业就无法存在。企业资金的实质就是生产经营过程中运动着的价值。

企业的再生产过程是一个不断循环和发展变化的过程，这一过程的开始总是通过各种渠道取得资金，如投资者投入或借入资金。我们把企业取得资金的活动称为资金投入。从静态来看，企业所取得的资金总是表现为一定的财产物资，但从动态分析，企业资金总是不断从一种形态转化成另一种形态，也就是说企业的资金总是处于不断的运动之中，企业正是在资金运动中提供各种商品和服务，从而不断发展壮大的。在企业再生产过程中，资金从货币形态开始，依次通过供应、生产和销售三个阶段，分别表现为不同的形态，最终又回到货币形态，这就是资金的循环。企业的资金循环是周而复始，不断重复进行的，这就是资金周转。有时，部分资金并不直接参与企业再生产过程，而是投资到其他单位，成为对外投资；还有部分资金并不总是处于企业再生产过程中，而是会退出企业的资金循环和周转，如用于上缴税费、分配利润、归还债务等，我们称之为资金退出。我们把企业资金的投入、资金循环和周转以及资金的退出等统称为企业的资金运动。资金运动是企业生产经营过程的价值方面，它以价值形式综合地反映着企业的生产经营过程。企业的资金运动，构成企业生产经营活动的一个独立方面，具有自己的运动规律，这就是企业的财务活动。企业的财务活动离不开人与人之间的经济利益关系。

一言以蔽之，企业财务是指企业在生产经营过程中客观存在的资金运动及其所体现的经济利益关系。前者称为财务活动，后者称为财务关系。

财务管理是企业组织财务活动、处理财务关系的一项综合性管理工作。

二、财务活动

企业财务活动构成了企业财务管理的内容，就是企业组织资金运动过程中的各种经济活动，包括筹资活动、投资活动、资金营运活动和分配活动四个方面。

（一）筹资活动

筹资是指企业为了满足投资和资金营运的需要，筹集所需资金的行为。

企业在筹资过程中，一方面，需要根据战略发展的需要和投资计划来确定各个时期企业总体的筹资规模，以保证投资所需的资金；另一方面，通过筹资渠道、筹资方式或工具的选择，合理确定筹资结构，降低筹资成本和风险，提高企业价值。

企业筹集来的资金按来源分为两类：一是企业自有资金。自有资金也叫权益资金，在资产负债表上构成股东权益部分。筹集自有资金有向投资者吸收直接投资、发行股票、企业内部留存收益等方式，其投资者包括国家、法人、个人等。二是企业债务资金，是通过企业向银行借款、发行债券、应付款项等方式取得，在资产负债表上构成负债部分。

（二）投资活动

投资是企业根据项目资金需要投出资金的行为。企业投资可分为对内投资和对外投资两种：企业将资金用于购建固定资产、无形资产、流动资产等称为对内投资；企业将资金用于购买其他企业的股票、债券，或与其他企业联营，或投资于外部项目称为对外投资。

企业在投资过程中，必须考虑投资规模（即为确保获取最佳投资效益，企业应投入的资金数额）；同时还必须通过投资方向和投资方式的选择确定合适的投资结构，提高投资效益、降低投资风险。

（三）资金营运活动

企业在日常生产经营活动中，会发生一系列的资金收付行为。首先，企业需要采购材料或商品，从事生产和销售活动，同时，还要支付工资和其他营业费用；其次，当企业把商品或产品售出后，便可取得收入、收回资金；最后，如果资金不能满足企业经营需要，还要通过短期借款方式来筹集所需资金。为满足企业日常营业活动的需要而垫支的资金，称为营运资金。

在一定时期内，营运资金周转速度越快，资金的利用效率就越高，企业就可能生产出更多的产品，取得更多的收入，获取更多的利润。

企业需要制定营运资金的持有政策、合理的营运资金融资政策以及合理的营运资金管理策略，包括：现金和交易性金融资产持有计划的制订，应收账款的信用标准、信用条件和收账政策的制定，存货周期、存货数量、订货计划的制订等。

（四）分配活动

资金分配活动就是对企业取得的各种生产经营收入，依照现行的法规、制度和决议进行分配。企业资金分配的结果，表现为把企业净收入分配给职工、经营者、所有者、债权人及其他投资者和国家。如果这种分配公平合理，便能够调动各方积极性，增强企业凝聚力，从而有助于提高企业的生产经营业绩。反之，如果分配上有意倾斜，厚此薄彼，弄虚作假，必将严重损害企业形象，使受损失方对企业失去信心。因此，企业需要依据法律的有关规定，合理确定分配规模和分配方式，确保企业取得最大的长期利益。

三、财务关系

财务关系是指企业在进行财务活动过程中与各方所发生的经济利益关系。企业的财务关系概括起来主要包括以下几个方面：

（1）企业与投资者之间的财务关系。主要指企业与其投资者之间发生取得企业资本与利润分配的经济关系，是各种财务关系中最根本的关系。企业的投资者主要有国家、法人和个人等。

（2）企业与债权人之间的财务关系。是指企业向债权人借入资金，并按合同的规定支付利息和归还本金所形成的经济关系。企业的债权人主要有债券持有者、贷款机构、商业信用提供者等。

（3）企业与被投资者之间的财务关系。主要是指企业与其他被投资单位之间发生的投资与利润分配的关系。企业通常以购买或直接投资的形式向其他单位投资，并依据出资份额参与受资者的经营管理和利润分配。

（4）企业与债务人之间的财务关系。主要是指企业将其资金以购买债券、提供借款或商业信用等形式出借给其他单位所形成的经济关系。

（5）企业与政府之间的财务关系。是指政府作为社会管理者，通过收缴各种税款的方式与企业形成的经济关系。这种关系体现为一种强制和无偿的关系。政府无偿参与企业的利润分配，企业按照税法规定向中央政府和地方政府缴纳各种税款。

（6）企业与供货商、企业与客户之间的财务关系。主要是指企业购买供货商的商品或接受其服务，以及企业向客户销售商品或提供服务过程中形成的经济关系。

（7）企业内部各单位之间的财务关系。企业内部各职能单位和生产单位既分工又合作，共同形成一个完整的企业系统。企业内部各单位之间，相互提供产品和劳务所形成的资金结算关系，体现了企业内部各单位之间的财务关系。

（8）企业与职工之间的财务关系。主要是指企业向职工支付劳动报酬过程中所形成的经济利益关系。企业在处理这种关系时，要遵照国家有关劳动法规，充分保证劳动者的经济利益，调动员工的积极性。

第二节　财务管理目标

企业是在国家宏观调控下，按照市场需求自主组织生产经营，以提高经济效益、劳动生产率和实现保值增值为目的的经济组织。企业财务管理的目标离不开企业的总目标，并受财务管理自身特点的制约。

一、企业的目标及对财务管理的要求

企业是指从事商品生产、流通或者服务活动，在法律上具有一定独立地位的营利性经济组织。它的生存与发展必须以获得利润为基础。可见，盈利是企业的最终目标。任何企业一旦成立，就会面临竞争，并且始终处于生存与倒闭、发展与萎缩的矛盾之中。企业只有获利，才能生存并不断发展。因此，企业目标可以具体细分为生存、发展和获利。

（一）生存

企业生存的"土壤"是市场。一方面，企业付出货币从市场上获取资源；另一方面，企业必须向市场提供商品或劳务换回货币。由此可见，企业在市场中生存的基本条件是：以收抵支。否则，企业将萎缩。如果企业长期亏损，扭亏无望，最终会被市场淘汰。

企业生存的另一个基本条件是到期偿债。企业为了扩大业务规模或满足经营周转的临时需要，可以对外借债。国家为了维持市场经济秩序，从法律上保证债权人的利益，要求企业到期必须偿还本金和利息。否则，就可能被债权人接管或被法院判定破产。

由此可见，企业生存的威胁主要来自两个方面：一是长期亏损，它是企业终止的根本原因；二是不能偿还到期债务，它是企业终止的直接原因。亏损企业为了维持营运被迫进行偿债性融资，借新债还旧债，如不能扭亏为盈，迟早会因借不到钱而无法周转，从而不能偿还到期债务。

力求保持以收抵支和偿还到期债务的能力，减少破产的风险，使企业能够长期、稳定地生存下去，是对财务管理的第一个要求。

（二）发展

企业是在发展中求得生存的。在科技不断进步的现代经济中，产品不断更新换代，企业必须不断推出更好、更新、更受顾客欢迎的产品，才能在市场经济中立足。在竞争激烈的市场上，各个企业此消彼长、优胜劣汰。一个企业如不能发展，不能提高产品和服务的质量，不能扩大自己的市场份额，就会被其他企业排挤出去。企业发展的停滞是其死亡的前奏。

企业的发展集中表现为扩大收入，扩大收入的根本途径是提高产品的质量，扩大销售的数量，这就要求企业不断更新设备、技术和工艺，并不断提高各部门职工的素质。在市场经济中，各种资源的取得都需要付出货币，企业的发展离不开资金。因此，筹集企业发展所需要的资金，是对财务管理的第二个要求。

（三）获利

企业只有获利，才有存在的价值，建立企业的目的就是盈利。已经建立起来的企业，虽然有改善职工收入、改善劳动条件、扩大市场份额、提高产品质量、减少环境污染等多种目标，但盈利是最具综合能力的目标。盈利不仅体现了企业的出发点和归宿，还包括其他目标的实现程度，并有助于其他目标的实现。

从财务上看，盈利就是使资产获得超过其投资的回报。在市场经济中，资金都有其成本。每项资产都是投资，都应当是生产性的，要从中获得回报。

综上所述，企业的目标是生存、发展和获利。企业的这些目标要求财务管理完成筹措资金并有效地投放和使用资金的任务。企业的成功，在很大程度上取决于它过去和现在的财务政策。财务管理不仅与资产的获得及合理使用的决策有关，而且与企业的生产、销售管理有直接关系。

为了实现企业管理的目标，在财务管理上应力求保持以收抵支和偿还到期债务的能力，使企业生产经营活动能继续进行下去；合法筹集企业发展所需的资金，使企业能在发展中求得生存；通过合理有效地使用资金，使企业获利从而实现企业的最终目标。

二、企业财务管理目标

企业财务管理有以下几种具有代表性的目标：

（一）利润最大化目标

利润最大化目标就是在假定投资预期收益确定的情况下，财务管理行为将朝着有利于企业利润最大化的方向发展。以追逐利润最大化作为财务管理的目标，其主要原因有三：一是人类从事生产经营活动的目的是创造更多的剩余产品，在商品经济条件下，剩余产品的多少可以用利润这个价值指标来衡量；二是在自由竞争的资本市场中，资本的使用权最终属于获利最多的企业；三是只有每个企业都最大限度地获得利润，整个社会的财富才可能实现最大化，从而带来社会的进步和发展。在社会主义市场经济条件下，企业作为自主经营的主体，所创利润是企业在一定期间全部收入和全部费用的差额，是按照收入与费用配比原则加以计算的。它不仅可以直接反映企业创造剩余产品的多少，而且能从一定程度上反映出企业经济效益的高低和对社会贡献的大小。同时，利润是企业补充资本、扩大经营规模的源泉。因此，以利润最大化为理财目标是有一定道理的。

利润最大化在实践中存在以下难以解决的问题：①这里的利润是指企业一定时期实现的税后净利润，没有考虑资金时间价值；②没有反映创造的利润与投入的资本之间的关系；③没有考虑风险因素，高额利润往往要承担过大的风险；④片面追求利润最大化，可能导致企业短期行为，与企业发展的战略目标相背离。

（二）每股收益最大化目标

所有者作为企业的投资者，其投资目标是取得资本收益，具体表现为净利润与出资额或股份数（普通股）的对比关系，这种关系可以用每股收益这一指标来反映。每股收益是指归属于普通股股东的净利润与发行在外的普通股股数的比值，它的大小反映了投资者投入资本获得回报的能力。

每股收益最大化目标将企业实现的利润额同投入的资本或股本数进行对比，能够说明企业的盈利水平，可以在不同资本规模的企业之间或同一企业不同时期之间进行比较，揭示其盈利水平的差异。与利润最大化目标一样，该指标仍然没有考虑资金时间价值和风险因素，没有反映创造的利润与投入资本之间的关系，也不能避免企业的短期行为，可能会导致与企业的战略目标相背离。

（三）企业价值最大化目标

投资者建立企业的重要目的，在于创造尽可能多的财富，这种财富首先表现为企业的价值。企业价值就是企业的市场价值，是企业所能创造的预计未来现金流量的现值，反映了企业潜在或预期的获利能力和成长能力。未来现金流量现值这一概念，包含了资金的时间价值和风险价值两方面。因为未来现金流量的预测包含了不确定性和风险因素，而现金流量现值是以资金的时间价值为基础对现金流量进行折现计算得出的。企业价值即是未来现金流量现值，用公式表示为：

$$企业价值 = \sum_{t=1}^{n} \frac{企业未来年收益}{(1+贴现率)^t}$$

由于企业未来收益的不确定性，企业价值很难用该公式衡量，它只能是理论公式。对于股份公司来说，股票价格被认为是企业各方面因素共同作用的结果，可以用来衡量企业价值。

以企业价值最大化作为财务管理的目标，其优点主要表现在：①该目标考虑了资金的时间价值和风险价值，有利于统筹安排长短期规划、合理选择投资方案、有效筹措资金、合理制定股利政策等；②该目标反映了对企业资产保值增值的要求，从某种意义上说，股东财富越多，企业市场价值就越大，追求股东财富最大化的结果可促使企业资产保值或增值；③该目标有利于克服管理上的片面性和短期行为；④该目标有利于社会资源合理配置，社会资金通常流向企业价值最大化或股东财富最大化的企业或行业，有利于实现社会效益最大化。

以企业价值最大化作为财务管理的目标同时也存在以下问题：①企业的价值过于理论化，不易操作。②对于非股票上市企业，只有对企业进行专门的评估才能真正确定其价值。而在评估企业的资产时，由于受评估标准和评估方式的影响，不易做到客观和准确，这也导致企业价值确定的困难。

（四）相关者利益最大化目标

在现代企业是多边契约关系的总和的前提下，要确立科学的财务管理目标首先就要考虑哪些利益关系会对企业发展产生影响。在市场经济条件下，企业的理财主体更加细化和多元化。企业的利益相关者应当包括股东、债权人、企业经营者、商品购买者、原材料供应商、企业员工、政府等。因此，在确定企业财务管理目标时，不能忽视这些相关利益群体的利益。

1. 相关者利益最大化目标的具体内容

（1）强调风险与报酬的均衡，将风险限制在企业可以承受的范围内；

（2）强调股东的首要地位，并强调企业与股东之间的协调关系；

（3）强调对代理人即企业经营者的监督和控制，建立有效的激励机制促进企业战略目标的顺利实现；

（4）关心本企业一般职工的利益，创造优美和谐的工作环境和合理恰当的福利待遇，激励职工长期努力为企业工作；

（5）不断加强与债权人的关系，培养可靠的资金供应者；

（6）关心客户的长期利益，以便保持销售收入的长期稳定增长；

（7）加强与供应商的协作，共同面对市场竞争，并注重企业形象的宣传，遵守承诺，讲究信誉；

（8）保持与政府部门的良好关系。

2. 相关者利益最大化作为财务管理目标的优点

（1）有利于企业长期稳定发展；

（2）体现了多赢的价值理念，有利于实现企业经济效益和社会效益的统一；

（3）这一目标本身是一个多元化、多层次的目标体系，较好地兼顾了各利益主体的利益；

（4）体现了前瞻性和可操作性的统一。

正因为如此，相关者利益最大化是现代企业财务管理的理想目标。企业应在相关者利益最大化的基础上，确立现代企业财务管理的理论体系和方法体系，并在企业实际工作中，围绕这个目标开展各项生产经营活动。

三、利益冲突的协调

企业从事财务管理活动，必然与各个方面产生经济利益关系。在企业财务关系中最为重要的是所有者与经营者、债权人之间的关系。企业必须处理、协调好与这两者之间的矛盾及利益关系。

（一）所有者与经营者的矛盾与协调

企业是所有者的企业，企业价值最大化代表了所有者的利益。现代公司制企业所有权与经营权完全分离，经营者不持有公司股票或部分持有股票，其经营的积极性就会降低，因为经营者拼命工作所得不能全部归自己所有。经营者与所有者的主要矛盾就是经营者希望在提高企业价值和股东财富的同时，能更多地增加享受成本，而所有者和股东则希望以最小的享受成本支出带来更高的企业价值和股东财富。解决这一矛盾主要采取让经营者的报酬与绩效挂钩的办法，并辅之以一定的监督措施。主要的措施有以下三种：

（1）解聘。这是一种通过所有者约束经营者的办法。所有者对经营者予以监督，如果经营者未能使企业价值达到最大，就解聘经营者，经营者会因害怕被解聘而被迫实现财务管理目标。

（2）收购。这是一种通过市场约束经营者的办法。如果经营者经营决策失误、经营不力，未能采取一切有效措施使企业价值提高，该公司就可能被其他公司强行收购或吞并，经营者也会被解聘。经营者为了避免这种收购，必须采取一切有效措施提高股东财富和企业价值。

（3）激励。即将经营者的报酬与其绩效挂钩，以使经营者自觉采取能提高股东财富和企业价值的措施。激励通常有两种方式：①"股票期权"方式。指允许经营者以固定的价格购买一定数量的公司股票，当股票的市场价格高于固定价格时，经营者所得的报酬就多，经营者为了获取更大的股票涨价收益，就必然主动采取能够提高股价的行动。②"绩效股"形式。指公司运用每股收益、资产收益率等指标来评价经营者的业绩，视其业绩大小给予经营者数量不等的股票作为报酬。如果公司的经营业绩未能达到规定目标，经营者也将部分丧失原先持有的"绩效股"。这种方式使经营者不仅为了多得"绩效股"而不断采取措施提高公司的经营业绩，而且为了使每股市价最大化，采取各种措施使股票市价稳定上升，从而增加股东财富和企业价值。

（二）所有者与债权人的矛盾与协调

所有者的财务目标可能与债权人期望实现的目标发生矛盾。首先，所有者可能要求经营者改变举债资金的原定用途，将其用于风险更高的项目，这会增大偿债的风险，债权人的债权价值也必然会降低。若高风险的项目成功，额外的利润被所有者独享；若失败，债权人却要与所有者共同承担由此而造成的损失，对债权人来说，风险与收益是不对等的。其次，所有者或股东可能未征得现有债权人同意，而要求经营者发行新债券或举借新债，致使旧债券或老债券的价值降低（因为相应的偿债风险增加）。

为协调所有者与债权人的上述矛盾，通常可采用以下方式：

（1）限制性借债，即在借款合同中加入某些限制性条款，如规定借款的用途、借款的担保条款和借款的信用条件等。

（2）收回借款或停止借款，即当债权人发现公司有侵蚀其债权价值的意图时，采取收回债权和不给公司增加放款的方式，来保护自身的权益。

除债权人外，与企业经营者有关的各方面都与企业有合同关系，都存在着利益冲突和限制条款。企业经营者侵犯雇员、客户、供应商和所在社区的利益，都将影响企业目标的实现。所以说，企业是在一系列限制条件下实现企业价值最大化的。

第三节　财务管理环境

财务管理环境又称理财环境，是指对企业财务活动产生影响的各种外部和内部条件或因素。这些约束条件或因素财务管理人员通常难以改变，只能适应它们的要求和变化。由于财务管理工作所具有的综合性和广泛性特点，对其产生影响和约束的因素非常多，既包括外部环境，也包括内部环境。

外部环境是指那些对企业财务活动产生影响和约束的各种外部因素，通常包括政治环境、经济环境、金融环境等。

一、政治环境

政治环境包括国家的政治制度、政府机制、社会稳定性等方面。在市场经济体制下，政府对企业的直接行政干预越来越少，主要通过经济、法律等间接手段影响企业行为，企业理财有更大的机动性和灵活性。政治环境对企业经济活动的影响是极其复杂的，一个合格的理财人员必须具备较强的政治敏锐性。

二、经济环境

经济环境是指影响企业财务管理活动的各种经济因素，如经济发展水平、经济周期、通货膨胀、政府的经济政策等。

1. 经济发展水平

经济发展水平制约并决定着财务管理水平的高低，经济越发达，财务管理水平也越高。同时在不同经济发展水平下，财务管理的内涵和要求也有较大差异。随着我国经济的高速发展，企业财务管理水平日益提高，财务管理内容更加丰富，方法也更加多样化。因此，企业财务管理工作者必须积极探索与经济发展水平相适应的财务管理模式。

2. 经济周期

市场经济总是在周期性波动中运行，并依次经历萧条、复苏、繁荣和衰退四个不同阶段，这就是经济周期。而不同阶段企业理财的方法、原则、具体措施等都会有很大差异。例如，在繁荣阶段企业一般会增加投资、扩大生产，而在萧条时期通常收缩投资、加速资金回笼。另外，作为一个高水平的理财人员，总是要对经济的周期性波动做出预测，并适时调整理财策略和方法。

3. 通货膨胀

通货膨胀是指流通中的货币供应量超过商品流通所需量而引起价格普遍和持续上升的一种经济现象。通货膨胀会引起价格上升、货币贬值，严重影响企业经济活动，如成本上升、商品滞销、企业资金周转困难、成本补偿不足、虚盈实亏、企业资金流失等，企业必须积极主动采用措施来减少通货膨胀所造成的负面影响，如使用套期保值、签订长期合同等办法。

4. 政府的经济政策

我国经济体制改革的目标是建立社会主义市场经济体制，以进一步解放和发展生产力。在这个总目标的指导下，我国已经或正在进行财税体制、金融体制、外汇体制、外贸体制、计划体制、价格体制、投资体制、社会保障制度、会计准则体系等各项改革。所有这些改革措施，深刻地影响着我国的经济生活，也深刻地影响着我国企业的发展和财务活动的运行。如金融政策中货币的发行量、信贷规模都能影响企业投资的资金来源和投资的预期收益；财税政策会影响企业的资金结构和投资项目的选择等；价格政策能影响资金的投向和投资的回收期及预期收益；会计准则的改革会影响会计要素的确认和计量，进而对企业财务活动的事前预测、决策以及事后的评价产生影响；等等。可见，经济政策对企业财务的影响是非常大的，这就要求企业财务人员必须把握经济政策，更好地为企业的经营理财活动服务。

三、金融环境

企业总是需要资金从事投资和经营活动。除了自有资金外，资金主要从金融机构和金融市场取得。金融政策的变化必然影响企业的筹资、投资和资金运营活动。所以，金融环境是企业最主要的环境因素之一。财务管理的金融环境主要包括金融机构、金融工具、金融市场和利率四个方面。

1. 金融机构

社会资金从资金供应者手中转移到资金需求者手中，大多要通过金融机构。金融机构包括银行业金融机构和其他金融机构。银行业金融机构主要包括各种商业银行和政策性银行。商业银行，包括国有商业银行（如中国工商银行、中国农业银行、中国银行和中国建设银行）和其他商业银行（如交通银行、广东发展银行、招商银行、光大银行等）；国家政策性银行主要包括中国进出口银行、国家开发银行等。其他金融机构包括金融资产管理公司、信托投资公司、财务公司和金融租赁公司等。

2. 金融工具

金融工具是能够证明债权债务关系或所有权关系并据以进行货币资金交易的合法凭证，它对于交易双方所应承担的义务与享有的权利均具有法律效力。金融工具一般具有期限性、流动性、风险性和收益性四个基本特征。

（1）期限性是指金融工具一般规定了偿还期，也就是规定了债务人必须全部归还本金之前所经历的时间。

（2）流动性是指金融工具在必要时迅速转变为现金而不致遭受损失的能力。

（3）风险性是指购买金融工具的本金和预定收益遭受损失的可能性，一般包括信用风险和市场风险两个方面。

（4）收益性是指持有金融工具所能够带来的一定收益。

金融工具按期限不同可分为货币市场工具和资本市场工具，前者主要有商业票据、国库券（国债）、可转让大额定期存单、回购协议等，后者主要是股票和债券等。

3. 金融市场

金融市场是指资金供应者和资金需求者双方通过金融工具进行交易的场所。从企业财务管理角度来看，金融市场作为资金融通的场所，是企业向社会筹集资金必不可少的条件。财务管理人员必须熟悉金融市场的各种类型和管理规则，有效地利用金融市场来组织资金的筹措和进行资本投资等活动。金融市场的要素主要有市场主体、金融工具、交易价格和组织形式。金融市场按不同的标准有不同的分类：①按期限分为短期金融市场和长期金融市场。短期金融市场又称货币市场，是指以期限一年以内的金融工具为媒介，进行短期资金融通的市场。长期金融市场是指以期限一年以上的金融工具为媒介，进行长期性资金交易活动的市场，又称资本市场。②按证券交易的方式和次数分为初级市场和次级市场。初级市场，也称一级市场或发行市场，是指新发行证券的市场，这类市场使预先存在的资产交易成为可能。次级市场，也称二级市场或流通市场，是指现有金融资产的交易场所。初级市场我们可以理解为"新货市场"，次级市场我们可以理解为"旧货市场"。③按金融工具的属性分为基础性金融市场和金融衍生品市场。

除上述分类外，金融市场还可以按交割方式分为现货市场、期货市场和期权市场；按交易对象分为票据市场、证券市场、衍生工具市场、外汇市场、黄金市场等；按交易双方在地理上的距离分为地方性的、全国性的、区域性的金融市场和国际金融市场。

4. 利率

利率也称利息率，是利息占本金的百分比指标。从资金的借贷关系来看，利率是一定时期内运用资金资源的交易价格。资金作为一种特殊商品，以利率为价格标准的融通，实质上是资源通过利率实行的再分配，因此利率在资金分配及企业财务决策中起着重要作用。利率可按照不同的标准进行分类：①按利率之间的变动关系，分为基准利率和套算利率。②按利率与市场资金供求情况的关系，分为固定利率和浮动利率。③按利率形成机制，分为市场利率和法定利率。

正如任何商品的价格均由供应和需求两方面来决定一样，资金这种特殊商品的价格——利率，也主要是由供给与需求来决定。但除这两个因素外，经济周期、通货膨胀、国家货币政策和财政政策、国际经济政治关系、国家利率管制程度等，对利率的变动均有不同程度的影响。因此，资金的利率通常由三部分组成：①纯利率；②通货膨胀补偿率（或称通货膨胀贴水）；③风险收益率。利率的一般计算公式为：

$$利率 = 纯利率 + 通货膨胀补偿率 + 风险收益率$$

纯利率是指没有风险和通货膨胀情况下的社会平均资金利润率；通货膨胀补偿率是指由于持续的通货膨胀会不断降低货币的实际购买力，为补偿其购买力损失而要求提高的利率；风险收益率包括违约风险收益率、流动性风险收益率和期限风险收益率。其中，违约风险收益率是指为了弥补因债务人无法按时还本付息而带来的风险，由债权人要求提高的利率；流动性风险收益率是指为了弥补因债务人资产流动性不好而带来的风险，由债权人要求提高的利率；期限风险收益率是指为了弥补因偿债期长而带来的风险，由债权人要求提高的利率。

第四节　财务管理环节

财务管理环节是指财务管理工作的各个阶段，包括财务管理的各种业务手段。财务管理的基本环节有：财务预测、财务决策、财务计划、财务控制、财务分析。这些管理环节互相配合、紧密联系，形成周而复始的财务管理循环过程，构成完整的财务管理工作体系。

一、财务预测

财务预测是根据财务活动的历史资料，考虑现实的要求和条件，对企业未来的财务活动和财务成果做出科学的预计和测算。财务预测所采用的方法主要有两种：一是定性预测，是指企业在缺乏完整的历史资料或有关变量之间不存在较为明显的数量关系的情况下，专业人员进行的主观判断与推测。二是定量预测，是指企业根据比较完备的资料，运用数学方法，建立数学模型，对事物的未来进行的预测。实际工作中，通常将两者结合起来进行财务预测。

财务预测环节包括以下工作步骤：

（1）明确预测对象和目的；

（2）收集和整理相关资料；

（3）建立预测模型；

（4）确定财务预测结果。

二、财务决策

财务决策是根据企业经营战略的要求和国家宏观经济政策的要求，从提高企业经济效益的理财目标出发，在若干个可以选择的财务活动方案中，选择一个最优方案的过程。在市场经济条件下，财务管理的核心是财务决策。在财务预测基础上所进行的财务决策，是编制财务计划、进行财务控制的基础。决策的成功是最大的成功，决策的失误是最大的失误，决策关系着企业的成败兴衰。

财务决策环节包括以下工作步骤：
（1）确定决策目标；
（2）拟订备选方案；
（3）选择最优方案。

三、财务计划

财务计划是运用科学技术手段和数学方法，对目标进行综合平衡，制定主要计划指标，拟定增产节约措施，协调各项计划指标。它是落实企业奋斗目标和保证措施的必要环节。财务计划是以财务决策确定的方案和财务预测提供的信息为基础来编制的，它是财务预测和财务决策的具体化、系统化，也是控制财务收支活动、分析生产经营成果的依据。企业财务计划主要包括：资金筹集计划、固定资产投资和折旧计划、流动资产占用和周转计划、对外投资计划、利润和利润分配计划。除了各项计划表格以外，还要附列财务计划说明书。

编制财务计划要做好以下工作：
（1）分析主客观条件，确定主要指标；
（2）安排生产要素，组织综合平衡；
（3）编制计划表格，协调各项指标。

四、财务控制

财务控制是指在生产经营活动的过程中，以计划任务和各项定额为依据，对资金的收入、支出、占用、耗费进行日常核算，利用特定手段对各单位财务活动进行调节，以便实现计划规定的财务目标。财务控制是落实计划任务、保证计划实现的有效措施。

财务控制要适应管理定量化的需要，应抓好以下几项工作：
（1）制定控制标准，分解落实责任；
（2）确定执行差异，及时消除差异；
（3）评价单位业绩，搞好考核奖惩。

五、财务分析

财务分析是以核算资料为主要依据，对企业财务活动的过程和结果进行评价和分析的一项工作。借助财务分析，可以掌握各项财务计划指标的完成情况，有利于改善财务预测、决策、计划工作，还可以总结经验，研究和掌握企业财务活动的规律，不断改进企业财务管理工作。企业财务人员要通过财务分析提高业务水平，搞好财务工作。

财务分析一般程序如下：
（1）收集资料，掌握情况；
（2）指标对比，揭露矛盾；
（3）因素分析，明确责任；
（4）提出措施，改进工作。

第五节　财务管理原则

财务管理原则是企业财务管理工作必须遵循的准则。它是从企业财务管理实践中抽象出来并在实践中得到证实的行为规范，反映着财务管理活动的内在要求。企业财务管理的原则一般包括如下内容：

一、货币时间价值原则

货币时间价值是客观存在的经济范畴，它是指货币经历一段时间的投资和再投资所增加的价值。从经济学的角度看，即使没有风险和通货膨胀，一定数量的货币资金在不同时点上也具有不同的价值。因此在数量上，货币的时间价值相当于没有风险和通货膨胀条件下的社会平均资本利润率。今天的1元钱的经济价值要大于将来的1元钱。货币时间价值原则在财务管理实践中得到广泛的运用。长期投资决策中的净现值法、现值指数法和内含报酬率法，都要运用到货币时间价值原则；筹资决策中比较各种筹资方案的资金成本，分配决策中利润分配方案的制定和股利政策的选择，营业周期管理中应付账款付款期的管理、存货周转期的管理、应收账款周转期的管理等，都充分体现了货币时间价值原则在财务管理中的具体运用。

二、资金合理配置原则

拥有一定数量的资金，是企业进行生产经营活动的必要条件，但任何企业的资金总是有限的。资金合理配置是指企业在组织和使用资金的过程中，应当使各种资金保持合理的结构和比例关系，保证企业生产经营活动正常进行，使资金得到充分有效的运用，并从整体上（不一定是每一个局部）取得最大的经济效益。

在企业的财务管理活动中，资金的配置从筹资的角度看表现为资本结构，具体表现为负债资金和所有者权益资金的构成比例、长期负债和流动负债的构成比例，以及内部各具体项目的构成比例。企业不但要从数量上筹集保证其正常生产经营所需的资金，而且必须使这些资金保持合理的结构比例关系。从投资或资金的使用角度看，企业的资金表现为各种形态的资产，各种形态资产之间应当保持合理的结构比例关系，包括对内投资和对外投资的构成比例（对内投资包括：流动资产投资和固定资产投资的构成比例、有形资产和无形资产的构成比例、货币资产和非货币资产的构成比例等；对外投资包括：债权投资和股权投资的构成比例、长期投资和短期投资的构成比例等），以及各种资产内部的结构比例。上述这些资金构成比例的确定，都应遵循资金合理配置原则。

三、成本—效益原则

成本—效益原则就是要对企业生产经营活动中的所费与所得进行分析比较，将花费的成本与所取得的效益进行对比，使效益大于成本，产生"净增效益"。成本—效益原则贯穿于企业的全部财务活动中。企业在筹资决策中，应将所发生的资本成本与所取得的投资利润率进行比较；在投资决策中，应将与投资项目相关的现金流出与现金流入进行比较；在生产经营活动中，应将所发生的生产经营成本与其所取得的经营收入进行比较；在不同备选方案之间进行选择时，应将所放弃的备选方案预期产生的潜在收益视为所采纳方案的机会成本，与所取得的收益进行比较。在具体运用成本—效益原则时，应避免"沉没成本"对企业决策的干扰，"沉没成本"是指已经发生、不会被以后的决策改变的成本。因此，企业在做各种财务决策时，应将其排除在外。

四、风险—报酬均衡原则

在市场经济的激烈竞争中不可避免地要遇到风险。企业要想获得收益，就不能回避风险。风险—报酬均衡原则是指决策者在进行财务决策时，必须对风险和报酬做出科学的权衡，使所冒的风险与所取得的报酬相匹配，达到趋利避害的目的。在筹资决策中，负债资金成本低，财务风险大；权益资金成本高，财务风险小。企业在确定资本结构时，应在资金成本与财务风险之间进行权衡。任何投资项目都有一定的风险，在进行投资决策时必须认真分析影响投资决策的各种可能因素，科学地进行投资项目的可行性分析，在考虑投资报酬的同时考虑投资的风险。在具体进行风险与报酬的权衡时，不同的财务决策者对风险的态度不同，有的人偏好高风险、高报酬，有的人偏好低风险、低报酬，但每一个人都会要求风险和报酬对等，不会去冒没有价值的无谓风险。

五、收支积极平衡原则

财务管理实际上是对企业资金的管理，量入为出、收支平衡是对企业财务管理的基本要求。资金不足会影响企业的正常生产经营，容易错失良机，严重时甚至影响到企业的生存；资金过剩会造成闲置和浪费，给企业带来不必要的损失。收支积极平衡原则要求企业一方面要积极组织收入，确保生产经营和对内、对外投资对资金的正常合理需要；另一方面要节约成本费用，压缩不合理开支，避免盲目决策，保持企业一定时期资金总供给和总需求的动态平衡和每一时点资金供需的静态平衡。要做到企业资金收支平衡，在企业内部，要增收节支，缩短生产经营周期，生产适销对路的优质产品，提高销售收入，合理调度资金，提高资金利用率；在企业外部，要保持同资本市场的密切联系，加强企业的筹资能力。

六、利益关系协调原则

企业是由各种利益集团组成的经济联合体。这些经济利益集团主要包括企业的所有者、经营者、债权人、债务人、国家税务机关、消费者、企业内部各部门和职工等。利益关系协调原则要求企业协调、处理好与各利益集团的关系，切实维护各方的合法权益，将按劳分配、按资分配、按知识和技能分配、按业绩分配等多种分配要素有机结合起来。只有这样，企业才能营造一个内外和谐、协调的发展环境，充分调动各有关利益集团的积极性，最终实现企业价值最大化的财务管理目标。

第六节 金融市场

一、金融市场的定义和功能

（一）金融市场的定义

金融市场是指资金融通的场所，包括货币市场和资本市场。货币市场是短期资金融通的市场，交易期限通常在一年以内，具有流动性强、风险低的特点，常见的工具包括短期国债、商业票据、大额可转让定期存单等。资本市场是长期资金融通的市场，交易期限在一年以上，包括股票市场和债券市场等。股票市场为企业提供了股权融资的渠道，投资者通过购买股票分享企业的成长收益；债券市场则为企业和政府提供了债务融资的途径，投资者通过购买债券获取固定的利息收益。

(二)金融市场的主要功能

(1) 资金融通功能：为资金供需双方提供交易的机会，促进资金的流动和优化配置。
(2) 风险分配功能：通过金融资产的交易，将风险在不同投资者之间进行重新分配。
(3) 价格发现功能：金融资产的交易价格反映了市场对资产价值的评估和预期。
(4) 调节经济功能：为政府的宏观调控提供了操作平台和传导机制。
(5) 节约信息成本功能：减少了信息不对称，降低了资金交易的信息搜寻和处理成本。

二、金融市场的分类

1. 按交易期限划分
(1) 货币市场：交易期限在一年以内，包括同业拆借市场、票据市场、短期债券市场等。
(2) 资本市场：交易期限在一年以上，包括股票市场、长期债券市场、长期借贷市场等。
2. 按证券的属性划分
(1) 债务市场：交易的对象是债务工具，如债券。
(2) 股权市场：交易的对象是股票。
3. 按所交易金融工具的发行和流通特性划分
(1) 发行市场（一级市场）：新证券的发行场所。
(2) 流通市场（二级市场）：已发行证券的交易场所。
4. 按交易对象划分
(1) 资金市场：资金借贷的市场。
(2) 外汇市场：外汇买卖的市场。
(3) 黄金市场：黄金买卖的市场。
5. 按交割方式划分
(1) 现货市场：交易达成后立即交割。
(2) 期货市场：交易达成后按照约定在未来某一时间进行交割。
6. 按交易地域划分
(1) 国内金融市场：交易活动在一国范围内进行。
(2) 国际金融市场：交易活动跨越国界。

三、金融市场的参与者

包括个人、企业、金融机构、政府部门等。
(1) 个人：作为资金的供应者或需求者参与金融市场交易。
(2) 企业：是重要的资金需求者和供给者，通过发行股票、债券等方式融资，也会进行投资活动。
(3) 金融机构：如商业银行、证券公司、保险公司等，在金融市场中发挥着重要的中介和服务作用。
(4) 政府部门：通过发行国债等方式筹集资金，以满足财政支出的需要。
(5) 中央银行：通过货币政策工具调节货币供应量，影响金融市场的运行。

四、金融工具

金融工具是在金融市场中可交易的金融资产，具有流动性、风险性和收益性等特征。
常见的金融工具包括：

（1）货币市场工具：如短期国债、商业票据、大额可转让定期存单等。
（2）资本市场工具：如股票、债券、基金等。

五、金融市场的利率

利率是金融市场中资金的价格，受到多种因素的影响，如资金供求状况、通货膨胀水平、货币政策、经济周期等。

利率的种类繁多，如名义利率和实际利率、基准利率和市场利率等。

第七节 有效市场理论

一、有效市场理论定义

有效市场理论是金融市场理论的重要组成部分。有效市场假说由尤金·法玛（Eugene Fama）提出，该理论认为在有效市场中，证券价格能够充分反映所有可获得的信息。有效市场理论认为，在一个有效的资本市场中，证券价格能够充分且迅速地反映所有可用的相关信息。

二、有效市场分类

（1）弱式有效市场：证券价格充分反映了历史价格和交易信息。这意味着基于历史价格数据的技术分析无法获得超额收益，但通过基本面分析可能会有一定效果。

（2）半强式有效市场：证券价格不仅反映了历史信息，还充分反映了所有公开可得的信息，如公司财务报告、公告、新闻等。此时，技术分析和基本面分析都无法帮助投资者获得超额收益，只有掌握内幕信息才可能获得超额利润。

（3）强式有效市场：证券价格充分反映了所有信息，包括公开信息和内幕信息。在这种市场中，任何投资者都无法获得超额收益。

三、假设前提

（1）投资者是理性的，能够合理评估证券价值。
（2）即使存在非理性投资者，他们的交易也是随机的，其影响会相互抵消。
（3）不存在交易成本和税收。
（4）所有信息都能及时、准确、无成本地被投资者获取。

四、有效市场理论对财务管理具有重要意义

（1）影响企业的融资决策，因为在不同有效的市场中，融资成本和方式的选择会有所不同。
（2）影响投资策略的制定，投资者需要根据对市场有效性的判断来选择投资方法。

有效市场理论存在一些局限性，如市场并非完全理性，存在信息不对称等情况。但它仍然为理解金融市场的运行和投资决策提供了重要的理论框架。

开篇案例解读

提示：随着企业的规模不断扩大，企业财务管理在经济中占的比重越来越大，经济活动的风险性和复杂性迫切要求企业加强财务管理。因此企业财务管理是企业一切活动的基础，也是企业管理的核心之一。财务管理在资金的投入分配、管理控制、利润分配、业绩评估中起主导作用，能对与决策有关的许多因素进行评估，因而在经营的决策中起重要作用。财务管理影响着企业的发展，为企业的发展提供重要的依据，反映企业的发展情况，从而有利于企业的发展，使企业处于有利地位，完善企业市场机制。

注意：对于企业而言，财务管理是一项非常重要的工作，企业在财务管理活动过程中，应尽法定义务，自觉遵纪守法。

本章小结

1. 财务管理是企业组织财务活动、处理财务关系的一项综合性管理工作。具体包括两部分内容：①组织企业财务活动，财务活动构成了企业财务管理的内容，包括筹资活动、投资活动、资金营运活动及分配活动四个方面。②处理企业与有关各方面的财务关系，财务关系构成了企业财务管理的本质。

2. 财务管理代表性目标包括：①利润最大化。②每股收益最大化。③企业价值最大化。④相关者利益最大化。其中，企业价值最大化考虑了资金的时间价值和风险价值，为企业财务管理的最优目标。

3. 财务管理环境又称理财环境，是指对企业财务活动产生影响的各种外部和内部条件或因素。外部环境具体包括经济环境、政治环境、金融环境等。

4. 财务管理环节是指财务管理工作的各个阶段，包括财务管理的各种业务手段。财务管理的基本环节有：财务预测、财务决策、财务计划、财务控制、财务分析。

5. 财务管理原则是企业财务管理工作必须遵循的准则。它是从企业财务管理实践中抽象出来并在实践中得到证实的行为规范，反映着财务管理活动的内在要求。

6. 金融市场是资金融通场所，实现资金在供需方之间的流动。按期限、性质等分类，参与者众多，金融工具多样，利率受多因素影响。

7. 有效市场理论指出，证券价格充分反映信息，分弱式、半强式、强式。该理论有假设，现实应用时有局限性，影响财务管理和投资决策。

概念题

1. 简述财务管理的概念。
2. 企业的财务关系主要有哪些？应如何处理好企业与各方面的财务关系？
3. 企业财务管理的目标有哪些？你认为企业最佳财务管理目标是什么？
4. 企业财务管理的环节有哪些？最主要的是哪一环节？
5. 企业财务管理的原则有哪些？请简述其主要内容。

问答题

结合本章内容，简述企业在进行财务管理的过程中体现出怎样的社会责任感和职业道德观。

应用题

"郑百文现象"

郑百文是河南省最早实行股份制改造并面向社会公开发行股票的公司。自1996年4月上市以来，它曾有过骄人的业绩，但随后跌入了因资不抵债被债权人申请破产的境地。郑百文所经历的大起大落，成为当时的一个热点问题，即"郑百文现象"。郑百文问题之所以典型，一是因为它从1997年的主营业务规模和资产收益率均居全国商业类上市公司第一名，到1998年亏损5.02亿元，1999年亏损9.57亿元，由盛到衰太迅速；二是因为资不抵债数额巨大，该公司1999年公布的财务报表数据显示，当年资不抵债8.28亿元，有人测算郑百文每存在一天就要亏掉274万元。

郑百文前身为郑州文化用品批发供应站，1988年12月经郑州市政府批准改制为股份制试点企业，并面向社会公开发行股票筹集资金；1992年12月，公司又进行了增资扩股；1996年4月郑百文5 109万A股正式在沪上市交易。郑百文在改制初期，其经营状况和资产运营状况是良好的，也正是因为其自身的实力和经营业绩才获得了公开发行股票募集资金的资格。但是，在公开发行股票募集资金以后，由于有银行做后盾，经营者不顾企业的基础和发展条件，在1996年到1998年间，冒着单一经营的风险，在没有进行可行性论证的情况下，投入上亿元资金建立营销网络，建起了40多个分公司，最后把1998年的配股资金1.26亿元提前花完了。遍布全国各大中心城市的一幢幢楼房和一辆辆汽车，形成了大量的资金沉淀，使企业积重难返。

在郑百文曾经是"绩优股"的1996年、1997年，其负债比率已分别高达84.26%和87.86%，这一水平远远高于同时期我国上市公司的平均负债比率51.65%和48.15%。到1998年，由于家电市场的竞相降价和银行紧缩银根等，郑百文面临从未有过的经营风险。当公司经销的主要产品电视机的销售额从1997年的34亿元降低到1998年的7.39亿元时，不仅使公司当年发生巨额的经营亏损，同时使其负债比率上升为98.15%，公司当年按有效资产计算实际上已经资不抵债；1999年公司又发生巨额亏损，其资不抵债的数额达8亿多元。

郑百文的总资产在短短两年时间内迅速膨胀，即从1995年末上市前的7.31亿元增长到1997年末的32.64亿元，增长之迅速是同类商业上市公司无法可比的。同时，郑百文下设5家进出口公司、20家专业分公司、120个商品经营部、40多家外地分公司及2家合资企业，这些分支机构的形成使郑百文成为当时全国商业批发行业的龙头企业。但是，在公司规模迅速扩张的同时，其内部的管理和控制出现了严重的问题。郑百文在企业内部管理上实行"总公司一级法人、分公司二级核算、经营部三级核算"的管理模式，并制定了"四定一包"(定销售额、毛利率、费用额、资金周转次数，包利润)的管理制度。这种管理模式和管理制度，在原来公司规模较小的情况下尚可进行相应的控制，但是，在经营规模急剧扩张以后，一些分公司和经营部出现了使用资金无度的现象，总公司则处于一种被动的、失控的局面。

问题：

"郑百文现象"的特征有哪些？涉及哪些财务管理问题？产生的原因是什么？

第二章
财务管理的价值观念

ITEM 2

学习目标

本章主要介绍了资金时间价值的基本内涵、复利与年金的终值和现值计算方法、风险与收益的关系以及资本资产定价模型的基本内容。通过本章的学习，要求掌握和了解：

1. 资金时间价值的本质。
2. 复利终值和现值的计算。
3. 各种年金终值和现值的计算。
4. 资产风险衡量的方法。
5. 资本资产定价模型，股票和债券估价的基本模型。

开篇案例

巴菲特"生钱之道"

巴菲特曾经说过，如果找不到当你睡觉还能赚钱的方法时，你将面临工作到死。对此很多人表示，想要致富，靠的就是资本投资，学会理财才有机会。你不理财，财也不会理你。巴菲特的这句话充分说明了理财的重要性。作为公认的股神，巴菲特就是靠炒股发家致富的，哪怕躺着睡觉他也一样赚钱。买对了股票才是价值投资，每天睡觉股票都会上涨，这就是巴菲特的赚钱之道。但他并不是让大家都炒股，只是希望大家明白理财的重要性，可以通过自己的能力进行多方面的投资，只要找到合适的方法，人生或将迎来财富自由。从100万元变成300万元这个看似"白日做梦"的目标，通过适当的投资理财完全可以做到，我们所熟悉的亿万富豪们，都是精明的投资家，比如巴菲特等人，赚钱的秘诀就是"钱生钱"。巴菲特6岁开始储蓄，到了13岁他就买了自己人生中第一只股票，坚持了几十年后，巴菲特成为亿万富豪，资产比肩比尔·盖茨。

思考：通过本章学习，结合以上巴菲特以钱生钱之道，说一说货币时间价值的魅力。

导　言

货币时间价值理论是财务管理所遵循的基本理念，明确货币时间价值的概念具有重要的意义。资金时间价值是企业财务管理中的重要内容，同时也是个人理财中不可忽视的理念。本章从货币时间价值观念入手，通过计算各种类型的货币时间价值，阐述了货币时间价值理论在企业财务管理和个人理财中的应用情况。

第一节　资金时间价值

一、资金时间价值概述

（一）资金时间价值的概念

资金时间价值是指一定量资金在不同时点上的价值量的增值，也称为货币的时间价值。众所周知，在商品经济条件下，即使不存在通货膨胀，等量资金在不同时点上的价值量也不相等，今天的1元钱和将来的1元钱不等值，前者要比后者的经济价值大。比如，银行存款年利率为8%，将今天的1元钱存入银行，一年以后就会是1.08元。可见，经过一年时间，这1元钱发生了0.08元的增值，今天的1元钱和一年后的1.08元钱等值。资金在使用过程中随着时间的推移而发生的增值，即为资金的时间价值。

（二）资金时间价值产生的条件

资金时间价值产生的前提条件是，由于商品经济的高度发展和借贷关系的普遍存在，出现了资金使用权与所有权的分离，资金的所有者把资金使用权转让给使用者，使用者必须把资金增值的一部分支付给资金的所有者作为报酬，资金占用的金额越大，使用的时间越长，所有者所要求的报酬就越高。而资金在周转过程中的价值增值是资金时间价值产生的根源。

（三）资金时间价值的作用

1. 资金时间价值是评价投资方案是否可行的基本依据

资金时间价值是扣除风险报酬和通货膨胀等因素后的社会平均资金利润率。投资方案的资金利润率至少应达到社会平均资金利润率水平，否则，该方案是不可行的。因此，以时间价值作为尺度对投资项目的资金利润率进行衡量，成为评价投资方案的基本依据。如果投资方案的资金利润率低于时间价值，则该方案经济效益状况不佳；反之，如果投资方案的资金利润率高于时间价值，则该方案的经济效益良好，方案可行。

2. 资金时间价值是评价企业收益的尺度

企业作为营利性的组织，主要财务目标是实现企业价值最大化，不断增加股东财富。企业经营者必须充分调动和利用各种经济资源去实现预期的收益，而评判这些资源是否被充分有效使用的一个重要标准，就是看是否实现了预期的收益水平，这个预期的收益水平应以社会平均资金利润率为标准。因此，时间价值就成为评价企业收益的基本尺度。

（四）资金时间价值的表示方法

资金时间价值可用绝对数（利息）和相对数（利息率）两种形式表示，通常用相对数表示。

资金时间价值的计算方法与利息的计算方法相同，因而时间价值与利息率容易被混为一谈。实际上，财务管理活动总是或多或少地存在风险，通货膨胀也是市场经济中客观存在的经济现象。因此，利率不仅包含资金的时间价值，也受到风险价值和通货膨胀的影响。只有在不考虑通货膨胀的情况下，政府债券利率才可视同资金的时间价值。

商品经济的高度发展和借贷关系的普遍存在是资金时间价值产生的前提和存在的基础。我国不仅有资金时间价值存在的客观基础，还有充分运用它的迫切性。把资金时间价值引入财务管理，在资金筹集、运用和分配等各方面考虑这一因素，是提高财务管理水平，做好筹资、投资、分配决策的有效保证。

二、资金时间价值的计算

由于不同时间单位上的资金价值是不相等的,所以不同时间上的资金收入不宜直接比较大小,需要把它们换算到相同的时间基础上,才能进行大小的比较。这涉及不同时点上资金之间的换算即资金时间价值的计算。资金时间价值的计算包括一次性收付款项和非一次性收付款项(年金)的终值、现值的计算。

(一)一次性收付款项终值与现值的计算

一次性收付款项在日常生活中十分常见,比如将 10 000 元钱存入银行,年利率 5%,经过 1 年后提出 10 500 元,这里所涉及的收付款项就属于一次性收付款项。

资金时间价值的计算涉及两个重要的概念——终值和现值。

终值又称将来值,是现在一定量现金在未来某一时点上的价值,俗称本利和,通常记作 F。10 500 元就是 1 年后的 10 000 元的终值。

现值又称本金,是指未来某一时点上的一定量现金折合为现在的价值,通常记作 P。前例中的 10 000 元就是 1 年后 10 500 元的现值。

资金时间价值的计算基础涉及利息计算方式的选择。目前利息的计算方式有两种:①单利计息。即只对本金计提利息,每期计息基础都是本金。单利计息下每期利息相同。②复利计息。即不仅要对本金计息,而且要对以前各期的利息计息,即"利上滚利"。复利计息方式下,每期利息不相等。在不特别说明的情况下,时间价值计算主要以复利为基础。

1. 单利计算

为计算方便,先设定如下符号标识:P 表示现值;F 表示终值;i 表示每一利息期的利息率(折现率、贴现率);I 表示利息;n 表示计算利息的期数。

(1)单利计息的计算。计算公式为:

$$I = P \cdot i \cdot n$$

【例 2-1】某人持有一张带息票据,面额为 2 000 元,票面利率 5%,出票日期 8 月 12 日,到期日为 11 月 10 日(90 天),则该持有者到期可得利息为:

$$I = P \cdot i \cdot n$$
$$= 2\,000 \times 5\% \times 90/360 = 25(元)$$

除非特殊说明,在计算利息时,给出的利率均为年利率,对于不足一年的利息,以一年等于 360 天来折算。

(2)单利终值的计算。单利终值是指单利计息下,现在的一定量资金在未来某一时点上的价值,俗称本利和。计算公式为:

$$F = P + I = P + P \cdot i \cdot n = P(1 + i \cdot n)$$

【例 2-2】根据【例 2-1】中的资料,该票据到期的本利和为:

$$F = P(1 + i \cdot n)$$
$$= 2\,000 \times (1 + 5\% \times 90/360) = 2\,025(元)$$

(3)单利现值的计算。单利现值与单利终值互为逆运算,由终值计算现值的过程称为贴现。计算公式为:

$$P = \frac{F}{1 + i \cdot n}$$

【例2-3】某人希望在5年后取得本利和2 000元，用以支付一笔款项，则在利率为5%的单利方式下，此人现在需存入银行的资金为：

$$P = \frac{F}{1+i \cdot n}$$
$$= \frac{2\,000}{1+5\% \times 5} = 1\,600\,(元)$$

2. 复利计算

（1）复利终值的计算。复利终值是指一定量的本金按复利计算若干期后的本利和。

【例2-4】某人将2 000元存放于银行，年存款利率为10%，则经过一年时间本利和为：

$$F = P + P \cdot i = P(1+i)$$
$$= 2\,000 \times (1+10\%) = 2\,200\,（元）$$

若此人不提取现金，将2 200元继续存在银行，则第二年的本利和为：

$$F = [P(1+i)](1+i) = P(1+i)^2$$
$$= 2\,000 \times (1+10\%)^2 = 2\,420\,（元）$$

同理，第三年的本利和为：

$$F = P(1+i)^2(1+i) = P(1+i)^3$$
$$= 2\,000 \times (1+10\%)^3 = 2\,662\,（元）$$

第 n 年的本利和为：

$$F = P(1+i)^n$$

式中，$(1+i)^n$ 通常被称为"一次性收付款项终值系数"，简称"复利终值系数"，可用符号（$F/P, i, n$）表示。该系数可以通过查"复利终值系数表"（见本书附表一）直接取得。【例2-4】中（$F/P, 10\%, 3$）表示利率为10%，期限为3年的复利终值系数。则复利终值计算公式可表示为：

$$F = P(F/P, i, n)$$

（2）复利现值的计算。复利现值相当于原始本金，它是指今后某一特定时间收到或付出的一笔款项，按折现率 i 计算的现在时点价值。可见，复利现值是复利终值的逆运算。计算公式为：

$$P = \frac{F}{(1+i)^n} = F(1+i)^{-n}$$

式中，$(1+i)^{-n}$ 通常被称为"一次性收付款项现值系数"，简称"复利现值系数"，可用符号（$P/F, i, n$）表示。该系数可通过查本书附表二直接取得。复利终值系数和复利现值系数互为倒数。则复利现值计算公式可表示为：

$$P = F(P/F, i, n)$$

【例2-5】某公司打算在3年后进行投资改建，需要20 000元，按银行利率为10%的复利计算，该公司现在应存入银行的资金为：

$$P = F(P/F, i, n)$$
$$= 20\,000 \times (P/F, 10\%, 3)$$
$$= 20\,000 \times 0.751$$
$$= 15\,020\,（元）$$

（二）普通年金终值与现值的计算

除了上文介绍的一次性收付款项，在现实经济生活中，还存在一定时期内多次收付的款项，即系列收付款项。如果每次收付的金额相等，则这样的系列收付款项就是年金。年金（annuity）是指在一定时期内每次等额收付的系列款项，通常用 A 表示。年金有三个特点：等额性、定期性、系列性。年金的形式多样，如租金、折旧、保险费、等额分期收款、等额分期付款、零存整取或整存零取储蓄等。

根据年金收支的时间和收支的次数不同，年金可以分为普通年金、预付年金、递延年金和永续年金。需要注意的是，财务管理中讲到的年金，一般是指普通年金。

普通年金指从第一期起，在一定时期内每期期末等额发生的系列收付款项，又叫后付年金。

1. 普通年金终值的计算（已知年金 A，求年金终值 F）

普通年金终值是指每期期末等额收付款项的复利终值之和。年金相当于零存整取储蓄存款的零存数，则年金终值就是零存整取的整取数。普通年金终值计算示意图见图 2-1。

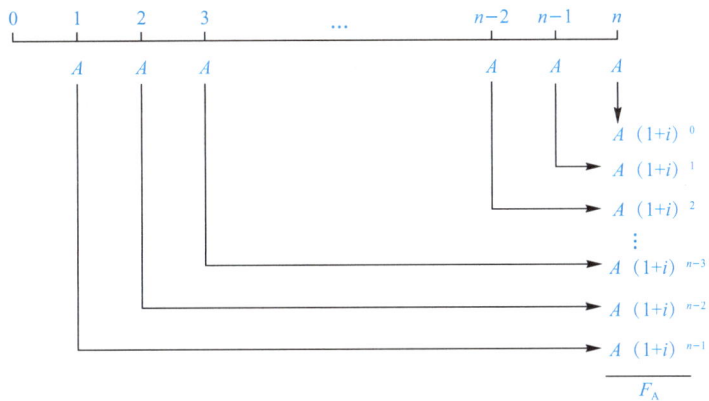

图 2-1　普通年金终值计算示意图

$$F = A(1+i)^0 + A(1+i)^1 + A(1+i)^2 + \cdots + A(1+i)^{n-2} + A(1+i)^{n-1} \qquad (2-1)$$

将式（2-1）两边同乘 $(1+i)$，得：

$$F(1+i) = A(1+i)^1 + A(1+i)^2 + A(1+i)^3 + \cdots + A(1+i)^{n-1} + A(1+i)^n \qquad (2-2)$$

式（2-2）减去式（2-1），得：

$$F \cdot i = A(1+i)^n - A$$

$$F = A \frac{(1+i)^n - 1}{i}$$

式中，$\frac{(1+i)^n - 1}{i}$ 通常被称为"年金终值系数"，可用符号 $(F/A, i, n)$ 表示。该系数可通过查本书附表三直接取得。则普通年金终值计算公式可表示为：

$$F = A(F/A, i, n)$$

【例 2-6】某公司在 5 年内，每年末向银行贷款 100 万元，贷款利率为 10%，则 5 年后应归还银行贷款的本息总额是：

$$F = A(F/A, i, n)$$
$$= 100(F/A, 10\%, 5)$$
$$= 100 \times 6.1051$$
$$= 610.51（万元）$$

2. 年偿债基金的计算（已知年金终值 F，求年金 A）

偿债基金是指为了在约定的未来某一时点清偿某笔债务或积聚一定数额的资金而必须分次等额提取的存款准备金，也就是为使年金终值达到既定金额的年金数额。年金计算公式如下：

$$A = F \frac{i}{(1+i)^n - 1}$$

式中，$\frac{i}{(1+i)^n - 1}$ 通常被称为"偿债基金系数"，可用符号 $(A/F, i, n)$ 表示。偿债基金系数 $\frac{i}{(1+i)^n - 1}$ 和普通年金终值系数 $\frac{(1+i)^n - 1}{i}$ 互为倒数，则年偿债基金的计算公式为：

$$A = F(A/F, i, n)$$

【例 2-7】假设某企业有一笔 4 年后到期的借款，到期值为 1 000 万元。若存款年利率为 10%，则为偿还该项借款应建立的偿债基金为：

$$A = F(A/F, i, n)$$
$$= 1\,000(A/F, 10\%, 4)$$
$$= 1\,000 \times 1/4.641$$
$$= 215.47（万元）$$

3. 普通年金现值的计算（已知年金 A，求年金现值 P）

年金现值是指一定时期内每期期末收付款项的复利现值之和。实际上就是指为了每期期末取得或支出相等金额的款项，现在需要一次投入或借入多少金额。普通年金现值计算示意图见图 2-2。

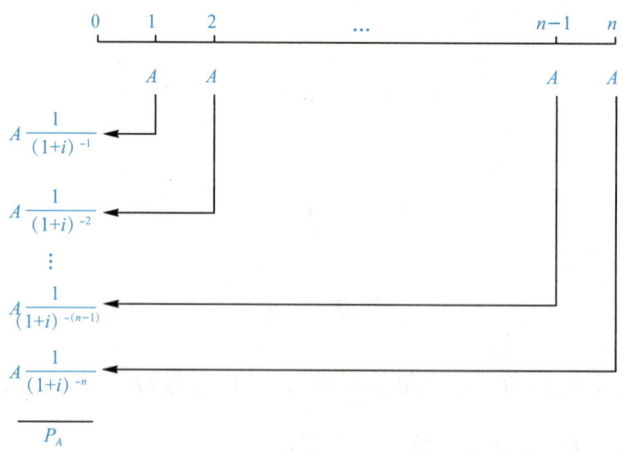

图 2-2　普通年金现值计算示意图

$$P = A(1+i)^{-1} + A(1+i)^{-2} + A(1+i)^{-3} + \cdots + A(1+i)^{-(n-1)} + A(1+i)^{-n} \tag{2-3}$$

将式（2-3）两边同乘 $(1+i)$，得：

$$P(1+i) = A(1+i)^0 + A(1+i)^{-1} + A(1+i)^{-2} + \cdots + A(1+i)^{-(n-2)} + A(1+i)^{-(n-1)} \quad (2-4)$$

式（2-4）减去式（2-3），得：

$$P \cdot i = A - A(1+i)^{-n}$$

$$P = A\frac{1-(1+i)^{-n}}{i}$$

式中，$\frac{1-(1+i)^{-n}}{i}$ 通常被称为"年金现值系数"，可用符号 $(P/A, i, n)$ 表示。该系数可通过查本书附表四直接取得。普通年金现值的计算公式为：

$$P = A(P/A, i, n)$$

【例 2-8】某人考虑到在未来 4 年期间，每年年末需支出 1 000 元，打算现在存入银行一笔款项用于上述支出，若银行存款年利率为 8%，则现在应存款项的数额为：

$$\begin{aligned}
P &= A(P/A, i, n)\\
&= 1\,000(P/A, 8\%, 4)\\
&= 1\,000 \times 3.312\\
&= 3\,312（元）
\end{aligned}$$

4. 年资本回收额的计算（已知年金现值 P，求年金 A）

年资本回收额是指为了在约定年限内等额回收初始投入资本或清偿所欠债务的金额。年资本回收额计算公式如下：

$$A = P\frac{i}{1-(1+i)^{-n}}$$

式中，$\frac{i}{1-(1+i)^{-n}}$ 通常被称为"资本回收系数"，可用符号 $(A/P, i, n)$ 表示。资本回收系数 $\frac{i}{1-(1+i)^{-n}}$ 和普通年金现值系数 $\frac{1-(1+i)^{-n}}{i}$ 互为倒数，则年资本回收额的计算公式为：

$$A = P(A/P, i, n)$$

【例 2-9】某企业拟投入 1 000 万元建设一个预期寿命为 10 年的更新改造项目。若企业期望的资金报酬率为 10%，则该企业每年年末从这个项目中获得的合理报酬为：

$$\begin{aligned}
A &= P(A/P, i, n)\\
&= 1\,000(A/P, 10\%, 10)\\
&= 1\,000 \times 1/6.144\,6\\
&= 162.74（万元）
\end{aligned}$$

(三) 即付年金终值与现值的计算

即付年金是指从第一期开始收付款项在每期期初支付的年金，也叫预付年金，比普通年金提前一期。即付年金终值计算示意图见图 2-3。

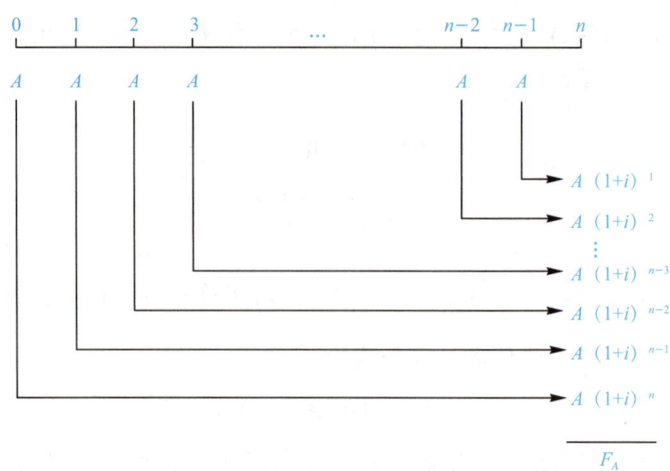

图 2-3 即付年金终值计算示意图

1. 即付年金终值的计算

即付年金终值是其最后一期期末时的本利和，相当于各期期初等额收付款项的复利终值之和。

n 期即付年金与 n 期普通年金的付款次数相同，但由于其付款时间不同，n 期即付年金终值比 n 期普通年金的终值多计算一期利息。因此，在 n 期普通年金终值的基础上乘以 $(1+i)$，就是 n 期即付年金的终值。计算公式为：

$$F = A\frac{(1+i)^n - 1}{i}(1+i) = A\left[\frac{(1+i)^{n+1} - 1}{i} - 1\right]$$

式中，$\frac{(1+i)^{n+1}-1}{i}-1$ 通常被称为"预付年金终值系数"，与普通年金相比，期数加 1、系数值减 1，通常记为 $[(F/A, i, n+1)-1]$。查阅"年金终值系数表"中第 ($n+1$) 期的值（见本书附表三），然后减去 1 便可得对应的即付年金终值系数的值。则即付年金终值的计算公式可表示为：

$$F = A[(F/A, i, n+1) - 1]$$

【例 2-10】某人在每年年初存入银行 2 000 元，若存款利率为 8%，则第 10 年年末上述存款的本利和为：

$$\begin{aligned} F &= A[(F/A, i, n+1) - 1] \\ &= 2\,000 \times [(F/A, 8\%, 11) - 1] \\ &= 2\,000 \times (16.645 - 1) \\ &= 31\,290 \,(元) \end{aligned}$$

2. 即付年金现值的计算

即付年金现值计算示意图见图 2-4。

n 期即付年金现值与 n 期普通年金现值的期限相同，但由于付款时间不同，n 期即付年金现值比 n 期普通年金现值少折一期。因此，在 n 期普通年金现值系数基础之上乘 $(1+i)$，便可求出 n 期即付年金现值。计算公式为：

$$P = A\frac{1-(1+i)^{-n}}{i}(1+i) = A\left[\frac{1-(1+i)^{-(n-1)}}{i} + 1\right]$$

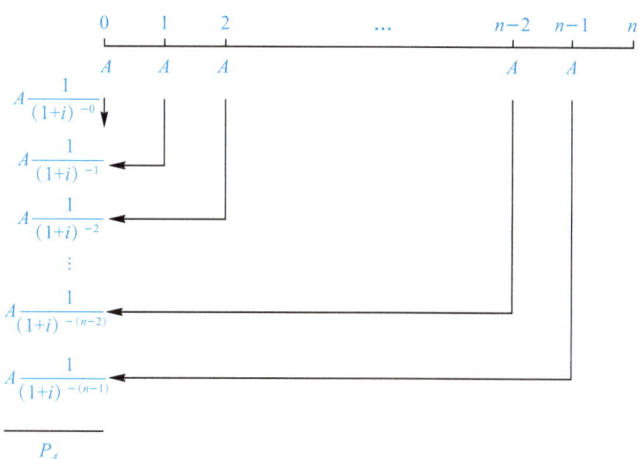

图 2-4 即付年金现值计算示意图

式中，$\dfrac{1-(1+i)^{-(n-1)}}{i}+1$ 通常被称为"预付年金现值系数"，在普通年金现值系数基础上，期数减1、系数值加1，通常记为 $[(P/A, i, n-1)+1]$。查阅"年金现值系数表"中第 $(n-1)$ 期的值（见本书附表四），然后加上1便可得对应的即付年金现值系数的值。则即付年金现值的计算公式可表示为：

$$P = A[(P/A, i, n-1)+1]$$

【例 2-11】大正公司租用一台生产设备，为期5年，且这5年来每年年初均需支付租金 2 000 元，若年利率为 10%，则所付租金的现值为：

$$\begin{aligned}P &= A[(P/A, i, n-1)+1]\\ &= 2\,000[(P/A, 10\%, 4)+1]\\ &= 2\,000\times(3.170+1)\\ &= 8\,340（元）\end{aligned}$$

（四）递延年金终值与现值的计算

递延年金是指在最初若干期没有等额收付款项的情况下，后面若干期有等额的系列收付款项的年金。假定在 $m+n$ 期间内，最初有 m 期没有收付款，后面 n 期每年有等额收付的款项，则 n 期的等额款项就是递延年金。递延年金是普通年金的特殊形式，凡不是从第一期开始的年金都可理解为递延年金。递延年金示意图见图 2-5。

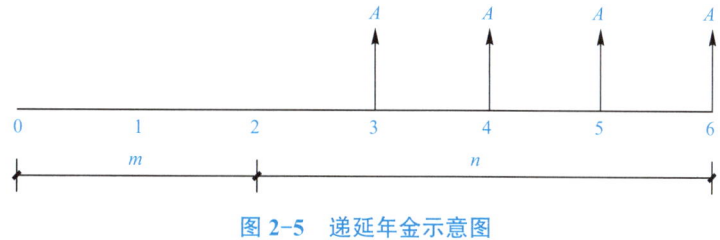

图 2-5 递延年金示意图

1. 递延年金终值计算

递延年金的终值大小与递延期无关，完全可以利用普通年金终值公式进行计算。

递延年金终值计算公式为：

$$F = A(F/A, i, n)$$

递延年金终值计算示意图见图 2-6。

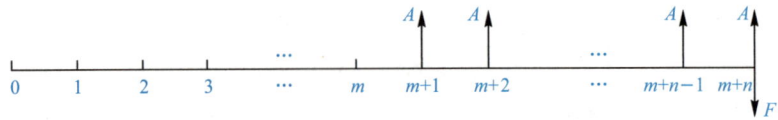

图 2-6　递延年金终值计算示意图

2. 递延年金现值计算

求递延年金现值时，可以先求出递延年金在 n 期期初（m 期期末）的现值，再将其作为终值贴现至 m 期的期初，即是递延年金现值。计算公式为：

$$P = A(P/A, i, n)(P/F, i, m)$$

递延年金现值计算示意图见图 2-7。

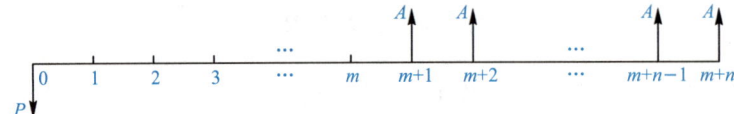

图 2-7　递延年金现值计算示意图

假设 $m+n$ 期，每期期末均有年金发生，$m+n$ 期年金现值减去 m 期年金的现值，二者之差就是递延年金现值。计算公式为：

$$P = A[(P/A, i, m+n) - (P/A, i, m)]$$

【例 2-12】大正公司向银行借入一笔款项，年利率为 10%，银行规定前 4 年不用还本付息，从第 5 年起至第 10 年每年年末偿还本息 10 000 元，求这笔贷款还本付息的现值。

分析：根据题意，$m=4$，$n=6$，$m+n=10$。

方法一：

$$P = A(P/A, i, n)(P/F, i, m)$$
$$= 10\ 000(P/A, 10\%, 6)(P/F, 10\%, 4) = 10\ 000 \times 4.355 \times 0.683 = 29\ 744.65（元）$$

方法二：

$$P = A[(P/A, i, m+n) - (P/A, i, m)]$$
$$= 10\ 000[(P/A, 10\%, 10) - (P/A, 10\%, 4)] = 10\ 000 \times (6.145 - 3.170) = 29\ 750（元）$$

（五）永续年金的计算

永续年金是指无限期等额收付的特种年金，可视为普通年金的特殊形式，即期限趋于无穷的普通年金。

$$P = A\frac{1-(1+i)^{-n}}{i}$$

当 $n \to \infty$ 时，$(1+i)^{-n} \to 0$，所以：

$$P = \frac{A}{i}$$

【例 2-13】拟投资一项永久基金，每年可获利 2 000 元，若年收益率为 10%，则投资获利额的现值为：

$$P = \frac{A}{i} = \frac{2\ 000}{10\%} = 20\ 000（元）$$

三、资金时间价值计算中的几个特殊问题

（一）折现率的推算

（1）对于一次性收付款项，根据其复利终值（或现值）的计算公式，若已知 F、P、n，不用查表便可直接计算出一次性收付款项的贴现率（利率）i，可得折现率的计算公式为：

$$i = \left(\frac{F}{P}\right)^{\frac{1}{n}} - 1$$

（2）永续年金贴现率（利率）i 的计算也很方便。若已知 P、A，则根据公式 $P = \dfrac{A}{i}$，即得 i 的计算公式为：

$$i = \frac{A}{P}$$

（3）普通年金贴现率（利率）的推算比较复杂，无法直接套用公式，必须利用有关的系数表，有时还需要借助于内插法。

下面详细介绍利用年金现值系数表计算 i 的步骤：

①计算出 P/A 的值，设 $P/A = \alpha$。

②查普通年金现值系数表。沿着已知 n 所在的行横向查找，若恰好能找到某一系数值等于 α，则该系数值所在的列对应的利率便为所求的 i 值。

③若无法找到恰好等于 α 的系数值，就应在表中 n 行中找与 α 最接近的两个左右临界系数值，设为 β_1、β_2（$\beta_1 > \alpha > \beta_2$ 或 $\beta_1 < \alpha < \beta_2$）。查出 β_1、β_2 所对应的临界利率 i_1、i_2，然后进一步运用内插法计算。

④在内插法下，假定利率 i 同相关的系数在较小范围内线性相关，因而可根据临界系数 β_1、β_2 所对应的临界利率 i_1、i_2 计算出 i，计算公式为：

$$\begin{array}{cc} i_1 & \beta_1 \\ i & \alpha \\ i_2 & \beta_2 \end{array}$$

$$\frac{i_1 - i}{i_1 - i_2} = \frac{\beta_1 - \alpha}{\beta_1 - \beta_2}$$

$$i = i_1 + \frac{\beta_1 - \alpha}{\beta_1 - \beta_2}(i_2 - i_1)$$

【例 2-14】大正公司于第一年年初借款 20 000 元，每年年末还本付息额均为 4 000 元，连续 9 年还清。求借款利率。

分析：根据题意，已知 $P = 20\,000$，$A = 4\,000$，$n = 9$

$$(P/A, i, 9) = P/A = 20\,000 / 4\,000 = 5$$

查 $n = 9$ 的普通年金现值系数表。在 $n = 9$ 行中无法找到恰好为 5 的 α 系数值，于是在该行中找大于 5 和小于 5 的临界系数值，分别为：$\beta_1 = 5.328\,2 > 5$，$\beta_2 = 4.916\,4 < 5$，同时查出对应的临界利率为：$i_1 = 12\%$，$i_2 = 14\%$，则

$$i = i_1 + \frac{\beta_1 - \alpha}{\beta_1 - \beta_2}(i_2 - i_1)$$

$$= 12\% + \frac{5.328\,2 - 5}{5.328\,2 - 4.916\,4} \times (14\% - 12\%) \approx 13.59\%$$

（二）期间的推算

期间 n 的推算，其原理和步骤同贴现率（利率）i 的推算相类似，也牵涉到内插法的运用。现仍以普通年金为例说明。

【例 2-15】 大正公司赊销一批价值 20 000 元的货物，根据合同每年年末可收款 5 000 元，利率为 10%，求赊销期。

分析：根据题意，已知 $P=20\,000$，$A=5\,000$，$i=10\%$，则

$$(P/A, 10\%, n) = P/A = 20\,000/5\,000 = 4$$

查 $i=10\%$ 的普通年金现值系数表。在 $i=10\%$ 列中无法找到恰好为 $\alpha=4$ 的 α 系数值，于是在该列中找大于 4 和小于 4 的临界系数值，分别为：$\beta_1=4.355>4$，$\beta_2=3.791<4$，同时查出对应的临界期间为：$n_1=6$，$n_2=5$，则

$$n = n_1 + \frac{\beta_1 - \alpha}{\beta_1 - \beta_2}(n_2 - n_1)$$

$$= 6 + \frac{4.355 - 4}{4.355 - 3.791} \times (5-6) \approx 5.4 \text{（年）}$$

（三）名义利率与实际利率的换算

上文讨论的有关计算均假定利率为年利率，每年复利一次。但实际上，复利的计息期间不一定是一年，有可能是季度、月或日。比如某些债券半年计息一次；有些抵押贷款每月计息一次；银行之间拆借资金均为每日计息一次。每年复利次数超过一次时的年利率叫作名义利率；而每年只复利一次的利率才是实际利率。

对于一年内多次复利的情况，可采取两种方法计算时间价值。

第一种方法是将名义利率调整为实际利率，然后按实际利率计算时间价值。若 i 表示实际利率，r 表示名义利率，m 表示一年内复利的次数，计算公式为：

$$i = \left(1 + \frac{r}{m}\right)^m - 1$$

【例 2-16】 某公司于年初存入银行 10 万元，年利率为 10%，在半年复利一次的情况下，到第 10 年年末，该公司获得的本利和为：

$$i = \left(1 + \frac{r}{m}\right)^m - 1 = \left(1 + \frac{10\%}{2}\right)^2 - 1 = 10.25\%$$

$$F = P(1+i)^n = 10(1+10.25\%)^{10} = 26.53 \text{（万元）}$$

因此该公司第 10 年年末获得的本利和为 26.53 万元。

这种方法的缺点是调整后的实际利率往往带有小数点，不利于查表。

第二种方法是不计算实际利率，而是相应调整有关指标，即利率变为 r/m，期数则相应变为 $n \cdot m$。

【例 2-17】 利用【例 2-16】中的有关数据，用第二种方法计算本利和为：

$$F = P\left(1 + \frac{r}{m}\right)^{mn}$$

$$= 10 \times \left(1 + \frac{10\%}{2}\right)^{2 \times 10} = 10(F/P, 5\%, 20) = 26.53 \text{（万元）}$$

第二节 风险与收益分析

一、风险分析

(一) 风险的概念

风险是指在一定条件下或一定时期内，某一项行动具有多种可能而不确定的结果。在风险存在的情况下，人们可以事先估计采取某种行动可能导致的各种结果，以及每种结果出现的可能性大小，但无法确定最终结果是什么。例如，我们抛一枚硬币，事先就知道硬币落地时有正面朝上和反面朝上两种结果，并且两种结果出现的可能性各为50%，究竟出现哪一种结果却不能确定，这就是风险。风险是现代企业管理环境的一个重要特征。

与风险相联系的一个概念是不确定性。不确定性是指人们事先只知道采取某种行动可能形成的各种结果，但不知道它们出现的概率，或者两者都不知道，只能作粗略估计，而风险出现的各种结果的概率一般可事先估计和测算，只是不准确而已。如果对不确定性问题先估计一个大致的概率，则不确定性问题就转化为风险性问题了。在财务管理的实务中，对两者不作严格区分。讲到风险，可能是指一般意义上的风险，也可能指不确定性问题。

总之，只要某一行动的结果具有多种可能而不确定，就叫有风险；反之，某一行动的结果很确定，就叫没有风险。从财务管理角度看，风险就是企业在各项财务活动中，由于各种难以预料或控制的因素作用，预计收益和实际收益发生背离，从而有蒙受经济损失的可能性。一般而言，投资者都讨厌风险，因而一提到风险，多数都将其错误地理解为与损失是同一概念。事实上，风险不仅可能带来超出预期的损失，也可能带来超出预期的收益。

(二) 风险的类型

1. 按照风险损害的对象分为人身风险、财产风险、责任风险和信用风险

人身风险是指员工生、老、病、死、伤残等导致经济损失的风险；财产风险是指导致财产发生损毁、灭失和贬值的风险；责任风险是指因侵权或违约，依法对他人遭受的人身伤害或财产损失应负赔偿责任的风险；信用风险是指经济交往中，权利人与义务人之间，由于一方违约或犯罪而给对方造成经济损失的风险。

2. 按照风险导致的后果分为纯粹风险和投机风险

纯粹风险是指只会造成损失而无获利可能的风险；投机风险是指既可能造成损失也可能带来收益的风险。

3. 按照风险的性质或发生原因分为自然风险、经济风险和社会风险

自然风险是自然现象导致的财产损失和人身伤害的风险；经济风险是生产经营过程中，各种因素的变动导致产量减少或价格涨跌所致损失的风险；社会风险是指组织或个人的异常行为导致的财产损失和人身伤害的风险。

4. 按照风险能否被分散分为可分散风险和不可分散风险

可分散风险是指能够通过风险分担协议使得经济单位面临的风险减少的风险；不可分散风险是指通过风险分担协议不能使经济单位面临的风险减少的风险。

5. 按照风险的起源和影响分为基本风险与特定风险

基本风险是指风险的起源和影响都不与特定的组织或个人有关，至少是某个特定组织或个人所不能阻止的风险，即全社会普遍存在的风险，如战争、自然灾害、经济衰退等带来的风险；特定风

险是指由特定的因素引起而且损失仅涉及特定组织或个人的风险，如罢工、诉讼失败、失去销售市场等带来的风险。从个别理财主体的角度看，基本风险通常是不可分散风险，或称系统风险。特定风险通常是可分散风险，或称非系统风险。

对于特定企业而言，企业风险可进一步分为经营风险和财务风险。经营风险是指因生产经营方面的原因给企业目标带来不利影响的可能性，如原材料供应地的政治经济情况变动、新材料的出现等因素带来的供应方面的风险，生产组织不合理带来的生产方面的风险，销售决策失误带来的销售方面的风险。财务风险又称筹资风险，是指由于举债而给企业目标带来不利影响的可能性。企业举债经营，全部资金除自有资金外还有一部分借入资金，这会对自有资金的盈利能力造成影响；同时借入资金需还本付息，一旦无力偿还到期债务，企业便会陷入财务困境甚至破产。

（三）风险报酬

上节讲述的资金时间价值是在假定无通货膨胀、无风险的情况下的资金增值。在多数情况下人们的投资都是有风险的。但是几乎没有人因为存在风险而不去投资，有风险就意味着投资可能成功，也可能失败。一般来说，人们会期望获得比没有风险的投资更高的回报，如果有可能得到高回报，人们就会冒风险去投资。诱导投资者进行风险投资的，是超过时间价值的那部分额外报酬，即风险报酬。

风险报酬是指投资者因冒风险进行投资而要求获得的超过资金时间价值的那部分额外报酬。风险报酬的表现形式有风险报酬额（绝对数）和风险报酬率（相对数），我们常用相对数风险报酬率来表示风险报酬。所谓风险报酬率，是指投资者因冒风险进行投资而获得的超过资金时间价值的那部分额外报酬率，即风险报酬额与原投资额的比率。

一般来讲，投资者进行一项投资所获得的报酬由三部分组成：时间价值、通货膨胀补偿、风险报酬。即：

$$投资报酬率 = 时间价值 + 通货膨胀补偿率 + 风险报酬率$$

不考虑通货膨胀，投资者所要求或者期望的报酬率就是资金时间价值和风险报酬率之和。其中时间价值可称为无风险报酬率。则上式可写为：

$$R = R_f + R_R$$

式中，R 表示投资报酬率；R_f 表示资金时间价值（或无风险报酬率）；R_R 表示风险报酬率。

假如，资金时间价值为 10%，某项投资期望报酬率为 15%，在不考虑通货膨胀的情况下，该项投资的风险报酬率便是 5%。

决定风险报酬率的因素有：风险的大小和投资人对待风险的态度。

（四）风险的衡量

正视风险并将风险量化，是企业财务管理中的一项重要工作。而风险的衡量通常采用概率论的方法。

1. 概率分布

某一事件在完全相同的条件下可能发生也可能不发生，既可能出现这种结果也有可能出现那种结果，这类事件为随机事件。概率是用来反映随机事件发生可能性大小的数值。假定某公司拟试制一种新产品投放市场，根据市场预测，估计可能出现"畅销""一般"与"较差"三种情况。如果把所有可能的事件或结果都列示出来，且每一事件都给予一种概率，把它们列示在一起便构成了概率的分布。一般用 X 表示随机事件，X_i 表示随机事件的第 i 种结果，P_i 表示第 i 种结果出现的概率。

若 X_i 肯定出现，则 $P_i = 1$；若 X_i 肯定不出现，则 $P_i = 0$。因此，概率必须符合如下两个要求：

所有的概率都必须在 0 和 1 之间，即 $0 \leq P_i \leq 1$；

所有结果可能的概率之和等于1，即 $\sum_{i=1}^{n} P_i = 1$，n 表示可能出现的结果的个数。

【例2-18】某公司有甲、乙两个项目，计划投资额均为1 000万元，投产后预计收益情况和市场销售有关。可获得的年净收益及其概率如表2-1所示。

表2-1　市场预期报酬及概率分布　　　　　　　　　　　　　　　　　　单位：万元

市场销售情况	甲项目年净收益 X_i	乙项目年净收益 X_i	概率 P_i
畅销	200	300	0.2
一般	100	100	0.6
较差	50	-50	0.2
合计	—	—	1

2．期望值

期望值是一个概率分布中的所有可能结果与各自概率之积的加权平均值，反映预期收益的平均值，表示投资者的合理预期。通常用符号 $\bar{E}$ 表示，其计算公式为：

$$\bar{E} = \sum_{i=1}^{n} P_i X_i$$

【例2-19】以表2-1中有关数据，计算甲、乙两个项目投产后预计收益的期望值。

甲项目：$\bar{E} = 200 \times 0.2 + 100 \times 0.6 + 50 \times 0.2 = 110$（万元）。

乙项目：$\bar{E} = 300 \times 0.2 + 100 \times 0.6 - 50 \times 0.2 = 110$（万元）。

3．离散程度

离散程度是用来反映风险大小的指标。一般来说，离散程度越大，风险越大；离散程度越小，风险越小。反映随机变量离散程度的指标有很多，本书主要介绍方差、标准离差、标准离差率三项指标。

（1）方差。方差是用来表示随机变量与期望值之间的离散程度的一个数值。计算公式为：

$$\sigma^2 = \sum_{i=1}^{n} (X_i - \bar{E})^2 P_i$$

（2）标准离差。也称均方差，是方差的平方根。计算公式为：

$$\sigma = \sqrt{\sum_{i=1}^{n} (X_i - \bar{E})^2 P_i}$$

标准离差是以绝对数衡量决策方案的风险，在期望值相同的情况下，标准离差越大，风险越大；反之，标准离差越小，风险越小。

【例2-20】以表2-1中有关数据，计算甲、乙两个项目预计年收益与期望年收益的方差和标准离差。

方差：

甲项目：

$$\sigma^2 = \sum_{i=1}^{n}(X_i - \bar{E})^2 P_i = (200-110)^2 \times 0.2 + (100-110)^2 \times 0.6 + (50-110)^2 \times 0.2 = 2\,400$$

乙项目：

$$\sigma^2 = \sum_{i=1}^{n}(X_i - \bar{E})^2 P_i = (300-110)^2 \times 0.2 + (100-110)^2 \times 0.6 + (-50-110)^2 \times 0.2 = 12\,400$$

标准离差：
甲项目：

$$\sigma = \sqrt{\sum_{i=1}^{n}(X_i - \bar{E})^2 P_i} = \sqrt{(200-110)^2 \times 0.2 + (100-110)^2 \times 0.6 + (50-110)^2 \times 0.2} = 48.99$$

乙项目：

$$\sigma = \sqrt{\sum_{i=1}^{n}(X_i - \bar{E})^2 P_i} = \sqrt{(300-110)^2 \times 0.2 + (100-110)^2 \times 0.6 + (-50-110)^2 \times 0.2} = 113.36$$

甲、乙两个项目的期望净收益相同，甲项目的标准离差小于乙项目的标准离差，所以甲项目的风险相对较小。

（3）标准离差率。标准离差率是收益率的标准离差同期望值之比，也称变异系数。计算公式为：

$$V = \frac{\sigma}{E}$$

标准离差率是一个相对指标，它以相对数反映决策方案的风险程度。方差和标准离差作为绝对数，只适用于期望值相同的决策方案风险程度的比较，对于期望值不同的决策方案，评价和比较其各自的风险程度只能借助于标准离差率这一相对数值。在期望值不同的情况下，标准离差率越大，风险越大；反之，标准离差率越小，风险越小。

【例2-21】以表2-1中有关数据，计算甲、乙两个项目预计年收益的标准离差率。
甲项目：

$$V = \frac{\sigma}{E} = \frac{48.99}{110} = 0.45$$

乙项目：

$$V = \frac{\sigma}{E} = \frac{113.36}{110} = 1.03$$

当然，在本例中，甲、乙两个项目的期望值相同，可直接根据标准离差比较风险程度，但如果期望值不同，则必须计算标准离差率才能对比风险程度。

通过上述方法将决策方案的风险加以量化后，决策者便可据此做出决策。对于单个方案，可根据其标准离差（率）的大小，同设定的可接受的此项指标的最高限值对比，若前者小于后者，应选择此方案。对于多方案，决策的总原则是选择低风险高收益的方案，即标准离差最低、期望收益最高的方案，但具体情况还要具体分析。

二、资产的收益与收益率

资产的收益是指资产的价值在一定时期的增值，可以用两种方式表示。以金额表示的，称为资产的收益额，通常是指资产价值在一定期限内的增值量；以百分比表示的，称为资产的收益率或报酬率，是资产增值量与期初资产价值的比值。

以金额表示的收益与期初资产的价值不相关，不利于不同规模资产之间的比较；以百分比表示的收益则是一个相对指标，便于不同规模资产收益之间的比较分析。因此，在通常情况下，都是用资产收益率或报酬率的方式来表示资产的收益。为了便于比较分析，对于计算期限短于或长于一年的资产，在计算收益率时一般转换成年收益率，又称资产的报酬率。

单期资产的收益率的计算公式为：

$$单期资产的收益率 = \frac{资产价值的增值}{期初资产价值} + \frac{资产的收益额}{期初资产价值}$$

$$= \frac{利（股）息收益}{期初资产价值} + \frac{资本利得}{期初资产价值}$$

$$= 利（股）息收益率 + 资本利得收益率$$

【例 2-22】 大正公司股票一年前的价格为 15 元，一年中的股利为 0.5 元，现在的市价为 18 元，在不考虑交易费用的情况下，求一年内该股票的收益率。

分析：一年中的资产收益为：

$$0.5 + (18-15) = 3.5（元）$$

其中，股息收入为 0.5 元，资本利得为 3 元。

$$股票的收益率 = (0.5 + 18 - 15)/15 = 23\%$$

其中，股息收益率为 3%，资本利得收益率为 20%。

三、风险与收益的一般关系

对于每项资产，投资者都会因承担风险而要求额外的补偿，其要求的最低收益率包括无风险收益率和风险收益率。用公式表示为：

$$必要收益率 = 无风险收益率 + 风险收益率$$

用 R 表示必要收益率；R_f 表示无风险收益率，它是纯利率和通货膨胀补贴率之和；风险收益率可以表述成风险价值系数 b 与标准离差率 V 的乘积，即：

$$风险收益率 = b \times V$$

因此：

$$R = R_f + b \times V$$

四、资本资产定价模型

1. 资本资产定价模型基本原理

资本资产定价模型是由经济学家 Harry Markowitz 和 William F.Sharpe 于 1964 年提出来的。根据风险与收益的一般关系，某资产的必要收益率是由无风险收益率和该资产的风险收益率决定的。即：必要收益率 = 无风险收益率 + 风险收益率，由此引出了资本资产定价模型的表达式：

$$E(R_i) = R_f + \beta_i(R_m - R_f)$$

式中，$E(R_i)$ 表示某资产的必要收益率；R_f 表示无风险收益率，它通常以短期国债的利率来替代；β_i 表示该资产的系统风险系数；R_m 表示市场组合收益率，通常以股票价格指数收益率的平均值或所有股票的平均收益率来代替。

式中，$(R_m - R_f)$ 称为市场风险溢酬，是附加在无风险收益率之上的，反映的是市场整体对风险的厌恶程度，对风险越是厌恶和回避，要求的补偿就越高，因此市场风险溢酬的数值就越大。反之，市场抵抗风险能力越强，市场风险溢酬的数值就越小。可以看出，某项资产的风险收益率是该资产系统风险系数与市场风险溢酬的乘积，即：

$$风险收益率 = \beta(R_m - R_f)$$

【例2-23】某年由MULTEX公布的美国通用汽车公司的β系数是1.170，短期国库券的利率为4%，S&P股票价格指数的收益率是10%，则通用汽车该年股票的必要收益率为：

$$E(R_i) = R_f + \beta_i(R_m - R_f)$$
$$= 4\% + 1.170 \times (10\% - 4\%) = 11.02\%$$

2. 资产组合的必要收益率

由资本资产定价模型可以推导出资产组合的必要收益率的计算公式为：

$$R_P = R_f + \beta_p(R_m - R_f)$$

式中，R_P表示资产组合的必要收益率。

这个公式与资本资产定价模型的公式极为相似，唯一不同的是β_p是指资产组合的β系数，它是所有单项资产β系数的加权平均数，权数为各项资产在资产组合中所占的价值比重，计算公式为：

$$\beta_p = \sum W_i \times \beta_i$$

式中，β_p是指资产组合的系统风险系数，W_i是第i项资产在资产组合中所占的价值比重，β_i是第i项资产的β系数。

【例2-24】某资产组合有三只股票，有关信息见表2-2，则该资产组合的β系数是多少？假设当前短期国债收益率为3%，股票价格指数平均收益率为12%，则这三只股票组合的必要收益率为多少？

表2-2 某资产组合的相关信息

股票	β系数	股票的每股市价（元）	股票的数量（股）
A	0.7	4	200
B	1.1	2	100
C	1.7	10	100

分析：先计算三只股票所占的价值比重。

A股票：$\dfrac{4 \times 200}{4 \times 200 + 2 \times 100 + 10 \times 100} = 40\%$。

B股票：$\dfrac{2 \times 100}{4 \times 200 + 2 \times 100 + 10 \times 100} = 10\%$。

C股票：$\dfrac{10 \times 100}{4 \times 200 + 2 \times 100 + 10 \times 100} = 50\%$。

该项资产组合的β系数为：

$$\beta_p = \sum W_i \times \beta_i$$
$$= 40\% \times 0.7 + 10\% \times 1.1 + 50\% \times 1.7 = 1.24$$

三只股票组合的必要收益率 $= R_f + \beta_p(R_m - R_f) = 3\% + 1.24 \times (12\% - 3\%) = 14.16\%$

第三节 证券估价

一、股票及其评价

股票是代表投资者拥有对公司股份资本所有权的证书。股票持有者拥有对股份公司的重大决策权、盈利分配要求权、剩余财产求索权和股份转让权。

(一) 股票的价值

股票的价值又称股票的内在价值,是进行股票投资所获得的现金流入的现值。股票带给投资者的现金流入包括两部分:股利收入和股票出售时的收入。因此,股票的内在价值由一系列的股利和将来出售股票时售价的现值构成,通常当股票的市场价格低于股票内在价值时才适宜投资。

(二) 股票估价

1. 股票估价的基本模型

股票估价的一般模型的基本计算公式为:

$$P = \sum_{t=1}^{n} \frac{R_t}{(1+K)^t}$$

式中,P 是股票价值;R_t 是股票第 t 年带来的现金流入量(包括股利收入、卖出股票的收入);K 为折现率(股票的必要报酬率);n 是持有年限。

这是股票估价的一般模型,无论 R_t 的具体形态如何(递增、递减、固定或随机变动),此模型均有效。

2. 股利固定模型(零成长股票的模型)

如果长期持有股票,且各年股利固定,其支付过程是一个永续年金,股票价值计算公式为:

$$P = \sum_{t=1}^{\infty} \frac{D}{(1+K)^t} = \frac{D}{K}$$

式中,D 为各年收到的固定股息,其他符号的含义与基本公式相同。

【例 2-25】大正公司股票每年分配股利 2 元,若投资者最低报酬率为 16%,则该股票的价值为:

$$P = \frac{D}{K} = \frac{2}{16\%} = 12.5(元)$$

这就是说,该股票每年给投资者带来 2 元的收益,在市场利率为 16% 的条件下,它相当于 12.5 元资本的收益,所以其价值是 12.5 元。当然,市场上股价不一定就是 12.5 元,还要看投资人对风险的态度,可能高于或低于 12.5 元。

如果当时的市价不等于股票价值,例如市价为 12 元,每年固定股利 2 元,则其预期报酬率为:

$$K = 2 \div 12 \times 100\% = 16.67\%$$

可见,市价低于股票价值时,预期报酬率高于最低报酬率。

3. 股利固定增长模型

从理论上看,企业的股利不应当是固定不变的,而应当不断增长。假定企业长期持有股票,且各年股利按照固定比例增长,则股票价值计算公式为:

$$P = \sum_{t=1}^{\infty} \frac{D_0(1+g)^t}{(1+K)^t}$$

式中，D_0 为上年的股利；g 为股利每年增长率，其他符号含义与基本公式相同。

如果 $g < K$，用 D_1 表示预计第一年股利，则上式可简化为：

$$P = \frac{D_0 \times (1+g)}{K-g} = \frac{D_1}{K-g}$$

当预期报酬率与必要报酬率相等时，有：$K = \frac{D_1}{P} + g$，这就是著名的戈登模型，常用于普通股资本成本的计算。

【例 2-26】假设大正公司本年每股将派发股利 0.2 元，以后每年的股利按 4% 递增，必要投资报酬率为 9%，则该公司股票的内在价值为：

$$P = \frac{0.2}{9\% - 4\%} = 4（元/股）$$

$$预期报酬率 = \frac{0.2}{4} + 4\% = 5\% + 4\% = 9\%$$

因为股利逐年增加，股票价值亦同比例上升，故投资者每年可获得 4% 的资本利得，即预期报酬率（内含报酬率）等于当年的股利收益率与股利预计增长率之和。

【例 2-27】大正公司准备投资购买东方信托公司的股票，该股票上年每股股利为 2 元，预计以后每年以 4% 的增长率增长。大正公司经过分析后，认为必须得到 10% 的报酬率，才能购买该公司的股票。则该公司股票的内在价值为：

$$P = \frac{2 \times (1+4\%)}{10\% - 4\%} = 34.67（元）$$

即东方信托公司的股票价格在 34.67 元以下时，大正公司才能购买。

4. 三阶段模型

在现实生活中，很多公司的股利可能既不是一成不变，也不一定按照固定比率持续增长，而是出现不规则变化。如果预计未来一段时间内股利高速增长，接下来的时间正常固定增长或者固定不变，则可以分别计算高速增长、正常固定增长、固定不变等各阶段未来收益的现值，各阶段现值之和就是非固定增长股利的股票价值。

$$P = 股利高速增长阶段现值 + 固定增长阶段现值 + 固定不变阶段现值$$

【例 2-28】大正公司预期以 20% 的增长率发展 5 年，然后转为正常增长，年递增率为 4%。公司最近支付的股利为 1 元/股，股票的必要报酬率为 10%。求该公司股票的内在价值。

根据表 2-3 可知高速增长期间股利的现值。

表 2-3　高速增长期间股利现值计算表

年　次	股　利	现值系数	股利现值
1	1.20	0.909	1.09
2	1.44	0.826	1.19
3	1.728	0.751	1.30

续表

年　次	股　利	现值系数	股利现值
4	2.074	0.683	1.42
5	2.489	0.621	1.55
合计	—	—	6.55

计算正常增长期间股利的现值，即高速增长末期股票价值的现值。

（1）计算高速增长期末即第5年年末股票的价值。

由 $P=\dfrac{D_0\times(1+g)}{K-g}=\dfrac{D_1}{K-g}$，得 $P_5=\dfrac{D_6}{K-g}=\dfrac{D_5\times(1+g)}{K-g}$。

即：$P=\dfrac{2.489\times(1+4\%)}{10\%-4\%}\approx 43.14$（元）。

（2）计算第5年年末股票的现值。

$$43.14\times(1+10\%)^{-5}\approx 26.79\text{（元）}$$

（3）该公司股票的内在价值为：

$$6.55+26.79=33.34\text{（元）}$$

二、债券及其评价

债券，是债务人依据法定程序发行，承诺按约定的利率和日期支付利息，并在特定日期偿还本金的书面债务凭证。

（一）债券的基本要素

（1）债券的面值。债券的面值是指设定的票面金额，它代表发行人借入并且承诺于未来某一特定日期偿付给债券持有人的金额。

（2）债券的期限。债券从发行之日至到期日之间的时间称为债券的期限。债券到期时必须还本付息。

（3）债券的利率。债券上标明的利率，一般是年利率或固定利率，近年来也有浮动利率。债券的面值与票面利率的乘积为年利息额。此外，也有的债券票面利率为零，债券持有期间不计利息，到期只要按面值偿还即可。

（4）债券的价格。从理论上看，债券的面值就是其价格，但由于资金供求关系、市场利率等因素的变化，债券的价格往往偏离其面值，故会出现债券溢价发行、折价发行等情况。

（二）债券估价

1.债券估价的基本模型

典型的债券是固定利率、每年计算并支付利息、到期偿还本金。按照这种模式，债券估价基本模型的计算公式为：

$$P=\sum_{t=1}^{n}\dfrac{M\cdot i}{(1+K)^t}+\dfrac{M}{(1+K)^n}$$
$$=I(P/A,K,n)+M(P/F,K,n)$$

式中，P是债券价值；I是每年利息；K是折现率（债券当时的市场利率或投资者要求的必要报酬率）；M是债券面值；n是债券期限；i是票面利率。

【例2-29】某种债券面值1 000元，票面利率为10%，期限为5年，大正公司准备投资这种债券，已知市场利率为12%，则该种债券的价格为：

$$P=\sum_{t=1}^{n}\frac{1\,000\times10\%}{(1+12\%)^{t}}+\frac{1\,000}{(1+12\%)^{5}}=1\,000\times10\%\times3.605+1\,000\times0.567=927.5（元）$$

2. 一次还本付息且不计复利的债券估价模型

我国大多数债券都采用利随本清即一次还本付息方式，其价值计算公式为：

$$P=\frac{M+I\times n}{(1+i)^{n}}$$
$$=M\cdot(1+i\cdot n)\cdot(P/F,K,n)$$

【例2-30】大正公司准备购买一家公司发行的利随本清债券，该债券面值为1 000元，期限3年，票面利率10%，不计复利。已知市场利率为12%，则该种债券的价格为：

$$P=M\cdot(1+i\cdot n)\cdot(P/F,K,n)$$
$$=1\,000\times(1+10\%\times3)\times(P/F,12\%,3)$$
$$=1\,000\times1.30\times0.578\,7$$
$$=752.31（元）$$

3. 零票面利率债券的估价模型

零票面利率债券，即到期时只支付本金的债券。

$$P=\frac{M}{(1+i)^{n}}=M\cdot(P/F,K,n)$$

【例2-31】面值为1 000元的零票面利率债券，期限5年，目前市场利率为10%，若有投资者想投资这种债券，当债券价格为多少时投资者才能进行投资？

$$P=M\cdot(P/F,K,n)$$
$$=1\,000\times(P/F,10\%,5)$$
$$=1\,000\times0.620\,9$$
$$=620.9（元）$$

即当该债券价格低于620.9元时，投资者买入比较有利。

开篇案例解读

提示：货币时间价值是一个客观存在的经济范畴，是财务管理中必须考虑的一个重要因素。随着经济和社会的不断发展，金融市场也不断发展和完善，为货币时间价值的存在提供了基础，同时也增加了利用货币时间价值的机会。其中，货币的时间价值揭示不同时点上货币的换算关系，是企业筹资和投资决策需考虑的一个重要因素，也是企业估价的基础，离开这一因素，就无法计算不同时期的财务收支，无法正确评价企业盈亏。

注意：货币时间价值是非常有魅力的，提醒同学们要懂得用钱生钱的道理，养成节约的习惯，推迟消费，科学理财，把握财富增长秘密，培养财务素养和职业精神。同学们要不负韶华、持续学习、投资自己、蓄能未来，在学习和以后的工作中都要脚踏实地，务实肯干。

本章小结

1. 资金时间价值是没有风险和没有通货膨胀条件下的社会平均投资报酬率;是资金参与社会再生产,以及使用过程中的增值;资金时间价值的大小与时间成正比。资金时间价值有单利和复利两种计算方法。单利计息时利息的计算以本金为基础,复利计息时利息的计算以上期期末的本利和为基础。

2. 单利计算的终值 $F = P(1 + i \cdot n)$,复利计算的终值 $F = P(1+i)^n = P(F/P, i, n)$。

3. 年金是指一定时期内每隔相同时间发生相同数额的系列收付款项。年金的特点:等额性、定期性、系列性。年金的种类:普通年金、预付年金、递延年金、永续年金。

4. 普通年金终值计算公式:$F = A\dfrac{(1+i)^n - 1}{i} = A(F/A, i, n)$。

   普通年金现值计算公式:$P = A\dfrac{1 - (1+i)^{-n}}{i} = A(P/A, i, n)$。

5. 名义利率与实际利率的换算公式:$i = \left(1 + \dfrac{r}{m}\right)^m - 1$。

6. 风险是指某一行动的结果具有多样性。风险报酬是指投资者因冒风险进行投资而要求的超过资金时间价值的那部分额外报酬。

7. 风险的衡量。离散程度越大,风险越大;离散程度越小,风险越小。
当两种方案收益期望值相同时,计算标准离差(σ)衡量风险的大小。
当两种方案收益期望值不相同时,计算标准离差率(V)衡量风险的大小。

8. 资本资产定价模型。

9. 四种股票估价的基本模型。

10. 三种债券估价的基本模型。

概念题

1. 什么是资金时间价值?怎样理解资金时间价值?
2. 如何计算复利的终值和现值?
3. 什么是年金?它有几种表现形式?
4. 如何计算各种年金终值和现值?
5. 什么是风险?风险的种类有哪些?如何对其进行衡量?
6. 如何理解资本资产定价模型?

问答题

根据货币时间价值的内容,请同学们结合自己身边的例子,阐述应该如何投资自己、蓄能未来。

 应用题

某人面对今天的1 000美元、五年后的1 500美元、十年后的2 000美元，要做出选择，你将选择今天的1 000美元，还是五年后的1 500美元或十年后的2 000美元呢？

要回答这个问题，就必须把不同时间点的现金流量调整到一个统一的时点，这样就能进行公平的比较。

调整到统一时间点就需要知道货币时间价值率，假定货币时间价值率为8%，调整到统一时间点（今天）的现金流量为：

今天的1 000美元不变。

五年后的1 500美元等于今天的1 020.9美元，即1 500×(F/P, 8%, 5)。

十年后的2 000美元等于今天的926.4美元，即2 000×(F/P, 8%, 10)。

通过公平比较，你应选择五年后的1 500美元，因为它将为你带来最大的效益。

问题：

1. 货币为什么会有时间差？
2. 货币时间价值对财务管理有何意义？

第二篇 筹资篇

第三章 筹资管理

第一节 筹资管理概述

第二节 债务性筹资

第三节 权益性筹资

第四节 混合性融资

第四章 资本成本与资本结构

第一节 资本成本

第二节 杠杆效应

第三节 资本结构

第三章 筹资管理

ITEM 3

学习目标

筹资是资金运动过程中的首要环节。通过本章的学习,要求掌握和了解:
1. 企业筹资的渠道和方式。
2. 企业资金需求量预测方法。
3. 不同筹资方式的优缺点。

开篇案例

ABC 公司 2020 年营业收入为 20 000 万元,2020 年 12 月 31 日的资产负债情况(简表)如表 3-1 所示。

表 3-1 ABC 公司资产负债表(简表)　　　　　　　　单位:万元

资产	期末余额	负债及所有者权益	期末余额
货币资金	1 000	应付账款	1 000
应收账款	3 000	应付票据	2 000
存货	6 000	长期借款	9 000
固定资产	7 000	实收资本	4 000
无形资产	1 000	留存收益	2 000
资产合计	18 000	负债及所有者权益合计	18 000

该公司 2021 年计划营业收入比上年增长 20%,为实现这一目标,公司计划新增设备一台,需要资金 320 万元。根据历年财务数据分析,公司流动资产与流动负债随销售额同比例增减。假定该公司 2021 年的销售净利率可达到 10%,净利润的 60% 分配给投资者。

要求:
(1)计算 2021 年流动资产增加额;
(2)计算 2021 年流动负债增加额;
(3)计算流动资产销售百分比、流动负债销售百分比和 2021 年公司需要增加的营运资金;
(4)计算 2021 年增加的留存收益;
(5)预测 2021 年需要对外筹集的资金量。
思考:什么样的企业才能筹集到资金?论诚信对企业的重要性。

> **导　言**
>
> 关于企业对资金的需求，我们除了要能准确判断企业资金需求量，还应注重出资方式的选择。本章主要介绍了资金需求量的预测方法、股权筹资、债务筹资以及衍生金融工具筹资的基础理论，学习中要注意各筹资方式的特点。

第一节　筹资管理概述

一、筹资的含义与动机

1. 筹资的含义

企业筹资是指企业为了满足经营活动、投资活动、资本结构管理和其他需要，运用一定的筹资方式，通过一定的筹资渠道，筹措和获取所需资金的一种财务行为。

2. 筹资的动机

（1）创立性筹资动机，是指企业设立时，为取得资本金并形成开展经营活动的基本条件而产生的筹资动机。

（2）支付性筹资动机，是指为了满足经营业务活动的正常波动所形成的支付需要而产生的筹资动机。

（3）扩张性筹资动机，是指企业因扩大经营规模或对外投资需要而产生的筹资动机。

（4）调整性筹资动机，是指企业因调整资本结构而产生的筹资动机。企业产生调整性筹资动机的具体原因大致有二：优化资本结构，合理利用财务杠杆效应；偿还到期债务。

二、筹资的分类

（1）按照资金的权益属性分为：债务性筹资、权益性筹资和衍生工具筹资；
（2）按照是否以金融机构为媒介分为：直接筹资和间接筹资；
（3）按照资金的来源分为：内部筹资和外部筹资；
（4）按照期限的长短分为：长期筹资和短期筹资。

三、筹资的渠道与方式

1. 筹资的渠道

（1）国家财政资金。指国家以财政拨款、财政贷款、国有资产入股等形式向企业投入的资金，是中国国有企业资金的主要来源。

（2）银行信贷资金。指商业银行和专业银行放贷给企业使用的资金。

（3）非银行金融机构资金。指各种从事金融业务的非银行机构，如信托投资公司、租赁公司等为企业提供的信贷资金。

（4）其他企业资金。企业在生产经营过程中，往往会形成部分暂时闲置的资金，并为一定的目的而进行相互投资。另外，企业间的购销业务可以通过商业信用方式来完成，从而形成企业间的债权债务关系，形成债务人对债权人的短期信用资金占用。企业间的相互投资和商业信用的存在，使其他企业资金成为企业资金的一项重要来源。

（5）居民个人资金。指企业职工和居民个人的结余货币。作为"游离"于银行及非银行金融机构等之外的个人资金，可用于对企业进行投资，形成民间资金来源渠道，从而为企业所用。

（6）企业自留资金。指企业内部形成的资金，也称企业内部留存，包括从税后利润中提取的盈余公积金和未分配利润，以及通过计提折旧费而形成的固定资产更新改造资金。这些资金的主要特征是无须通过一定的方式去筹集，而是直接由企业内部自动生成或转移。

（7）外商资金。指外国投资者及中国香港、澳门、台湾地区投资者投入的资金。随着国际经济业务的拓展，利用外商资金已成为企业筹资的一个新的重要渠道。

2. 筹资的方式

包括吸收直接投资、发行股票、发行债券、银行借款、商业信用、租赁筹资等。

四、筹资管理的原则

（1）筹措合法。遵循国家法律法规，合法筹措资金。
（2）规模适当。根据生产经营及其发展需要，合理安排资金需求。
（3）取得及时。合理安排筹资时间，适时取得资金。
（4）来源经济。充分利用各种筹资渠道，选择经济、可行的资金来源。
（5）结构合理。综合考虑各种筹资方式，优化资本结构。

五、资金需求量的预测

（一）定性预测法

定性预测法是指依靠预测者个人的经验、主观分析和判断能力，对未来时期资金的需求进行估计和推算的方法。这种方法通常采用召开专业人员座谈会和专家论证会等形式进行。首先，由熟悉财务情况和生产经营情况的专家，根据以往所积累的经验，进行分析判断，提出预测的初步意见；其次，通过召开座谈会或发出各种表格等形式，对预测的初步意见进行修正补充。这样进行一次或几次以后，得出预测的最终结果。

定性预测法是十分有用的，但它不能揭示资金需要量与有关因素之间的数量关系。预测资金需要量应与企业生产经营规模相联系。生产规模扩大，销售数量增加，会引起资金需求量增加；反之，则会使资金需求量减少。因此，这种方法一般只作为预测的辅助方法。

（二）定量预测法

定量预测法是指以历史资料为依据，采用数学模型对未来时期资金需要量进行预测的方法。这种方法预测的结果科学而准确，有较高的可行性，但计算较为复杂，要求具有完备的历史资料。定量预测法常用的方法有因素分析法、销售百分比法和资金习性预测法。

1. 因素分析法

（1）含义。因素分析法又称分析调整法，是以有关项目基期年度的平均资金需要量为基础，根据预测年度的生产经营任务和资金周转加速的要求，进行分析调整，从而预测资金需要量的一种方法。

（2）公式。

资金需要量＝（基期资金平均占用额－不合理资金占用额）×（1±预测期销售增长率）×（1±预测期资金周转速度增长率）

注意：如果预测期销售增加，则用（1+预测期销售增长率）；反之用"－"。如果预测期资金周转速度加快，则用（1－预测期资金周转速度增长率）；反之用"+"。

（3）特点与适用范围。

①特点：计算简便，容易掌握，但预测结果不太精确。

②适用范围：品种繁多、规格复杂、资金用量较小的项目。

【例3-1】企业上年度资金平均占用额为4 400万元，经分析，其中不合理部分为400万元，预计本年度销售增长5%，资金周转加速2%。

$$\text{预测年度资金需求量} = (4\ 400 - 400) \times (1+5\%) \times (1-2\%) = 4\ 116（\text{万元}）$$

2. 销售百分比法

（1）基本原理。销售百分比法是根据销售增长与资产增长之间的关系，预测未来资金需要量的方法。销售百分比法将反映生产经营规模的销售因素与反映资金占用情况的资产因素联系起来，根据销售与资产之间的数量比例关系，预计企业的外部筹资需要量。销售百分比法首先假设某些资产与销售额存在稳定的百分比关系，根据销售与资产的比例关系预计资产额，根据资产额预计相应的负债和所有者权益，进而确定筹资需要量。

假设：某些资产和负债与销售额同比例变化（或销售百分比不变）。

需要增加的资金量 = 增加的敏感性资产 - 增加的敏感性负债

增加的敏感性资产 = 增量收入 × 基期敏感资产占基期销售额的百分比

增加的敏感性负债 = 增量收入 × 基期敏感负债占基期销售额的百分比

外部融资需求量 = 增加的敏感性资产 - 增加的敏感性负债 - 增加的留存收益

增加的留存收益 = 预计销售收入 × 销售净利率 × 收益留存率

（2）基本步骤。

第一步：确定随销售额变动而变动的资产和负债项目（敏感资产和敏感负债）。

敏感资产、敏感负债与销售额保持稳定的比例关系。

经营性资产包括库存现金、应收账款、存货等项目。

经营性负债包括应付票据、应付账款等项目。

经营性负债不包括短期借款、短期融资券、长期负债等筹资性负债。

第二步：确定有关项目与销售额的稳定比例关系。

第三步：根据增加的销售额、预计销售收入、销售净利率和收益留存率，确定需要增加的筹资数量。

【例3-2】光华公司20×2年12月31日的简要资产负债情况如表3-2所示。假定光华公司20×2年销售额10 000万元，销售净利率为10%，利润留存率为40%。20×3年销售额预计增长20%，公司有足够的生产能力，无须追加固定资产投资。

表3-2 光华公司资产负债表（20×2年12月31日）　　　　　　　　　　单位：万元

资产	金额	与销售关系（%）	负债与权益	金额	与销售关系（%）
现金	500	5	短期借款	2 500	N
应收账款	1 500	15	应付账款	1 000	10
存货	3 000	30	预提费用	500	5
固定资产	3 000	N	公司债券	1 000	N
			实收资本	2 000	N
			留存收益	1 000	N
合计	8000	50	合计	8 000	15

要求:(1)判断哪些属于敏感性项目。

(2)当销售额增加 2 000 万元时,敏感性项目如何变化?

(3)当销售额达到 12 000 万元时,内部留存为多少?

(4)当销售额达到 12 000 万元时,外部融资需求量为多少?

解:(1)根据题设中资产、负债与销售的百分比关系,敏感资产包括:现金、应收账款、存货;敏感负债包括:应付账款、预提费用。

(2)敏感性资产增加 = 2 000 × 50% = 1 000(万元)

敏感性负债增加 = 2 000 × 15% = 300(万元)

(3)增加的留存收益 = 12 000 × 10% × 40% = 480(万元)

(4)需要增加的资金量 = 2 000 × (50% − 15%) = 700(万元)

外部融资需求量 = 700 − 12 000 × 10% × 40% = 220(万元)

3. 资金习性预测法

(1)资金习性的含义。

资金习性是指资金变动与产销量变动之间的依存关系。资金习性预测法又称回归直线分析法。按照资金同产销量之间的依存关系,可以把资金区分为:不变资金、变动资金和半变动资金。

不变资金是指在一定的产销量范围内,不受产销量变动的影响而保持固定不变的那部分资金。

变动资金是指随产销量的变动而同比例变动的那部分资金。

半变动资金是指虽然受产销量变化的影响,但不成同比例变动的资金。

半变动资金可以分解为不变资金和变动资金,最终将资金总额分成不变资金和变动资金两部分,即:

$$a = \frac{\sum x^2 \sum y - \sum x \sum xy}{n \sum x^2 - (\sum x)^2}$$

$$b = \frac{n \sum xy - \sum x \sum y}{n \sum x^2 - (\sum x)^2}$$

$$a = \frac{\sum y - b \sum x}{n}$$

资金总额(y) = 不变资金(a) + 变动资金(bx)

根据资金总额(y)和产销量(x)的历史资料,利用回归分析法或高低点法可以估计出资金总额和产销量直线方程中的两个参数 a 和 b。

(2)根据资金占用总额与产销量的关系预测。

设产销量为自变量 x,资金占用量为因变量 y,可用下式表示:

$$y = a + bx$$

【例 3-3】某企业 20×1 年至 20×6 年历年产销量和资金变化情况如表 3-3 所示,20×7 年预计销售量为 1 500 万件,需要预计 20×7 年的资金需要量。

表 3-3 产销量与资金变化情况

年份	产销量(X:万件)	资金占用(Y:万元)
20×1	1 200	1 000
20×2	1 100	950

续表

年份	产销量（X：万件）	资金占用（Y：万元）
20×3	1 000	900
20×4	1 200	1 000
20×5	1 300	1 050
20×6	1 400	1 100

资金需要量预测表见表3-4。

表3-4 资金需要量预测表（按总额预测）

年份	产销量（X：万件）	资金占用（Y：万元）	XY	X^2
20×1	1 200	1 000	1 200 000	1 440 000
20×2	1 100	950	1 045 000	1 210 000
20×3	1 000	900	900 000	1 000 000
20×4	1 200	1 000	1 200 000	1 440 000
20×5	1 300	1 050	1 365 000	1 690 000
20×6	1 400	1 100	1 540 000	1 960 000
合计 n=6	∑X=7 200	∑Y=6 000	∑XY=7 250 000	∑X^2=8 740 000

$$a = \frac{\sum Y - b \sum X}{n} = 400$$

$$b = \frac{n \sum XY - \sum X \sum Y}{n \sum X^2 - (\sum X)^2} = 0.5$$

解得：

$$Y = 400 + 0.5X$$

把20×7年预计销售量1 500万件代入上式，得出20×7年资金需要量为：

$$400 + 0.5 \times 1\,500 = 1\,150（万元）$$

第二节 债务性筹资

一、银行借款

银行借款是指企业向银行或其他非银行金融机构借入的、需要还本付息的款项。

1. 银行借款的种类

（1）按照中介机构划分。

①政策性银行贷款。包括国家开发银行、中国进出口信贷银行、中国农业发展银行。

②商业银行贷款。包括中国银行、中国建设银行、招商银行等。

③其他金融机构贷款。包括信托公司、保险公司等。

（2）按照有无担保要求划分。

①担保贷款。特点为：降低银行风险，提高贷款安全性。具体有保证贷款、抵押贷款和质押贷款。

②信用贷款。特点为：银行风险高，筹资者承担的利息高，还附加限制条件。

（3）按照贷款用途划分。

包括基本建设贷款、专项贷款、流动资金贷款。

2. 银行借款的程序

（1）提出申请。企业根据筹资需求向银行书面申请，按银行要求的条件和内容填报借款申请书。

（2）银行审批。银行按照有关政策和贷款条件，对借款企业进行信用审查，依据审批权限核准公司申请的借款金额和用款计划。

（3）签订合同。借款申请获批准后，银行与企业进一步协商贷款的具体条件，签订正式的借款合同，确定贷款的数额、利率、期限和一些约束性条款。

（4）取得借款。借款合同签订后，企业在核定的贷款指标范围内，根据用款计划和实际需求，一次或分次将贷款转入企业指定账户，以便使用。

3. 长期借款的保护性条款

（1）例行性保护条款。

这类条款作为理性常规，在大多数借款合同中都会出现。为了保护债权人的利益，通常企业要定期向债权人披露相关信息，主要包括：

①定期提交财务报表；

②保持存货储备量；

③及时清偿债务；

④不准以资产作其他承诺的担保或抵押；

⑤不准贴现应收票据或出售应收账款，以避免或有负债等。

（2）一般性保护条款。

这类条款是对企业资产的流动性和偿债能力等方面进行监督和限制，主要包括两方面：

①保持资产流动性。

②限制非经营性支出、资本支出的规模、长期投资、再举债规模。

（3）特殊性保护条款。

这类条款针对某些特殊情况而出现在部分借款合同中，只有在特殊情况下才生效，主要有：

①要求公司的主要领导人购买人身保险；

②借款的用途不得改变；

③违约惩罚条款。

4. 特点

（1）优点：筹资速度快；资本成本较低；筹资弹性较大。

（2）缺点：限制条款多；筹资数额有限。

二、发行公司债券

1. 公司债券的含义

公司债券又称企业债券，是企业依照法定程序发行的、约定在一定期限内还本付息的有价证券。债券是持有人拥有公司债权的书面证书，它代表持券人与发债公司之间的债权债务关系。

2. 发行公司债券的条件

在我国，根据《公司法》的规定，股份有限公司、国有独资公司和两个以上的国有企业或者两个以上的国有投资主体投资设立的有限责任公司，具有发行债券的资格。

根据《证券法》规定，公开发行公司债券，应当符合下列条件：①股份有限公司的净资产不低于人民币3 000万元，有限责任公司的净资产不低于人民币6 000万元；②累计债券余额不超过公司净资产的40%；③最近3年平均可分配利润足以支付公司债券1年的利息；④筹集的资金投向符合国家产业政策；⑤债券的利率不超过国务院限定的利率水平；⑥国务院规定的其他条件。公开发行公司债券筹集的资金，必须用于核准的用途，不得用于弥补亏损和非生产性支出。

根据《证券法》规定，公司申请公司债券上市交易，应当符合下列条件：①公司债券的期限为1年以上；②公司债券实际发行额不少于人民币5 000万元；③公司申请债券上市时符合法定的公司债券发行条件。

3. 公司债券的构成要素

构成公司债券的要素有：票面金额、票面利率、到期日。

4. 债券的种类

（1）按照债券是否记名，分为记名债券和不记名债券。

（2）按照是否能转换成公司股权，分为可转换债券和不可转换债券。

（3）按照有无特定财产担保，分为担保债券和信用债券。担保债券主要是指抵押债券。抵押债券按其抵押品的不同，又分为不动产抵押债券、动产抵押债券和证券信托抵押债券。

5. 发行债券的程序

（1）做出决议。公司发行债券要由董事会制订方案，股东大会做出决议。

（2）提出申请。我国规定，公司申请发行债券由国务院证券管理部门批准。证券管理部门按照国务院确定的公司债券发行规模，审批公司债券的发行。公司申请应提交公司登记证明、公司章程、公司债券募集办法、资产评估报告和验资报告。

（3）公告募集办法。企业发行债券的申请经批准后，向社会公告债券募集办法。公司债券有私募发行和公募发行两种形式，私募发行是以特定的少数投资者为对象发行债券，而公募发行则是在证券市场上以非特定的广大投资者为对象公开发行债券。

（4）委托证券经营机构发售。公募间接发行是各国通行的公司债券发行方式，在这种发行方式下，发行公司与承销团签订承销协议。承销团由数家证券公司或投资银行组成，承销方式有代销和包销两种。代销是指承销机构代为推销债券，在约定期限内未售出的余额可退还发行公司，承销机构不承担发行风险。包销是由承销团先购入发行公司拟发行的全部债券，然后再售给社会上的投资者，如果约定期限内未能全部售出，余额要由承销团负责认购。

（5）交付债券，收缴债券款，登记债券存根簿。发行债券通常不需经过填写认购证过程，由债券购买人直接向承销机构付款购买，承销单位付给购买人债券。然后，发行公司向承销机构收缴债券款并结算代理费及预付款项。

6. 公司债券的发行价格

公司债券的发行价格是指债券发行时使用的价格。公司债券的发行价格通常有三种：平价、溢价和折价。平价是指以债券的票面金额为发行价格；溢价是指以高出债券票面金额的价格为发行价格；折价是指以低于债券票面金额的价格为发行价格。

债券发行价格的形成受诸多因素影响，其中主要是票面利率与市场利率的一致程度。债券的票面金额、票面利率在债券发行前已参照市场利率和发行公司的具体情况确定下来，并载明于债券之上。但在发行债券时已确定的票面利率不一定与当时的市场利率一致。为了协调债券购销双方在债券利息上的利益矛盾,就要调整发行价格,即当票面利率高于市场利率时,以溢价发行债券;当票面利率低于市场利率时,以折价发行债券;当票面利率与市场利率一致时,则以平价发行债券。

(1)在按期付息、到期一次还本且不考虑发行费用的情况下债券发行价格的计算公式为:

$$债券发行价格 = \frac{债券面值}{(1+市场利率)^n} + \sum_{t=1}^{n} \frac{债券面值 \times 票面利率}{(1+市场利率)^t}$$

$$= 债券面值 \times (P/F, i, n) + 债券面值 \times 票面利率 \times (P/A, i, n)$$

【例3-4】华北电脑公司发行面值为1 000元,票面利率为10%,期限为10年,每年年末付息的债券。在公司决定发行债券时,认为10%的利率是合理的。如果到债券正式发行时,市场上的利率发生变化,那么就要调整债券的发行价格。现按以下三种情况分别讨论:

a.资金市场上的利率保持不变,华北电脑公司的债券利率为10%仍然合理,则可采用平价发行。债券的发行价格为:1 000×(P/F, 10%, 10)+1 000×10%×(P/A, 10%, 10)≈1 000(元)。

b.资金市场上的利率有较大幅度上升,达到15%,则应采用折价发行。债券的发行价格为:1 000×(P/F, 15%, 10)+1 000×10%×(P/A, 15%, 10)≈749(元)。

c.资金市场上的利率有较大幅度下降,降至5%,则应采用溢价发行。债券的发行价格为:1 000×(P/F, 5%, 10)+1 000×10%×(P/A, 5%, 10)≈1 386(元)。

(2)企业发行不计复利、到期一次还本付息的债券发行价格计算公式为:

$$债券发行价格 = 债券面值 \times (1+i' \times n) \times (P/F, i, n)$$

【例3-5】华北电脑公司发行面值为1 000元,票面利率为6%(不计复利),期限为10年,到期一次还本付息的债券。已知目前市场利率为5%,则其发行价格为:

$$1\ 000 \times (1+6\% \times 10)(P/F, 5\%, 10) = 982.24(元)$$

7. 债券的偿还

(1)提前偿还:债券到期之前就予以偿还,只有在发行债券的契约中明确规定了有关允许提前偿还的条款,才能进行此项操作(先说断,后不乱)。

(2)到期分批偿还:发行时对同一债券规定了不同的到期日。

(3)到期一次偿还:债券到期日,一次性归还本金利息。

8. 特点

(1)优点:一次筹资数额大;可提高公司的社会声誉;募集资金的使用限制条件少。

(2)缺点:资本成本较高。

三、融资租赁

1. 租赁的基本特征

(1)所有权与使用权相分离。

(2)融资与融物相结合。借物还钱,并以分期支付租金的方式来体现。

(3)租金分期支付。

2. 租赁的分类

租赁分为经营租赁(比如神州租车)和融资租赁(比如飞机租赁)。

经营租赁特点:出租的设备由租赁公司选定;租赁期较短;租赁设备的维修、保养由租赁公司负责;租赁期满或合同终止以后,出租资产由租赁公司收回。

融资租赁特点:设备根据承租企业提出的要求购买,或由承租企业直接从制造商或销售商那里选定；租赁期较长；由承租企业负责设备的维修、保养；租赁期满，按事先约定的方法处理设备，包括退还租赁公司，或继续租赁，或企业留购，通常采用企业留购的办法。

3. 融资租赁的基本形式

（1）直接租赁。承租人直接向出租人租入所需要的资产，并支付租金。

（2）售后回租。根据协议，企业将某资产卖给出租人，再将其租回使用。

（3）杠杆租赁。杠杆租赁是指涉及承租人、出租人和资金出借人三方的融资租赁业务。一般来说，当所涉及的资产价值昂贵时，出租人只投入部分资金（通常为资产价值的20%~40%），其余资金则通过将该资产抵押担保的方式，向第三方（通常为银行）申请贷款解决。出租人将购进的设备出租给承租人，用收取的租金偿还贷款，该资产的所有权属于出租人。出租人既是债权人也是债务人，如果出租人到期不能按期偿还借款，资产所有权则转移给资金的出借人。

小结

融资租赁方式	当事人	租赁物所有权	租赁物采购资金来源	合同关系
直接租赁	出租人、承租人	出租人	出租人全额	租赁合同
售后回租	出租人、承租人	承租人→出租人	出租人全额	出售合同 租赁合同
杠杆租赁	出租人、承租人、资金出借者	出租人	出租人+资金出借者	借款合同 租赁合同

4. 融资租赁租金的计算

（1）决定租金的因素。

①设备原价与预计残值（包括设备买入价、运输费、安装调试费、保险费等），以及该设备租赁期满后出售可得的收入。

②利息。租赁公司为承租企业购置设备垫付资金所应支付的利息。

③租赁手续费。租赁公司承办租赁设备所发生的业务费用和必要的利润。

（2）租金的支付方式。

①按支付间隔期长短，分为年付、半年付、季付和月付等。

②按在期初和期末支付，分为先付租金和后付租金两种。

③按每次支付额，分为等额支付和不等额支付两种，实务中，承租企业与租赁公司商定的租金支付方式大多为后付等额年金。

（3）租金的计算（以等额支付）。

从出租人的角度出发，现金的流入量总现值等于现金的流出量总现值。

【例3-6】好客公司于20×1年1月1日从融资租赁公司租入一套设备，价值500万元，租期6年，租赁期满时，残值50万元，归租赁公司所有，折现率为10%，租金每年末支付一次，则每年的租金为多少万元？

分析：设每年租金为A，则$A \times (P/A, 10\%, 6) + 50 \times (P/F, 10\%, 6) = 500$，得$A = 108.32$（万元）。

5. 融资租赁的筹资特点

（1）优点。

无须大量资金就能迅速获得资产；财务风险小，财务优势明显；筹资的限制条件较少；能延长资金融通的期限。

（2）缺点。资本成本负担较高。

四、商业信用

1. 商业信用的概念

商业信用是指商品交易中由于延期付款或延期交货而形成的借贷关系，它是企业之间的一种直接信用行为，也是企业筹集短期资金的重要方式。

2. 商业信用的形式及现金折扣计算

利用商业信用融资，主要有以下几种形式：

（1）应付账款。应付账款是由赊购商品形成的一种最典型、最常见的商业信用形式。在此种情况下，买卖双方发生商品交易，买方收到商品后不立即支付现金，可延期到一定时间以后付款。在这种情况下，卖方有时为了争取得到提前付款，可给予买方一定的现金折扣，如"2/10，n/30"即表示货款在 10 天内付清，可以享受货款金额 2% 的现金折扣；货款在 30 天内付清（即信用期为 30 天），则须付全部货款。如买方欲享受现金折扣，则必须在一定时期内付清账款，因为放弃现金折扣的机会成本可按下式计算：

$$\text{放弃现金折扣的成本} = \frac{CD}{1-CD} \times \frac{360}{N} \times 100\%$$

式中，CD 为现金折扣的百分比；N 为放弃现金折扣延期付款天数，等于信用期与折扣期之差。

【例 3-7】某企业每年向供应商购入 200 万元的商品，该供应商提供的信用条件为"2/10，n/30"，若该企业放弃上述现金折扣条件，则其资金成本计算如下：

$$\text{放弃现金折扣的成本} = \frac{2\%}{1-2\%} \times \frac{360}{30-10} \times 100\%$$

$$= 36.73\%$$

这说明该企业只要从其他途径取得资金所付出的代价低于 36.73%，就应在 10 天以内把货款付清以取得 2% 的现金折扣。

（2）预收货款。在这种形式下，卖方要先向买方收取货款，但延期到一定时期以后交货，这等于卖方向买方先借一笔资金，是另外一种典型的商业信用形式。通常，购买单位对于紧俏商品乐意采用这种形式，以便顺利获得所需商品。另外，生产周期长、售价高的商品，如轮船、飞机等，生产企业也经常向订货者分次预收货款，以缓解资金占用过多的压力。

（3）应付票据。应付票据是企业进行延期付款商品交易时开具的反映债权债务关系的票据。根据承兑人的不同应付票据可分为商业承兑汇票和银行承兑汇票。应付票据可以带息也可以不带息。其利率一般比银行借款利率低，且不用保持相应的补偿余额和支付协议费，所以筹资成本低于银行借款成本。但是，应付票据到期必须偿还，如若延期将要交付罚金，因此风险较大。

五、债务筹资的优缺点

1. 优点

（1）筹资速度较快；

（2）筹资弹性大；
（3）资本成本负担较轻；
（4）可以利用财务杠杆；
（5）稳定公司的控制权。

2. 缺点
（1）不能形成企业稳定的资本基础；
（2）财务风险较大；
（3）筹资数额有限。

第三节　权益性筹资

一、吸收直接投资

1. 含义及种类

吸收直接投资是指企业按照"共同投资、共同经营、共担风险、共享收益"的原则，直接吸收国家、法人、个人和外商投入资金的一种筹资方式。

吸收直接投资的种类有吸收国家投资、吸收法人投资、吸收外商投资、吸收社会公众投资。

2. 出资方式

吸收直接投资的出资可以以货币资产出资、以实物资产出资、以工业产权出资、以土地使用权出资、以特定债权出资。

3. 吸收直接投资的程序

①确定筹资数量；②寻找投资单位；③协商和签署投资协议；④取得所筹集的资金。

4. 特点

（1）优点：能够尽快形成生产能力；容易进行信息沟通。

（2）缺点：资本成本最高（相对于股票筹资）；公司控制权集中，不利于公司治理；不易进行产权交易。

二、发行普通股股票

1. 股票特点

（1）永久性。长期自有资金。
（2）流通性。特别是上市公司的股票，流通性很强。
（3）风险性。价格的波动性、红利的不确定性、破产清算时股东处于剩余财产分配的最后顺序等。
（4）参与性。持股股东拥有公司的决策权。

2. 股东的权利

（1）公司管理权。主要体现在重大决策参与权、经营者选择权、财务监控权、公司经营的建议和质询权、股东大会召集权等方面。

（2）收益分享权。股东有权通过股利方式获取公司的税后利润，利润分配方案由董事会提出并经过股东大会批准。

（3）股份转让权。股东有权将其所持有的股票出售或转让。

（4）优先认股权。原有股东拥有优先认购本公司增发股票的权利。

（5）剩余财产要求权。当公司解散、清算时，股东有索取清偿债务、清偿优先股股东以后的剩余财产的权利。

3.股票的种类

股票的种类见表3-5。

表3-5 股票的种类

分类标准	类型	说明
股东权利和义务	普通股	公司发行的代表股东享有平等的权利、义务，不加特别限制的，股利不固定的股票
	优先股	公司发行的相对于普通股具有一定优先权的股票。其优先权利主要表现在股利分配优先权和分配剩余财产优先权上
票面是否记名	记名股票	股票票面上记载有股东姓名或将名称记入公司股东名册的股票
	无记名股票	不登记股东名称，公司只记载股票数量、编号及发行日期
发行对象和上市地点	A股	境内公司发行、境内上市交易，以人民币标明面值，以人民币认购和交易
	B股	境内公司发行，境内上市交易，以人民币标明面值，以外币认购和交易
	H股	注册地在内地，在香港上市的股票
	N股	在纽约上市
	S股	在新加坡上市

4.股票的发行与上市

（1）股票的发行方式。

①公开间接发行。通过中介机构向社会公众公开发行，范围广、对象多，易于足额筹集资本，还有利于提高知名度；但审批手续严格，成本高。

②非公开直接发行。只向少数特定对象直接发行，股票弹性大，能控制发行过程、节省发行费用；但范围小，不易及时足额筹集资本，发行后股票的变现性差。

（2）股票的上市交易。

目的：便于筹措新资金；促进股权流通和转让；便于确定公司价值。

缺点：①上市成本较高，手续复杂严格；②公司将负担较高的信息披露成本；③信息公开的要求可能会暴露公司商业机密；④股价有时会歪曲公司的实际情况，影响公司声誉；⑤可能会分散公司的控制权，造成管理上的困难。

5.上市公司的股票发行

上市公司的股票发行方式见表3-6。

表3-6 上市公司的股票发行方式

公开发行	首次上市公开发行（IPO）
	上市公开发行股票，包括增发和配股两种方式
非公开发行	又称定向增发，优势：①有利于引入战略投资者和机构投资者；②有利于利用上市公司的市场化估值溢价，将母公司资产通过资本市场放大，从而提升母公司的资产价值；③定向增发是一种主要的并购手段，特别是资产并购型定向增发，有利于集团企业整体上市并同时减轻并购的现金流压力

6. 引入战略投资者

我国在新股发行中引入战略投资者，允许战略投资者在公司发行新股时参与配售。按照证监会的规则解释，战略投资者是指与发行人具有合作关系或有合作意向和潜力，与发行公司业务紧密相连，且欲长期持有公司股票的法人。

（1）要求：①要与公司的经营业务联系紧密；②要出于长期投资目的而较长时期地持有股票；③要有相当的资金实力，且持股数量较多。

（2）作用：①提升公司形象，提高资本市场认同度；②优化股权结构，健全公司法人治理机制；③提高公司资源整合能力，增强公司的核心竞争力；④达到阶段性的融资目的，如加快实现公司上市融资的进程。

7. 发行普通股股票筹资的特点

（1）优点：两权分离，有利于公司自主经营管理；能增强公司的社会声誉，促进股权流通和转让。

（2）缺点：资本成本较高（与银行借款、融资租赁、债券筹资相比）；不易及时形成生产能力（与吸收直接投资相比）。

三、留存收益

1. 性质

企业通过合法有效的经营所实现的税后净利润，都属于企业的所有者。

2. 资金来源

净利润。属于内源性筹资，对于企业来说相当于"左手换右手"。《公司法》规定，企业每年的税后利润，必须提取10%的法定盈余公积金。

3. 途径

提取盈余公积金；未分配利润。

4. 特点

不发生筹资费用；维持公司的控制权分布；筹资数额有限。

四、股权筹资的特点（比较对象是债务筹资）

（1）优点：股权筹资是企业稳定及良好信誉的基础；企业的财务风险较小。

（2）缺点：资本成本负担较重；控制权变更可能影响企业长期稳定发展；信息沟通与披露成本较大。

第四节 混合性融资

一、优先股

优先股股本没有固定的到期日，无须归还本金，与普通股类似，财务风险小。发行优先股筹集的资本属于公司权益资本，这一特征与普通股相同，不同的是优先股具有面值和固定的股利率，这一特征又类似于债券，因此优先股通常被视为混合性证券。

1. 优先股的基本性质

优先股的基本性质见表3-7。

表 3-7 优先股的基本性质

约定股息	股利收益是事先约定的，相对固定。固定股息率各年可以不同，优先股也可以采用浮动股息率分配利润
权利优先	优先股可以先于普通股获得股息；在剩余财产方面，优先股的清偿顺序先于普通股而次于债权人
权利范围小	优先股股东仅在股东大会表决与优先股股东自身利益直接相关的特定事项时，具有有限表决权，如修改公司章程中与优先股股东利益相关的事项条款

2. 优先股的种类

优先股的种类见表 3-8。

表 3-8 优先股的种类

分类标准	种类
股息率是否固定	固定股息率优先股和浮动股息率优先股
分红是否强制	强制分红优先股与非强制分红优先股
股息是否累积	累积优先股和非累积优先股
分红的范围权限	参与优先股和非参与优先股
是否可以转换	可转换优先股和不可转换优先股
是否可以回购	可回购优先股和不可回购优先股

根据我国 2014 年起实行的《优先股试点管理办法》：优先股每股票面金额为 100 元。上市公司不得发行可转换为普通股的优先股。上市公司公开发行的优先股，应当在公司章程中规定以下事项：

（1）采取固定股息率；

（2）在有可分配税后利润的情况下必须向优先股股东分配股息；

（3）未向优先股股东足额派发股息的差额部分应当累积到下一会计年度；

（4）优先股股东按照约定的股息率分配股息后，不再同普通股股东一起参加剩余利润分配。

3. 优先股的特点

①有利于丰富资本市场的投资结构；②有利于股份公司股权资本结构的调整；③有利于保障普通股收益和控制权；④有利于降低公司财务风险；⑤可能给股份公司带来一定的财务压力。

优先股是权益筹资，虽然股利固定，但当企业没有利润支付股利时，可以延期支付或不支付，所以可以降低财务风险；优先股股利相对于普通股来说，具有固定性，会给公司带来一定的财务压力。

二、可转换债券

1. 含义及分类

（1）含义。可转换债券是公司普通债券和证券期权的组合体。可转换债券的持有人在一定期限内，可以按照事先规定的价格或转换比例，自由地选择是否转换为公司普通股。

（2）分类。

①不可分离（主体唯一性质变换）。其转股权与债券不可分离，持有者直接按照债券面额和约定的转股价格，在约定的期限内将债券转换为股票。

②可分离（一分为二互不干涉）。在发行时附有认股权证，是认股权证和公司债券的组合。

2. 基本性质

（1）证券期权性。实质上是一种未来的买入期权。

（2）资本转换性。在正常持有期，属于债权性质；转换成股票后，属于股权性质。

（3）赎回与回售。一般会有赎回条款和回售条款。

3. 基本要素

（1）标的股票。可转换债券转换期权的标的物是可转换成的公司股票。

（2）票面利率。可转换债券的票面利率一般会低于普通债券的票面利率，有时甚至低于同期银行存款利率。因为可转换债券的投资收益中，除了债券的利息收益外，还附加了股票买入期权的收益部分。

（3）转换价格。转换价格是指可转换债券在转换期内据以转换为普通股的折算价格，即可将可转换债券转换为每股普通股的价格。

在债券发售时，所确定的转换价格一般比发售日股票市场价格高出一定比例，如高出 10%~30%。

（4）转换比率。转换比率 = 债券面值 ÷ 转换价格。

（5）转换期。转换期指的是可转换债券持有人能够行使转换权的有效期限。

【例 3-7】某公司发行可转换债券，每张面值为 1 000 元，票面利率为 1%，期限为 5 年，第 4 年年末开始可以转换为普通股，到期时点的转换价格为每股 40 元（该股票为公司普通股）。

要求：计算该债券转换比率。

解：标的股票为该公司普通股（标的股票一般是发行公司自己的普通股票，不过也可以是其他公司的股票，如该公司的上市子公司的股票），转换价格为每股 40 元。因此，转换比率 = 债券面值 ÷ 转换价格 = 1 000 ÷ 40 = 25。

（6）赎回条款（公司利益为首要、赎回条款为公司）。

赎回条款是指发债公司按事先约定的价格买回未转股债券的条款。赎回一般发生在公司股票价格在一段时期内连续高于转股价格达到某一幅度时。设置赎回条款最主要的功能是强制债券持有者积极行使转股权，又被称为加速条款；也能使发债公司避免在市场利率下降后，继续向债券持有人按照较高的票面利率支付利息所蒙受的损失。

（7）回售条款（投资者利益为首、回售条款保投资）。

回售条款是指债券持有人有权按照事先约定的价格将债券卖回给发债公司的条款。回售一般发生在公司股票价格在一段时期内连续低于转股价格达到某一幅度时。回售有利于降低投资者的持券风险。

（8）强制性转换条款（保护发债公司的利益）。

强制性转换条款是指在某些条件具备之后，债券持有人必须将可转换债券转换为股票，无权要求偿还债券本金的条款。

4. 特点

（1）优点：筹资灵活；资本成本较低（相对于股权筹资）；筹资效率高。

（2）缺点：存在一定的财务压力（本金、利息的支付）。

三、认股权证

1. 含义

认股权证是一种由上市公司发行的证明文件，持有人有权在一定时间内以约定价格认购该公司发行的一定数量的股票。

2. 性质

（1）期权性。

认股权证本质上是一种股票期权，属于衍生金融工具，具有实现融资和股票期权激励的双重功能。但认股权证本身是一种认购普通股的期权，它没有普通股的红利收入，也没有普通股相应的投票权。

（2）投资工具。

投资者可以通过购买认股权证获得市场价与认购价之间的股票差价收益，因此它是一种具有内在价值的投资工具。

认股权证只是一项权利，如果只持有认股权证而没有行使这项权利，即不持有普通股，也就没有普通股对应的投票权和红利收入。因此，认股权证本身没有红利收入，只有持有人行权转换为股票之后才有红利收入。

3. 特点

（1）认股权证是一种融资促进工具。

认股权证的发行人是发行标的股票的上市公司，认股权证通过以约定价格购买认购公司股票的契约方式，能保证公司在规定的期限内完成股票发行计划，顺利实现融资。

（2）有助于改善上市公司的治理结构。

管理层及大股东的任何有损公司价值的行为，都可能降低股价，从而降低投资者执行认股权证的可能性，这将损害管理层及大股东的利益。所以，认股权证能够约束上市公司的败德行为，并激励他们更加努力地提升上市公司的市场价值。

（3）有利于推进上市公司的股权激励机制。

认股权证是常用的员工激励工具，通过给予管理者和重要员工一定的认股权证，可以把管理者和员工的利益与企业价值成本紧密联系在一起，建立一个管理者与员工通过提升企业价值实现自身财富增值的利益驱动机制。

开篇案例解读

解答：

（1）2021年流动资产增加额 =(1 000+3 000+6 000)×20%=2 000（万元）

（2）2021年流动负债增加额 =(1 000+2 000)×20%=600（万元）

（3）流动资产销售百分比 =(1 000+3 000+6 000)÷20000=50%

流动负债销售百分比 =(1 000+2 000)÷20 000=15%

2021年公司需增加的营运资金 =2 000×50%–600×15%=910（万元）

（4）2021年增加的留存收益 =20 000×(1+20%)×10%×40%=960（万元）

（5）2021年需要对外筹集的资金量 =2 000×20%×(50%–15%)–960=440（万元）

本章小结

1. 债务性筹资有银行借款、发行债券、融资租赁等方式。
2. 权益性筹资有吸收直接投资、发行股票、利用留存收益等方式。
3. 资金需求量的预测方法有定性预测法和定量预测法。

思考题

1. 债务性筹资有哪些？各自有哪些优缺点？
2. 权益性筹资有哪些？各自有哪些优缺点？
3. 资金需求量的预测方法有哪些？

ITEM 4

第四章
资本成本与资本结构

学习目标

企业筹资的方式和数量直接影响企业收益的好坏，进而影响企业收益分配，对筹资方式的决策在财务管理中处于极其重要的地位。通过本章的学习，要求达到以下目标：

1. 理解资本成本与资本结构的含义。
2. 掌握各种筹资方式中个别资本成本的计算。
3. 掌握综合资本成本和边际资本成本的计算。
4. 掌握经营杠杆、财务杠杆、总杠杆的含义、计算及意义。
5. 掌握企业资本结构调整方法。

开篇案例

M公司目前拥有资本2 000万元，其中负债资本400万元，负债利息率10%，权益资本共1 600万元（已发行普通股20万股，每股市价80元），所得税税率25%。现有一良好的投资项目，企业准备筹资800万元进行项目投资，有两种筹资方案可供选择：

方案1：全部发行普通股筹资800万元，增发10万股，面值80元。

方案2：全部筹借长期债务800万元，债务利息率10%，筹资费率2%。

要求：

（1）计算每股收益无差别点时的息税前利润；

（2）计算每股收益无差别点时的每股收益；

（3）计算方案2筹借的800万元债务的资本成本（结果保留两位小数）。

思考：若想调大或缩小资本结构比例，应怎样调节企业的负债和所有者权益？

导　言

筹资决策不仅决定企业的资本成本，还能改变企业的资本结构。在上一章的基础之上，通过计算能够看出不同的筹资方式在企业中的资本成本是多少，采取哪种筹资方式更好；同时也能看出资本结构是否合理，能否利用财务杠杆给企业带来更多收益。本章主要介绍筹资管理中决策分析性的知识，内容多、难度大，是财务管理学习的重点章节。

第一节　资本成本

一、资本成本的概述

1. 资本成本的含义

资本成本是企业为了筹集到一定量的资金而额外付出的代价。如某企业向银行借款 100 万元，一年需要支付利息 5 万元，那么该企业在这一年中为了筹集这 100 万元额外付出的代价就是利息费用 5 万元，这 5 万元就是该笔借款的资本成本。

2. 资本成本的表示方式

（1）资本成本可以用绝对数表示，即上例中的利息 5 万元；

（2）资本成本可以用相对数表示，即上例的利率（利息费用占借款金额的百分比）5%。

一般来说，资本成本没有特殊说明，指的是相对数，即资本成本率，那么计算资金的资本成本即指计算该笔资金的资本成本率。

3. 资本成本的构成

资本成本主要由筹资费用和该笔资金的占用费用构成（即资本成本 = 筹资费 + 占用费）。

（1）筹资费是指为了筹集资金而花费的金额（从时间上讲，是在筹集的资金还未到企业时花费的金额）。如企业为了筹集资金而发行股票、债券等时，发生的各种验资费、评审费、发行费用等。

（2）占用费是指使用该笔资金的费用（从时间上讲，是在筹集的资金已经到达企业后，因开始使用资金而付出的代价，是资本成本的主要构成内容）。

4. 作用

（1）资本成本是比较筹资方式、选择筹资方案的依据；

（2）平均资本成本是衡量资本结构是否合理的重要依据；

（3）资本成本是评价投资项目可行性的主要标准；

（4）资本成本是评价企业整体业绩的重要依据。

5. 影响资本成本的因素

（1）总体经济环境。

国民经济健康、稳定、持续增长，社会经济的资金供给和需求相对均衡且通货膨胀水平低，资金所有者投资的风险小，预期报酬率低，筹资的资本成本率相应就比较低。

（2）资本市场条件。

资本市场缺乏效率，证券的市场流动性低，投资者投资风险大，要求的预期报酬率高。

（3）经营状况和融资状况。

企业经营风险高，财务风险大，则企业总体风险水平高，投资者要求的预期报酬率大。

（4）筹资规模和时限。

资金规模大、占用时限长，资本成本就高。

二、资本成本的计算

1. 个别资本成本（筹资方式唯一，只计算某一种筹资方式的资本成本）

（1）适用于债务性筹资和优先股筹资。

通用公式：

$$K = \frac{借款金额 \times 借款利率 \times (1-企业所得税税率)}{借款金额 - 筹资费用} \times 100\%$$

$$= \frac{A \times i \times (1-T)}{A - A \times f} \times 100\% = \frac{i \times (1-T)}{1-f} \times 100\%$$

式中，A 为借款本金；T 为企业所得税税率；f 为筹资费率。

①银行借款资本成本。

$$K = \frac{年资金的占用费用}{筹资净额} \times 100\%$$

【例 4-1】某企业取得 5 年期长期借款 200 万元，年利率为 10%，每年付息一次，到期一次还本，借款费用率 0.2%，企业所得税税率 20%。

要求：计算该借款的资本成本。

解：

银行借款的资本成本 $K = 10\% \times (1-20\%) \div (1-0.2\%) \times 100\% = 8.016\%$

②发行债券资本成本。

$$K = \frac{票面金额 \times 票面利率 \times (1-企业所得税税率)}{发行价格 \times (1-筹资费率)} \times 100\%$$

【例 4-2】某企业以 1 100 元的价格，溢价发行一批面值为 1 000 元，期限为 5 年，票面利率为 7% 的公司债券。每年付息一次，到期一次还本，发行费用率 3%，所得税税率 20%。

要求：计算该批债券的资本成本。

解：

发行债券的资本成本 $K = 1\,000 \times 7\% \times (1-20\%) \div [1\,100 \times (1-3\%)] \times 100\% = 5.25\%$

③优先股资本成本。

$$K = \frac{固定股息}{筹资金额 \times (1-筹资费率)} \times 100\% = \frac{筹资金额 \times 固定支付率}{筹资金额 \times (1-筹资费率)} \times 100\%$$

$$= \frac{固定支付率}{1-筹资费率} \times 100\%$$

【例 4-3】某企业发行优先股，每股固定股息 2 元，筹资费率为 2%，每股市价 8 元。

要求：计算该优先股的资本成本。

解：

优先股资本成本 $K = 2 \div [8 \times (1-2\%)] \times 100\% = 25.51\%$

（2）适用于权益性筹资。

对于权益性筹资方式（尤其是普通股），企业资本成本主要是发放的股利和分红，所以资本成本的计算以股利或红利的形式（股利政策）考虑。若发放的普通股股利每年按照固定增长率增长，那么该种普通股发放形式属于股利固定增长型。如 20×1 年某公司发放普通股股利 1 元/股，20×2 年发放普通股股利 1.1 元/股，20×3 年发放普通股股利 1.21 元/股……那么该公司普通股股利是按照 10% 的增长率增长。

①普通股的资本成本。

a. 股利固定增长型：

$$K = \frac{D_1}{P_0(1-f)} + g$$

$$D_1 = D_0 \times (1+g)$$

式中，g 为增长率；D_1 为未来第一期要支付但未支付的股利；D_0 为过去一期刚刚支付的股利；P_0 为股票的市价。

【例4-4】某公司发行普通股，股利固定增长率为10%，已知最近一期刚刚支付过的股利为1元/股，股票市价为10元/股，股票的发行费率为2%。

要求：计算该股票的资本成本。

解：

$$\text{股票资本成本} K = 1 \times (1+10\%) \div [10 \times (1-2\%)] + 10\% = 21.22\%$$

b. 其他股利支付形式用资本资产定价模型：

$$K = R_f + \beta \times (R_M - R_f)$$

式中，R_f 为无风险收益率，一般用国债利率替代；β 为风险系数；$R_M - R_f$ 为风险溢价。

【例4-5】某公司发行普通股，已知无风险收益率为4%，β 为1.2，市场组合平均报酬率为10%。

要求：计算该股票的资本成本。

解：

$$\text{股票资本成本} K = 4\% + 1.2 \times (10\% - 4\%) = 11.2\%$$

②留存收益的资本成本（资本成本的计算类似于股利固定增长型）。

$$K = \frac{D_1}{P_0} + g$$

留存收益这种筹资方式无筹资费用，相当于股利固定增长型资本成本计算公式中的筹资费率 $f=0$。

【例4-6】某公司利用留存收益筹资，股利固定增长率为10%，已知最近一期刚刚支付过的股利为1元/股，股票市价为10元/股。

要求：计算该股票的资本成本。

解：

$$K = 1 \times (1+10\%) \div 10 + 10\% = 21\%$$

2. 综合资本成本（适合筹资方式不唯一，计算多种筹资方式组合的资本成本，用 K_W 表示）

综合资本成本又称加权平均资本成本（或简称平均资本成本），一般是以各种资本占全部资本比重为权数，对个别资本成本进行加权平均确定。其计算公式为：

$$K_w = \sum K_i W_i$$

式中，W_i 指某种筹资方式资金占整体筹资金额的比重，K_i 为个别资本成本。

【例4-7】某公司设定的目标资本结构为：银行借款20%、公司债券15%、普通股65%。现拟追加筹资300万元，按此资本结构来筹资。个别资本成本预计分别为：银行借款7%，公司债券12%，普通股权益15%，具体如表4-1所示。

表4-1 综合资本成本计算表

资本种类	目标资本结构	追加筹资额	个别资本成本	综合资本成本
银行借款	20%	60万元	7%	1.4%
公司债券	15%	45万元	12%	1.8%
普通股	65%	195万元	15%	9.75%
合计	100%	300万元	—	12.95%

要求：计算追加筹资 300 万元的综合资本成本。

解：该企业的综合资本成本为：

$$K_w = 20\% \times 7\% + 15\% \times 12\% + 65\% \times 15\% = 12.95\%$$

3．边际资本成本

边际资本成本是指资金每增加一个单位而增加的成本。边际资本成本按加权平均法计算，是追加筹资时所使用的加权平均成本。应该以市场价值为权数，不应以账面价值为权数。在追加筹资额较小时，个别资金成本可能保持不变，这时，边际资本成本取决于资本结构是否变动，企业若维持原有资本结构，则追加筹资前后的加权平均资本成本相等。在大多数情况下，个别资本成本会随着筹资规模的扩大而相应变化。这样，无论资本结构是否变动，都需要分析边际资本成本的变动情况。这就要求企业既要用加权平均资本成本来评价资本结构的合理性，还要更加主动地通过追加筹资时边际资本成本的计算来分析确定未来的理想资本结构。

当企业拟筹资进行某项目投资时，应以边际资本成本作为评价该投资项目可行性的经济标准，根据边际资本成本进行投资方案的取舍。

（1）边际资本成本的计算步骤。

①确定公司最优的资本结构。

②测算各种筹资方式的资本成本。

③计算筹资总额分界点。筹资总额分界点是指在保持某一资本成本的条件下，可以筹集到的资金总限度。在筹资总额分界点范围内筹资，原来的资本成本不会改变；一旦筹资额超过筹资总额分界点，即使维持现有的资本结构，其资本成本也会增加。

$$\text{筹资总额分界点} = \frac{\text{可用某一特定资本成本筹集到的某种资金额}}{\text{该种资金在资金结构中所占的比重}}$$

④计算边际资本成本。根据计算出的分界点，可得出若干组新的筹资范围，对各筹资范围分别计算加权平均资金成本，即可得到各种筹资范围的边际资本成本。

（2）边际资本成本的应用。

【例 4-8】光明公司目前拥有长期资金 400 万元，其中长期借款资金 100 万元，普通股 300 万元，为了满足追加投资需要，公司需筹集新资金 260 万元。现需要计算确定边际资本成本，其计算过程如下：

①确定公司最优的资本结构。光明公司目前筹资结构中，长期债务占总筹资额的 25%，普通股占总筹资额的 75%。公司财务人员经过分析，认为目前的资本结构为该公司的理想资本结构。在今后筹资时，继续保持该资本结构。

②确定各种筹资方式的资本成本。财务人员经过分析，认为随着筹资规模的不断扩大，各种筹资成本也会增加，详细情况如表 4-2 所示。

表 4-2　光明公司追加筹资测算资料表

资本种类	目标资本结构	追加筹资数额范围	个别资本成本（%）
长期债务	0.25	500 000 元以下	4
		500 000 元以上	8
普通股	0.75	750 000 元以下	10
		750 000 元以上	12

③计算筹资总额分界点。

光明公司筹资总额分界点测算如表4-3所示。

表4-3 光明公司筹资总额分界点测算表

资本种类	个别资本成本（%）	各种资本筹资范围	筹资总额分界点（元）	筹资总额范围
长期债务	4	500 000元以下	500 000÷0.25=2 000 000	2 000 000元以下
	8	500 000元以上	500 000÷0.25=2 000 000	2 000 000元以上
普通股	10	750 000元以下	750 000÷0.75=1 000 000	1 000 000元以下
	12	750 000元以上	750 000÷0.75=1 000 000	1 000 000元以上

④根据计算出的分界点，可得出若干组新的筹资范围，对各筹资范围分别计算加权平均资本成本，即可得到各筹资范围的边际资本成本。边际资本成本规划如表4-4所示。

表4-4 边际资本成本规划表

序号	筹资总额范围	资本种类	目标资本结构（%）	个别资本成本（%）	边际资本成本（%）
1	1 000 000元以内	长期债务	0.25	4	1
		普通股	0.75	10	7.5
2	1 000 000~2 000 000元	长期债务	0.25	4	1
		普通股	0.75	12	9
3	2 000 000元以上	长期债务	0.25	8	2
		普通股	0.75	12	9

当筹资总额为100万元以内时，边际资本成本=8.5%；

当筹资总额在100万~200万元时，边际资本成本=10%；

当筹资总额超过200万元时，边际资本成本=11%。

由于光明公司新筹集资金总额为260万元，大于200万元，所以筹资后企业加权平均成本等于11%。

第二节 杠杆效应

一、相关概述

1. 成本习性

成本习性是指成本总额与业务量之间在数量上的依存关系。成本按习性可划分为固定成本、变动成本和混合成本三类。固定成本是指其总额在一定时期和一定业务量范围内不随业务量发生任何变动的成本，随着产量的增加，它将分配给更多数量的产品，由此可见，单位固定成本将随着产量的增加而逐渐变小。变动成本是指其总额在一定时期和一定业务量范围内随业务量成正比例变动的那部分成本，如直接材料、直接人工等都属于变动成本，在一定范围内，单位变动成本不随着产量的增加发生变化，而是保持固定不变。混合成本是指虽然也随业务量的变动而变动但不成正比例的成本，可以按照一定的方法将其分解成固定成本和变动成本。因此，总成本包括固定成本和变动成本两大类。

总成本习性模型：

$$Y = a + bx$$

式中，Y 代表总成本；a 代表固定成本；b 代表单位变动成本；x 代表产销量。

2. 边际贡献与息税前利润等的计算

（1）边际贡献（M）是指销售收入与变动成本的差额。

其计算公式为：

$$\begin{aligned}边际贡献 &= 销售收入 - 变动成本\\&=（销售单价 - 单位变动成本）\times 产销量\\&= 单位边际贡献 \times 产销量\end{aligned}$$

如果 M 为边际贡献；S 为销售收入；VC 为变动成本；p 为销售单价；b 为单位变动成本；x 为产销量；m 为单位边际贡献。

则上式可表示为：

$$M = S - VC = (p - b)x = mx$$

（2）息税前利润（$EBIT$）是指支付利息和缴纳所得税之前的利润。

其计算公式为：

$$\begin{aligned}息税前利润 &= 销售收入 - 变动成本 - 固定成本\\&=（销售单价 - 单位变动成本）\times 产销量 - 固定成本\\&= 边际贡献 - 固定成本\end{aligned}$$

如果 $EBIT$ 为息税前利润；S 为销售收入；VC 为变动成本；a 为固定成本；p 为销售单价；b 为单位变动成本；x 为产销量；M 为边际贡献。则：

$$EBIT = S - VC - a = (p - b)x - a = M - a$$

（3）边际贡献率 = $\dfrac{边际贡献}{营业收入} \times 100\%$

（4）变动成本率 = $\dfrac{变动成本}{营业收入} \times 100\%$

（5）边际贡献率 + 变动成本率 = 1

【例4-9】某企业只生产一种产品，产量为 2 000 件，单价为 10 元/件，单位变动成本为 6 元/件，固定成本总额为 4 000 元。

要求：（1）计算单位边际贡献、边际贡献总额；

（2）息税前利润总额；

（3）边际贡献率；

（4）变动成本率。

解：依据公式可得：

（1）单位边际贡献 = 10 - 6 = 4（元/件）

边际贡献总额 = 4 × 2 000 = 8 000（元）

（2）息税前利润总额 = 8 000 - 4 000 = 4 000（元）

（3）边际贡献率 = 8 000 ÷ 20 000 = 40%

（4）变动成本率 = 1 - 40% = 60%

二、经营杠杆（DOL）

1. 经营杠杆的含义

企业由于固定性经营成本的存在，使得息税前利润（EBIT）的变动率大于产销量（Q）的变动率的现象。

2. 经营杠杆的计算

（1）定义式：

$$DOL = \frac{\Delta EBIT / EBIT}{\Delta Q / Q}$$

（2）推导式：

$$DOL = \frac{M}{M - F} = \frac{EBIT + F}{EBIT}$$

注意：推导公式中，应用的是基期数据，即上一年的数据。

3. 经营杠杆的意义

经营杠杆反映经营风险，经营杠杆系数越大表明经营风险越大，面临倒闭的风险越大。

【例4-10】企业生产A产品，其中固定性经营成本为60万元，变动成本率为40%。当企业销售额分别为400万元、200万元、100万元时，其经营杠杆系数分别计算如下：

当销售额为400万元时：

$$DOL = (400 - 400 \times 40\%) \div (400 - 400 \times 40\% - 60) = 1.33$$

当销售额为200万元时：

$$DOL = (200 - 200 \times 40\%) \div (200 - 200 \times 40\% - 60) = 2$$

当销售额为100万元时：

$$DOL = (100 - 100 \times 40\%) \div (100 - 100 \times 40\% - 60) \to \infty$$

（1）在固定性经营成本不变时，经营杠杆系数说明了销售额变动所引起息税前利润变动的幅度。当销售额为400万元时，销售额增减会引起息税前利润1.33倍的增减；而销售额为200万元时，销售额增减则引起息税前利润2倍增减。

（2）在固定性经营成本不变时，销售额越大，经营杠杆系数越小，经营风险就越小；反之，销售额越小，经营杠杆系数越大，经营风险也就越大。当销售额在200万元时，其经营风险明显大于销售额在400万元时的经营风险。

（3）当销售额处于盈亏临界点（即保本点）时，经营杠杆系数趋于无穷大。当销售额为100万元时，企业经营只能保本；如果销售额稍有增加，便可出现盈利；如果销售额稍有减少，便会发生亏损。

企业一般可以通过增加销售额、降低产品单位变动成本、降低固定成本比重等措施使经营杠杆系数下降，降低经营风险。当然，这往往要受到各种条件的制约。

三、财务杠杆（DFL）

1. 财务杠杆的含义

企业由于固定利息费用的存在，使得每股收益（EPS）的变动率大于息税前利润（EBIT）的变动率的现象。

2. 财务杠杆的计算

（1）定义式：

$$DFL = \frac{\Delta EPS / EPS}{\Delta EBIT / EBIT}$$

（2）推导式：

$$DFL = \frac{EBIT}{EBIT - I} \quad 或 \quad DFL = \frac{EBIT}{EBIT - I - \frac{D}{1-T}}$$

注意：推导公式中，应用的是基期数据，即上一年的数据。

3. 财务杠杆的意义

财务杠杆反映财务风险，财务杠杆系数越大表明财务风险越大，法定还款义务压力越大。

【例 4-11】 长江公司有年利率为 10% 的负债 200 000 元，公司产品单价 50 元，单位变动成本 25 元，年固定成本 100 000 元。流通在外的普通股 10 000 股，公司适用的所得税税率 40%。

要求：计算产出为 8 000 单位产品时的财务杠杆系数。

解：

$$DBIT = 50 \times 8\,000 - 25 \times 8\,000 - 100\,000 = 100\,000（元）$$
$$DFL = 100\,000 \div (100\,000 - 200\,000 \times 10\%) = 1.25$$

四、总杠杆（DTL）

1. 总杠杆的含义

企业由于固定性经营成本和固定利息费用的存在，使得每股收益（EPS）的变动率大于产销量（Q）的变动率的现象。

2. 总杠杆的计算

$$DTL = DOL \times DFL$$

3. 总杠杆的意义

总杠杆反映总风险，总杠杆系数越大，表明经营风险和财务风险越大。

【例 4-12】 某公司的经营杠杆系数为 1.80，财务杠杆系数为 2，则其总杠杆系数为：

$$DTL = 1.8 \times 2 = 3.6$$

第三节　资本结构

一、资本结构的含义

广义的资本结构是指企业的所有负债和所有者权益的比例关系；狭义的资本结构指的是企业的长期负债和所有者权益的比例关系。两者在负债范围上有区别，我们将流动负债内容放到后文营运资金中研究，所以本章研究的是狭义的资本结构。

二、资本结构理论

1. MM 理论

假设条件：①企业只有长期债券和普通股票，债券和股票均在完善的资本市场上交易，不存在交易成本；②个人投资者与机构投资者的借款利率与公司的借款利率相同且无借债风险；③具有相同经营风险的公司称为风险同类，经营风险可以用息税前利润的方差衡量；④每一个投资者对公司未来的收益、风险的预期都相同；⑤所有现金流量都是永续的，债券也是。不同类型 MM 理论的表现见表 4-5。

表 4-5 不同类型 MM 理论的表现

类型	理论基础	企业价值	权益资本成本
无税的 MM 理论	不考虑企业所得税	企业价值不受资本结构影响	随着负债比例增加而加大
有税的 MM 理论	考虑企业所得税	因为债务利息可以抵税，企业价值会随着债务资本比例上升而增加。（有负债）企业价值等于同一风险等级中无负债企业价值加上税负节约的价值	等于无负债企业权益资本成本加上"以市值计算的债务和权益比例"成比例的风险报酬

2. 权衡理论

考虑税收、财务困境成本。该理论认为企业价值为：

有负债企业的价值 = 无负债企业的价值 + 税负节约现值 − 财务困境成本现值

3. 代理理论

债务筹资能减少两权分离而产生的代理成本；但债务筹资会导致因为"接受债权人监督"而产生的成本。企业需要平衡股权代理成本和债权代理成本两者的关系。

以上三种理论的关系见图 4-1。

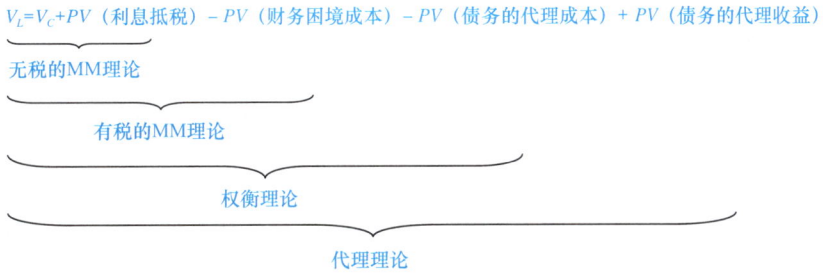

$V_L = V_C + PV$（利息抵税）$- PV$（财务困境成本）$- PV$（债务的代理成本）$+ PV$（债务的代理收益）

图 4-1 MN 理论、权衡理论、代理理论的关系

4. 优序融资理论

基本观点：当企业存在融资需求时，首先选择内源融资，其次选择债务融资，最后选择股权融资。融资顺序（从前到后）：留存收益、借款、公司债券、可转债、股权。先内后外，先债后股。

三、影响因素

1. 企业经营状况的稳定性和成长率

（1）稳定性好——企业可较多地负担固定的财务费用。

（2）成长率高——可能采用高负债的资本结构，以提升权益资本的报酬。

2. 企业的财务状况和信用等级

财务状况好、信用等级高——容易获得债务资本。

3. 企业的资产结构

拥有大量固定资产的企业——主要通过发行股票筹集资金。

拥有较多流动资产的企业——更多地依赖流动负债筹集资金。

资产适用于抵押的企业——负债较多。

以技术研发为主的企业——负债较少。

4. 企业投资人和管理当局的态度

（1）从所有者角度看。

企业股权分散——可能更多地采用权益资本筹资以分散企业风险；企业被少数股东控制——为防止控股权稀释，一般尽量避免普通股筹资。

（2）从管理当局角度看。

稳健的管理当局偏好于选择负债比例较低的资本结构——降低财务风险，从而控制总体风险。

5. 行业特征和企业发展周期

（1）行业特征。

①产品市场稳定的成熟产业（经营风险小）——可提高债务资本比重。

②产品、技术、市场尚不成熟的高新技术企业（经营风险大）——可降低债务资本比重。

（2）企业发展周期。

①初创阶段——经营风险高，应控制负债比例。

②成熟阶段——经营风险低，可适度增加债务资金比重。

③收缩阶段——市场占有率下降，经营风险逐步加大，应逐步降低债务资金比重。

6. 经济环境的税务政策和货币政策

所得税税率高——债务资金抵税作用大，企业应充分利用这种作用以提高企业价值。

紧缩的货币政策——市场利率高，企业债务资金成本增大。

四、资本结构调整方法

企业可以通过调整筹资方式来调整资本结构，以达到最优的状态。实质上调整资本结构就是通过追加筹资，进行筹资方式的选择。

1. 每股收益无差别点法

该种方法适用于追加筹资时，筹资方式唯一，即要么全部是债务性筹资，要么全部是权益性筹资。决策依据有两种，一种是两种筹资方式的每股收益（EPS）谁大选谁；另一种就是利用财务杠杆原理进行决策。

$$EPS = \frac{净利润}{普通股股数} = \frac{(EBIT - I) \times (1 - T)}{N}$$

计算思路是首先写出两种筹资方式的每股收益（即债务性筹资方式下的每股收益和权益性筹资方式下的每股收益）；然后令两种方案的每股收益相等，计算每股收益相等时的息税前利润（EBIT），也叫平衡点下的息税前利润；结合企业预测的息税前利润选择合适的方法进行决策。

【例4-13】M公司目前拥有资本2 000万元，负债资本占总资本的20%，负债利息率10%，权益资本占总资本的80%（已发行普通股20万股，每股面值80元），所得税税率30%。现有一良好的投资项目，企业准备筹资800万元进行项目投资，有两种筹资方案可供选择：

方案 1：全部发行普通股筹资 800 万元，增发 10 万股，面值 80 元；

方案 2：全部筹借长期债务 800 万元，债务利息率 10%，筹资费率 2%。

要求：

（1）计算每股收益无差别点时的息税前利润和每股收益。

（2）计算方案 2 债务筹资的资金成本（结果保留两位小数）。

（3）若追加筹资后息税前利润为 260 万元，计算每股收益，说明应采用哪个方案筹资（结果保留两位小数）。

解：

（1）$EPS_1 = (EBIT - 2\,000 \times 20\% \times 10\%) \times (1 - 30\%) \div (20 + 10)$

$EPS_2 = (EBIT - 2\,000 \times 20\% \times 10\% - 800 \times 10\%) \times (1 - 30\%) \div 20$

令 $EPS_1 = EPS_2$，解得 $EBIT = 280$（万元）。

当 $EBIT = 280$ 时，$EPS = 5.6$（元）。

（2）$K = 10\% \times (1 - 30\%) \div (1 - 2\%) \times 100\% = 7.14\%$

（3）当 $EBIT = 260$ 万元时，$EPS_1 = 5.13$（元），$EPS_2 = 4.9$（元）。应采用方案 1 筹资。

2. 综合资本成本比较法

该种方法适用于追加筹资时，筹资方式不唯一，即资金通过多种筹资方式筹集。决策依据是：哪种筹资方式的综合资本成本最低就选择哪种。

【例 4-14】长达公司需筹集 100 万元长期资本，可以通过贷款、发行债券、发行普通股三种方式筹集，其个别资本成本已分别测定，有关资料如表 4-6 所示。

表 4-6　不同筹资方式综合资本成本计算表

筹资方式	资本结构			个别资本成本
	A 方案	B 方案	C 方案	
贷款	40%	30%	20%	6%
债券	10%	15%	20%	8%
普通股	50%	55%	60%	9%
合计	100%	100%	100%	

要求：选出最优方案。

解：

A 方案综合资本成本 $= 40\% \times 6\% + 10\% \times 8\% + 50\% \times 9\% = 7.7\%$

B 方案综合资本成本 $= 30\% \times 6\% + 15\% \times 8\% + 55\% \times 9\% = 7.95\%$

C 方案综合资本成本 $= 20\% \times 6\% + 20\% \times 8\% + 60\% \times 9\% = 8.2\%$

由于 A 方案综合资本成本最低，因此，应当选择 A 方案。

3. 企业价值法

该种方法适用于以公司价值（公司的价值由企业债务的价值和权益的价值两部分构成）追求为目的的情况，将企业的债务和权益的价值进行量化。决策依据是：哪种资本结构带给企业更高的价值，就选择哪种。

企业价值（V）＝ 债务价值（B）＋ 股票价值（S）

$$债务价值(B) = 债务的账面价值$$

$$股票价值(S) = \frac{(EBIT - I) \times (1 - T)}{K_s}$$

其中，$K_s = R_f + \beta(R_M - R_f)$，即资本资产定价模型。

【例 4-15】 某公司息税前利润为 400 万元，资本总额账面价值 2 000 万元。假设净利润全部用于发放股利，无风险报酬率 6%，证券市场平均报酬率 10%，所得税税率 25%。债务市场价值等于面值，经测算，不同债务水平下的权益资本成本和税前债务利息率（假设税前债务利息率等于税前债务资本成本）如表 4-7 所示。

表 4-7　不同债务利息率及企业权益资本成本表

债务市场价值 B（万元）	税前债务利息率（%）	股票 β 系数	权益资本成本 K_s（%）
0	—	1.50	12.0
200	8.0	1.55	12.2
400	8.5	1.65	12.6
600	9.0	1.80	13.2
800	10.0	2.00	14.0

要求：计算各种情况下公司的总价值并确定公司的最佳资本结构。

解：年息税前利润为 400 万元，资本总额账面价值 2 000 万元时，不同债务规模下企业平均资本成本如表 4-8 所示。

表 4-8　不同债务规模下企业平均资本成本测算表

债务市场价值（万元）	股票市场价值（万元）	公司总价值（万元）	税后债务资本成本（%）	普通股资本成本（%）	平均资本成本（%）
0	2 500	2 500	—	12.0	12.00
200	2 361	2 561	6.00	12.2	11.72
400	2 179	2 579	6.38	12.6	11.64
600	1 966	2 566	6.75	13.2	11.69
800	1 714	2 514	7.50	14.0	11.93

（1）当债务为 0 时的股票市场价值。

$$S = 净利润 / K_s = (400 - 0) \times (1 - 25\%) \div 12\% = 2\ 500（万元）$$

$$公司的总市值 S = 2\ 500（万元）$$

$$权益资本成本 = 6\% + 1.50 \times (10\% - 6\%) = 12\%$$

$$加权平均资本成本 = 权益资本成本 = 12\%$$

（2）当债务为 200 万元时的股票市场价值。

$$权益资本成本 = 6\% + 1.55 \times (10\% - 6\%) = 12.2\%$$

$$S = (400 - 200 \times 8\%) \times (1 - 25\%) \div 12.2\% = 2\ 361（万元）$$

$$B = 200（万元）$$

$$V = 200 + 2\,361 = 2\,561（万元）$$

$$K_W = K_债 \times W_债 + K_权 \times W_权 = 8\% \times (1-25\%) \times 200 \div 2\,561 + 12.2\% \times 2\,361 \div 2\,561 = 11.72\%$$

（3）当债务为400万元时的股票市场价值。

$$权益资本成本 = 6\% + 1.65 \times (10\% - 6\%) = 12.6\%$$

$$S = (400 - 400 \times 8.5\%) \times (1-25\%) \div 12.6\% = 2\,179（万元）$$

$$B = 400（万元）$$

$$V = 400 + 2\,179 = 2\,579（万元）$$

$$K_W = K_债 \times W_债 + K_权 \times W_权 = 8.5\% \times (1-25\%) \times 400 \div 2\,579 + 12.6\% \times 2\,179 \div 2\,579 = 11.63\%$$

可以看到，在没有债务的情况下，公司的总价值就是其原有股票的市场价值。当公司用债务资本部分地替换权益资本时，一开始公司总价值上升，加权平均资本成本下降；在债务达到400万元时，公司总价值最高，加权平均资本成本最低；债务超过400万元后，公司总价值下降，加权平均资本成本上升。因此，债务为400万元时的资本结构是该公司的最佳资本结构。

开篇案例解读

解答：

（1）$EPS_1 = \dfrac{(EBIT - 400 \times 10\%) \times (1-25\%)}{20 + 10}$

$EPS_2 = \dfrac{(EBIT - 400 \times 10\% - 800 \times 10\%) \times (1-25\%)}{20}$

令 $EPS_1 = EPS_2$，得 $EBIT = 280$（万元）。

（2）将 $EBIT = 280$ 万元代入 EPS 中，得 $EPS = 6$（元）。

（3）$K = 10 \times (1-25\%) \div (1-2\%) \times 100\% = 7.65\%$

 本章小结

本章学习了资本成本的三种分类以及各种资本成本的计算，包括个别资本成本的计算、综合资本成本的计算和边际资本成本的计算；三大杠杆系数的计算，分别是经营杠杆、财务杠杆和总杠杆；最重要的还是资本结构的调整方法有三种，分别为每股收益无差别点法、综合资本成本比较法和企业价值法。

思考题

1. 资本成本的含义及其作用体现在哪里？
2. 如何计算债务成本？优先股成本的计算与债务成本的计算有何异同？
3. 简述股利率增长模式下普通股成本的计算方法。留存收益成本计算与普通股成本计算有何差异？

4. 如何计算综合资本成本？影响综合资本成本的因素有哪些？
5. 经营风险的含义、财务风险的含义分别是什么？
6. 简述经营杠杆的含义以及经营杠杆系数的高低与经营风险的关系。
7. 简述财务杠杆的含义以及财务杠杆系数的高低与财务风险的关系。
8. 经营杠杆系数、财务杠杆系数的计算方法有哪些？
9. 简述资本成本的含义及其决策的方法。

计算题

甲公司2015年年末长期资本为5 000万元，其中长期银行借款为1 000万元，年利率为6%；所有者权益（包括普通股股本和留存收益）为4 000万元。公司计划在2016年追加筹集资金5 000万元，其中按面值发行债券2 000万元，票面年利率为6.86%，期限5年，每年付息一次，到期一次还本，筹资费用率为2%；发行优先股筹资3 000万元，固定股息率为7.76%，筹集费用率为3%。公司普通股β系数为2，一年期国债利率为4%，市场平均报酬率为9%。公司适用的所得税税率为25%。假设不考虑筹资费用对资本结构的影响，发行债券和优先股不影响借款利率和普通股股价。

要求：

（1）计算甲公司长期银行借款的资本成本。

（2）假设不考虑货币时间价值，计算甲公司发行债券的资本成本。

（3）计算甲公司发行优先股的资本成本。

（4）利用资本资产定价模型计算甲公司留存收益的资本成本。

（5）计算甲公司2016年完成筹资计划后的平均资本成本。

第三篇 营运资金篇

第五章 营运资金管理

第一节 营运资金管理概述

第二节 现金管理

第三节 应收账款管理

第四节 存货管理

第五节 流动负债管理

第五章 营运资金管理

ITEM 5

学习目标

本章主要介绍了现金、应收账款和存货三种流动资产的基本内容和分析框架。通过本章的学习，要求掌握和了解：

1. 营运资金的概念、特征。
2. 现金管理、应收账款管理、存货管理的目标。
3. 最佳货币资金持有量的确定方法、信用政策的制定方法和政策的选择、存货经济批量的确定。

开篇案例

格力电器的营运资金管理问题

珠海格力电器股份有限公司（股票代码：000651，简称"格力电器"），成立于1991年，于1996年在深圳证券交易所上市，主营空调等产品。表5-1是摘自格力电器2017—2021年年度财务报告的部分数据。

表5-1　格力电器2017—2021年部分财务数据

年份	2021	2020	2019	2018	2017
营业收入（万元）	18 965 403	17 049 742	20 050 833	20 002 400	15 001 955
营业成本（万元）	16 352 185	14 626 068	17 072 357	16 958 933	12 469 881
货币资金（万元）	11 693 930	13 641 314	12 540 072	11 307 903	9 961 043
应收账款（万元）	1 384 090	873 823	851 333	769 966	581 449
存货（万元）	4 276 560	2 787 951	2 408 485	2 001 152	1 656 835
流动资产合计（万元）	22 584 965	21 363 299	21 336 404	19 971 095	17 153 465
流动负债合计（万元）	19 710 139	15 847 872	16 956 830	15 768 613	14 749 079
应收账款周转期（天）	21.63	18.46	14.73	12.28	10.65
存货周转期（天）	89.39	75.29	55.31	47.63	46.27

数据来源：中国财经信息网。

通过观察表5-1中数据可以看到，格力电器的营业收入虽然在2018年、2019年有所增加，但是从2020年开始又回落了，与此相对应的是应收账款大幅度增加，呈现增长态势，存货也呈现增长态势，这应该如何解释呢？格力电器的流动资产构成有什么特点？流动资产与流动负债之间的匹配关系又有什么特点？货币资金存量是否合理？如何实施存货与应收账款管理？想要合理地解释这些问题，需要结合企业市场经营情况，把这些问题整合成营运资金管理这个整体，才能得到满意的答案。

思考：结合以上问题，收集整理格力电器相关数据资料，通过本章学习，给出合理的解释。

导 言

随着社会经济的发展，企业越来越认识到营运资金管理的重要性。营运资金在企业的生产经营过程中随处可见，通过对营运资金进行优化管理来提升资金的使用效率，在一定程度上会推动企业的发展。如果企业陷入资金周转的困境，企业的资金链可能濒临断裂，从而使公司处于险境，甚至面临破产。由此可知，营运资金管理的重要性是显而易见的，是企业能够持续经营的基本保障。

第一节　营运资金管理概述

一、营运资金的概念、特点及管理原则

（一）营运资金的概念

营运资金是指在企业生产经营活动中流动资产所占用的资金。营运资金有广义和狭义之分，广义的营运资金是指一个企业流动资产的总额，又称毛营运资金；狭义的营运资金是指流动资产减去流动负债后的余额，又称净营运资金。

其中流动资产是指企业可以在1年或者超过1年的一个营业周期内变现或耗用的资产，包括现金、交易性金融资产、应收账款、存货等。流动负债是指企业将在1年内或者超过1年的一个营业周期内偿还的债务，主要有短期借款、应付账款、应付票据、预收账款等。

（二）营运资金的特点

1. 营运资金的来源具有多样性

相对于吸收直接投资、发行股票、发行债券、银行长期借款等企业筹集长期资金方式而言，企业筹集营运资金的方式较为灵活多样，包括银行短期借款、短期融资券、商业信用、应交税费、应付职工薪酬、应付费用、预收货款、票据贴现等多种内外部筹资方式。

2. 营运资金的数量具有波动性

流动资产的数量会随企业内外条件的变化而变化，时高时低，波动很大。季节性企业如此，非季节性企业也如此。随着流动资产数量的变动，流动负债的数量也会相应发生变动。

3. 营运资金的周转具有短期性

企业占用在流动资产上的资金，周转一次所需时间较短，通常会在1年或1个营业周期内收

回，对企业产生影响的时间比较短，根据这一特点，营运资金可以用商业信用、银行短期借款等短期筹资方式来解决。

4. 营运资金的实物形态具有易变现性

现金、交易性金融资产、应收账款、存货等流动资产一般具有较强的变现能力，如果遇到意外情况，企业出现资金周转不灵或现金短缺时，便可迅速变卖这些资产，以获取现金。

5. 营运资金的实物形态具有变动性

企业营运资金的实物形态一般按照现金—材料—在产品—产成品—应收账款—现金的顺序进行转化，是经常发生变化的。企业筹集的资金，一般都以现金的形式存在。为了保证企业生产经营的顺利进行，需拿出一部分现金用于采购材料（一部分现金转化为材料）；材料投入生产经营之后，当产品尚未最后完工脱离加工过程时，形成在产品和自制半成品；当产品进一步加工完成后，成为准备出售的产成品；产成品经过出售有的可直接转化为现金，有的则因赊销而成为应收账款；经过一定时期以后，应收账款通过收现又转化为现金。总之，流动资金每次循环都要经过采购、生产、销售三个过程，并表现为现金、材料、在产品、产成品、应收账款等具体形态。

（三）营运资金的管理原则

营运资金是企业进行日常生产经营活动的重要基础，持有一定数量的营运资金对企业顺利开展经营活动是十分必要的。所以为满足正常的资金需求，应认真分析企业生产经营状况，合理确定营运资金的需要数量，保证企业正常资金需要量，这是营运资金管理的首要任务。另外，要提高资金使用效率，缩短营业周期，加速变现过程，加快营运资金周转；节约资金使用成本，在保证生产经营需要的前提下，尽力降低资金使用成本；保持短期偿债能力，合理安排流动资产和流动负债的比例，保持流动资产结构与流动负债结构的适配性，保证企业有足够的短期偿债能力。

二、营运资金的管理策略

营运资金管理主要解决两方面问题：一是企业运营需要多少流动资产，也就是流动资产的投资策略；二是如何筹集企业所需流动资产需占用的资金，也就是流动资产的融资策略。

（一）流动资产的投资策略

流动资产的投资策略研究如何确定流动资产投资的数量水平，即流动资产占总资产的百分比。企业管理层可根据其风险承受能力和管理风格，决定这个数量的最佳水平。据此，企业流动资产的投资策略主要有以下三种：

1. 保守型投资策略

企业在安排流动资产时，除了正常需要量和保险储备量之外，还有一部分额外的储备量，也叫宽松型投资策略。目的在于从稳健经营的角度出发，最大限度地降低企业风险。

2. 冒险型投资策略

企业只是保留流动资产的正常需要量，而不保留保险储备量，也叫紧缩型投资策略。目的在于最大限度地减少流动资产的占用水平。但是，流动资产储备量过低，有可能会给企业带来停工待料等不应有的损失，企业会面临较大的风险。

3. 适中型投资策略

在保证企业流动资产正常需要量的情况下，该投资组合旨在适当保留一定的保险储备量，以防不测。此时，流动资产由正常需要量和保险储备量两部分组成。其中正常需要量主要为满足企业生产经营需要的最低流动资产占有水平；保险储备量主要为额外建立的应付意外情况发生的合理储备。

不同类型投资策略的风险和收益水平不同，其中保守型投资策略的特点是流动资产所占比例较高，其收益率较低，导致获利能力较低，但企业具备足够的流动资产，可用于偿付到期债务，资流动性较强，财务风险较低；相比较而言，冒险型投资策略资产流动性较差，财务风险较高，但企业获利能力较强；适中型投资策略流动资产所占比例介于保守型投资策略和冒险型投资策略之间，因此，其风险和收益水平也介于二者之间。

(二) 流动资产的融资策略

一般情况下，由于企业流动资产形态的周期转换，企业的资金需求量具有明显的季节波动性。即使在资金需求量最低时，企业仍需要保持一定量的流动资产，用于满足企业长期稳定经营需要，这部分投资量与企业生产经营活动的季节周期变化无关，这部分流动资产为永久性流动资产；除此之外，企业流动资产的另一部分投资量会随着企业生产经营活动的周期波动而波动，当企业资金需求量达到顶峰时，其投资量也达到最大值，当企业资金需求量达到低谷时，其投资量也达到最小值，这部分流动资产为临时性流动资产。

与流动资产上述划分相对应，为了满足流动资产临时需要而发生的流动负债，称为临时性流动负债；而直接用于企业持续经营中的负债，称为自发性流动负债。

就如何安排临时性流动资产和永久性流动资产的资金来源，将企业流动资产的融资策略划分为以下三种：

1. 稳健型融资策略

稳健型融资策略的特点是临时性负债只融通部分临时性流动资产的需要，剩下的临时性流动资产以及永久性流动资产，由自发性负债、长期负债以及权益资本作为资金的来源。稳健型融资策略通常最小限度地使用短期筹资，而在需要时会使用成本更高的长期负债和权益资本。所以相对而言，具有较高的筹资成本，但降低了企业的流动性风险。

2. 激进型融资策略

激进型融资策略的特点是临时性负债不仅要融通临时性流动资产的需要，还要解决一部分永久性资产的需要，自发性负债、长期负债以及权益资本仅解决剩下一部分永久性流动资产的需要。激进型融资策略通常最大限度地使用短期筹资，相对而言具有较低的筹资成本，但会导致企业具有更高的流动性风险。

3. 配合型融资策略

配合型融资策略的特点是临时性流动资产的资金需求运用临时性负债来解决，永久性流动资产的融资需求运用自发性负债、长期负债以及权益资本来解决。这意味着在一定时间内，企业的融资数量反映了当时的临时性流动资产的数量。

不同类型融资策略的风险和收益水平也不同。其中稳健型融资策略的特点是临时性负债处于较低水平，偿债风险较低，但长期筹资比重较高会引起资本成本提高，导致企业收益下降；相反，激进型融资策略临时性负债处于较高水平，资本成本较低，收益增加；配合型融资策略临时性负债介于稳健型融资策略和激进型融资策略之间，因此，其风险和收益水平也介于二者之间。

第二节　现金管理

一、现金及其管理目标

现金有广义与狭义之分。广义的现金主要是指企业在生产经营过程中以货币形态存在的资金，包括库存现金、各种形式的银行存款及银行本票、银行汇票等其他货币资金；狭义的现金仅指库存现金。财务管理中所指的现金是广义的现金。

企业现金管理的重要内容之一是保持合理的现金水平。现金是企业所有的资产中流动性和变现能力最强的资产，具有普遍的可接受性。企业持有一定数量的现金用来满足日常生产经营开支的各种需要，而且能缴纳税款、购入机器设备、偿还借款等。拥有足够的现金对于企业来说具有重要意义，能够降低企业风险、增强资产流动性以及债务的可清偿性。但是，现金属非营利性资产，是唯一不创造价值的资产，即使是银行存款，其收益也是最低的，所以其持有量不是越多越好。

由此，企业现金管理的目标在于在保证企业生产经营活动所需现金的同时，尽量节约使用资金，并从暂时闲置的现金中获得较多的利息收入。现金管理应力求做到既保证企业经营所需资金，降低风险，又不致使企业有过多的闲置现金，从而影响企业的总体收益。因此，企业必须制定一套管理现金的方法，做到在现金的流动性和收益性之间进行合理的选择。

二、企业持有现金的动机

企业持有现金的动机主要有三个方面：交易性动机、预防性动机及投机性动机。

（一）交易性动机

交易性动机是指企业持有现金以便满足日常交易的需要，如用于购买材料、支付工资、缴纳税款、偿还到期债务、支付股利等，这是企业持有现金最主要的动机。企业每天的现金收入和现金支出很少同时等额发生，保留一定的现金余额可使企业在现金支出大于现金收入时，不致中断交易。企业为满足交易需要所持有的现金余额主要取决于企业的销售水平。企业销售扩大，销售量增加，则所需现金的余额也会随之增加；反之，随之减少。

（二）预防性动机

预防性动机是指企业持有现金以应付意外事件对现金的需求，这是企业持有现金余额的重要动机。现实生活中，企业经常会碰到一些无法预见的意外事件，如地震、水灾、火灾等自然灾害；生产事故；主要客户未能及时付款，等等。这些事件的发生对企业的现金收支会产生重大的影响。因此，企业持有较多的现金，便可更好地应付这些意外事件的发生，同时又不会影响生产经营活动。预防性动机所需现金余额的多少，主要取决于企业预测现金收支的可靠程度、企业的借款能力、企业愿意承担的风险程度及企业现金流量的波动程度。其中现金收支的可靠程度越高，预防性现金余额越小；企业的借款能力越强，预防性现金余额越小；企业愿意承担的风险程度越高，预防性现金余额越小；企业现金流量的波动性越小，预防性现金余额越小。

（三）投机性动机

投机性动机是指企业持有现金以寻求一些不寻常的购买机会，这种机会大都是一闪即逝的，这是企业持有现金的次要动机。例如，当证券价格剧烈波动时，从事投机活动，从中获得收益；或遇到廉价原材料，大批量购进；等等。企业为投机性动机而保存的现金数量一般很少，遇到不同寻常的购买机会，大都会设法临时筹集资金。

现金持有的三种动机，在理论上是可以区分的，但在现实中却很难分辨确定，而且没有必要。企业必须持有一定量的现金以满足各种支付需要，至于持有现金源于何种动机，取决于现金支付时的具体情况。

需要说明的是，由于各种动机所需的现金可以调剂使用，因某一需求持有的现金可以用于满足其他需求，且上述动机所需保持的现金并不一定要求必须是货币形态。因此，企业持有的现金余额并不完全等于上述三种动机所需现金余额的简单加总，而是一般小于三种需求下的现金持有量之和。

三、现金的成本

企业持有现金的成本一般是指为了持有一定量的现金而发生的费用或者现金发生短缺时所付出的代价。企业持有现金的成本一般由四部分组成：机会成本、管理成本、转换成本以及短缺成本。

（一）机会成本

现金的机会成本是指企业因持有一定数量的现金余额而丧失的再投资收益。现金作为企业的一项资金占用，是有代价的，这种代价就是它的机会成本。企业持有现金就会丧失其他方面的投资收益，如不能进行有价证券投资，由此而丧失的投资收益就是现金的机会成本。一般可用企业的资本成本、证券投资收益率、资本收益率等表示。假定某企业的机会成本率为10%，年均持有现金30万元，则该企业每年现金的机会成本为3（30×10%）万元。机会成本属于变动成本，与现金持有量的多少密切相关，现金持有量越大，机会成本越高；反之就越低。企业为了经营业务，需要拥有一定的现金，付出相应的机会成本代价是必要的，但现金持有量过多，机会成本代价大幅度上升，就不合算了。

（二）管理成本

企业拥有现金，会发生管理费用，如现金管理人员的工资、安全措施费等，这些费用是现金的管理成本。管理成本是一种固定成本，在相关范围内与现金持有量之间无明显的比例关系。

（三）转换成本

现金的转换成本是指企业用现金购入有价证券以及转让有价证券换取现金时付出的费用，即现金同有价证券之间相互转换的成本，如委托买卖佣金、手续费、过户费等。转换成本中有一些具有变动成本的性质，如委托买卖佣金或手续费，这类费用通常是按照委托成交金额计算的，无论变现次数多少，在证券总额既定的条件下，其委托成交金额是不变的，其转换成本与证券变现次数关系不大，属于决策无关成本。因此，其中固定性交易费用才是与证券变现次数密切相关的转换成本，在一定条件下，现金持有量越少，证券变现次数越多，转换成本就越大。

（四）短缺成本

现金的短缺成本是指因现金余额不足且无法及时弥补而给企业带来的损失，包括直接损失和间接损失。直接损失是现金短缺致使企业的生产经营及投资活动受到影响而造成的损失。如由于现金短缺而不能购进急需的材料，使企业生产经营中断而遭受的损失。间接损失是现金短缺给企业造成的无形损失，如由于现金短缺而不能及时足额偿付本息，从而影响企业的信用和企业形象，由此产生的经济损失。

短缺成本是否属于现金管理决策的相关成本，主要取决于企业是否允许出现现金短缺。如果企业不允许出现现金短缺，则该项成本不存在，属无关成本；如果企业允许出现现金短缺，则该项成本就属于相关成本，而且与现金持有量成反比。通常，企业持有的现金越多，短缺成本越小；反之则越大。

四、最佳现金持有量的确定

最佳现金持有量是指企业现金管理的相关总成本最小时的现金持有量，其确定方法通常有以下四种：

（一）成本分析模式

成本分析模式是通过分析公司持有现金的相关成本，寻求使持有现金的相关总成本最低的现金持有量的模式。该模式涉及的现金相关成本只包括持有现金而产生的机会成本和短缺成本，而不包括管理成本，是决策无关的成本。即：

$$现金管理相关总成本 = 机会成本 + 短缺成本$$

其中：

$$机会成本 = 现金持有量 \times 机会成本率（有价证券利率或投资报酬率）$$

机会成本、短缺成本与现金持有量之间的关系如图5-1所示。

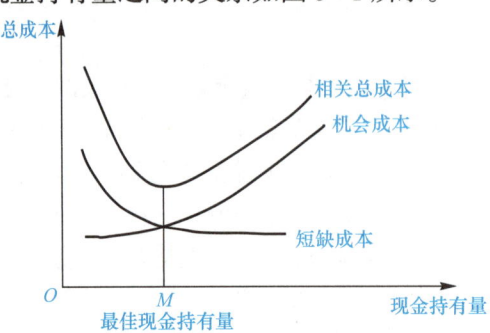

图5-1 成本分析模式

从图5-1中可以看出，机会成本、短缺成本与现金持有量的变动关系不同，机会成本是正相关成本，短缺成本是负相关成本，由此使得总成本曲线呈抛物线型，抛物线最低点即为相关总成本的最低点。因此，在成本分析模式下，最佳现金持有量就是持有现金所产生的机会成本与短缺成本之和最小时的现金持有量。

实际工作中运用该模式确定最佳现金持有量的具体步骤为：

（1）根据不同的现金持有量测算并确定有关成本数值；

（2）按照不同的现金持有量及其有关成本资料编制最佳现金持有量预测表；

（3）在测算表中找出相关总成本最低的现金持有量，即最佳现金持有量。

成本分析模式的优点是相对简单、易于理解，但要求能够比较准确地确定相关成本与现金持有量的函数关系。在实际工作中，由于现金持有量、机会成本以及短缺成本取值具有非连续性，所以要沿着机会成本和短缺成本趋于相等的方向去寻找，采用这种逐步逼近的方法找到适宜的现金持有量。

【例5-1】某企业现有甲、乙、丙、丁四种备选方案，有关成本资料如表5-2所示，采用成本分析模式确定哪种方案为最佳方案。

表5-2 现金持有量备选方案表　　　　　　　　　　　　　　　　　　　　　　单位：元

项目	甲	乙	丙	丁
现金持有量	25 000	50 000	75 000	100 000
机会成本率	12%	12%	12%	12%
短缺成本	12 000	6 750	2 500	0

根据表5-2，采用成本分析模式可编制该企业最佳现金持有量测算表，如表5-3所示。

表5-3 最佳现金持有量预测表　　　　　　　　　　　　　　　　　　　　　　单位：元

方案	机会成本	短缺成本	相关总成本
甲	3 000	12 000	15 000
乙	6 000	6 750	12 750
丙	9 000	2 500	11 500
丁	12 000	0	12 000

通过表5-3测算结果比较可知,丙方案的相关总成本为11 500元,在四种方案中最低,故该方案下的现金持有量75 000元,即为企业最佳现金持有量。

(二) 存货模式

存货模式也称为鲍莫尔模型,该模式认为企业现金持有量在很多方面与存货批量相似。所以,存货模式可根据存货经济批量模型来确定企业的最佳现金持有量,是分析预测现金管理相关总成本最低时现金持有量的一种方法。

运用存货模式有下列前提假设:

(1) 企业所需现金可通过有价证券变现取得,且有价证券变现的不确定性很小;

(2) 在企业的预算期内现金总需求量是可以预测的;

(3) 现金的支出波动小、比较稳定,一旦现金余额降为零,均可通过变现部分证券得以补足;

(4) 有价证券的收益率以及每次固定性转换成本均可得到。

如果以上条件得不到满足,则不能采用该模式。

该模式的相关成本只包括持有现金而产生的机会成本和固定性转换成本,而不包括管理费用、变动性转换成本和短缺成本。存货模式关注的也是现金相关总成本最低,只不过是将企业的现金持有量和有价证券联系起来,在现金的机会成本与转换成本之间进行权衡。

持有现金的机会成本与现金持有量成正比,通常按照有价证券的利率来计算,其现金持有量越大,机会成本越多。将有价证券转换为现金的转换成本,比如经纪人费用、税金等,不考虑其他因素,假定这些成本只与交易次数相关,交易次数越多,转换成本越高。管理成本与现金持有量的多少关系不大,具有相对稳定性,是决策无关成本。现金是否会发生短缺、短缺多少等相关情况发生的可能性存在很大的不确定性,所以短缺成本也不予考虑。

所以,存货模式中只考虑机会成本和转换成本。即:

现金管理相关总成本 = 持有现金的机会成本 + 固定性转换成本

在存货模式下,最佳现金持有量就是指持有现金所产生的机会成本与固定性转换成本之和最小时的现金持有量。

假设:T——特定时间内的现金需求总量;

M——最佳现金持有量;

b——每次的转换成本;

TC——持有现金的相关总成本;

i——有价证券的年利率。

则:

$$TC = \frac{M}{2}i + \frac{T}{M}b$$

式中,机会成本是按现金持有量的一半来计算的,因为随着生产经营活动的不断进行,现金持有量逐渐减少,它不可能始终保持在最高持有水平上,因此对其进行平均计算较为合理。

现金管理相关总成本与机会成本、固定性转换成本的关系如图5-2所示。

从图5-2中可以看出,TC 是一条凹形曲线,由数学定理可证明当机会成本与固定性转换成本相等时,现金管理的相关总成本最低,该点

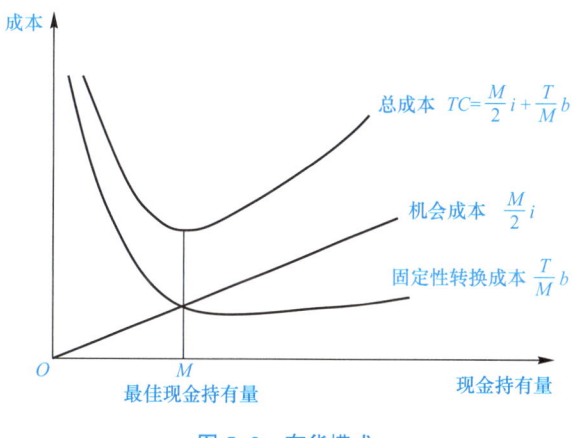

图5-2 存货模式

所对应的现金持有量便是最佳现金持有量。也可用求导方法得出最小值，令 TC 的一阶导数等于零，可以得出令总成本 TC 最小的 M 值，即：

$$最佳现金持有量 M = \sqrt{\frac{2Tb}{i}}$$

$$最低现金管理总成本 TC = \sqrt{2Tbi}$$

现金持有量存货模式的运用能够较为准确地测算出企业在一定时期内现金的最佳持有量和有价证券的转换次数，是现金管理的重要手段。但此方法的运用有一定的限制条件，即企业一定时间内现金收支是稳定的，需求总量是可以预测的，短期有价证券随时可以转换，报酬率和转换成本已知。因此，实践中能真正满足上述条件的企业并不多见。

【例 5-2】某企业预计全年需要现金 6 000 元，现金与有价证券的转换成本为每次 100 元，有价证券的年利息率为 30%，则：

$$最佳现金持有量 M = \sqrt{2 \times 6\,000 \times 100 \div 30\%} = 2\,000（元）$$

$$最低现金管理总成本 TC = \sqrt{2 \times 6\,000 \times 100 \times 30\%} = 600（元）$$

其中：

$$现金持有成本 = \frac{2\,000}{2} \times 30\% = 300（元）$$

$$现金转换成本 = \frac{6\,000}{2\,000} \times 100 = 300（元）$$

$$有价证券转换次数 = 6\,000 \div 2\,000 = 3（次）$$

（三）现金周转期模式

现金周转期模式是根据现金周转期来确定最佳现金持有量的一种方法。

该模式操作起来比较简单，但需要具备以下两个前提条件：

（1）企业的生产经营具有稳定性，现金支出具有稳定性，未来年度的现金总需求量可以准确地预计；

（2）根据历史资料可以准确地测算目标现金周转次数。

现金周转期是指从现金投入生产经营活动开始，经过生产经营过程，到最终销售转化为现金的时间。它大致包括以下三个方面：

（1）存货周转期。存货周转期是指将原材料转化成产成品并出售所需要的时间。

（2）应收账款周转期。应收账款周转期是指将应收账款转换为现金所需要的时间，即从产品销售到收回现金的期间。

（3）应付账款周转期。应付账款周转期是指从收到尚未付款的材料开始到现金支出之间所用的时间。

它们之间的关系如图 5-3 所示。

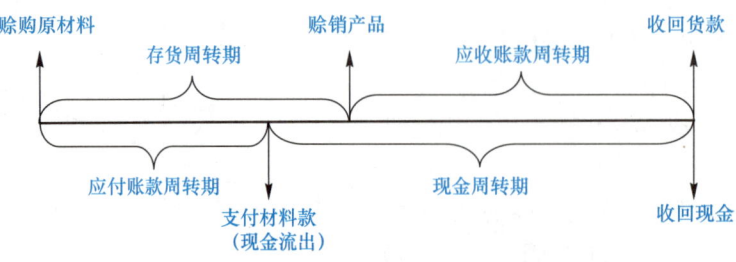

图 5-3 现金周转期模式

根据图 5-3，其数量关系用公式表示为：

现金周转期 = 存货周转期 + 应收账款周转期 – 应付账款周转期

现金周转期确定后，便可计算最佳现金持有量。其计算公式为：

最佳现金持有量 =（年现金需求总额 ÷ 360）× 现金周转期

从上式中可以看出，最佳现金持有量与现金周转期成正比，现金周转期越短，现金持有量越小；反之则反是。所以，在企业现金需求量一定的情况下，可以通过采取相应措施来加速资金周转，减少现金周转天数，降低现金持有量，进而减少资金的占用，提高资金的利用效率。

【例 5-3】 某企业预计存货周转期为 90 天，应收账款周转期为 40 天，应付账款周转期为 30 天，预计全年需要现金 720 万元。

要求：计算最佳现金持有量。

解：

现金周转期 = 90 + 40 – 30 = 100（天）

最佳现金持有量 =（720 ÷ 360）× 100 = 200（万元）

其中：

现金周转次数 = 360 ÷ 100 = 3.6（次）

采用现金周转期模式确定最佳现金持有量简单明了，易于计算。但是这种方法假设材料采购与产品销售产生的现金流量在数量上一致，企业的生产经营在 1 年中持续稳定地进行，即现金需要和现金供应不存在不确定的因素。如果以上假设条件不存在，则求得的最佳现金持有量将发生误差。

（四）随机模型

随机模型又称为米勒—奥尔模型，这一模型是在企业现金需求量难以预测的情况下进行现金持有量控制的方法。这个模型一般假设企业每日的净现金流量为随机变量，其变化近似地服从正态分布，这种情况下，就可以根据企业历史经验和现实需求，测算一个现金持有量的控制范围，也就是现金持有量的上限和下限，将企业的现金持有量控制在上下限之间。相应的变化如图 5-4 所示。

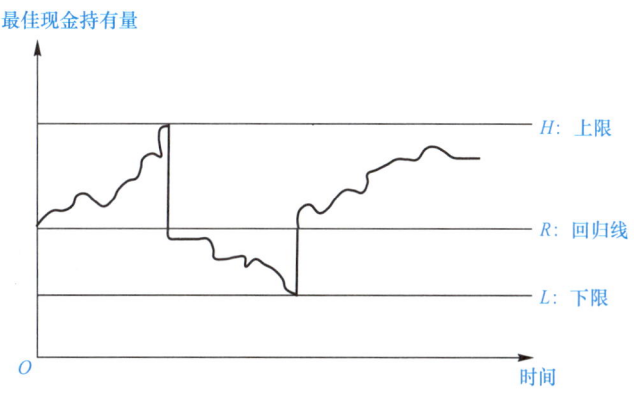

图 5-4 随机模型

在图 5-4 中，H 代表企业现金持有量的上限，L 代表企业现金持有量的下限，R 代表最优现金返回线，即回归线。当企业现金持有量在 H 和 L 之间变动时，表明企业的现金持有量在一个合理的范围内，不需要进行调整。当企业的现金持有量上升至 H 时，表明企业的现金余额过多，应将其数额为 $H-R$ 的现金转换为有价证券，使得企业的现金持有量降至 R。当企业的现金持有量降至 L 时，表明企业的现金余额过少，应将其数额为 $R-L$ 的有价证券转换为现金，使得企业的现金持有量上升至 R。其中 H 和 L 之间的距离取决于企业每日现金流量的变化幅度、证券转换交易成本的大小以及利率的高低。

下限 L 是企业现金的安全储备额，取值可以为零，但实践中 L 通常取大于零的某一数值。L 值的确定取决于模型之外的因素，其数额一般是在综合考虑企业的现金流量情况、管理者对待风险的态度、公司借款能力、银行要求的补偿性余额等因素的基础上确定的。

根据随机模型，回归线 R 的计算公式为：

$$R = \left(\frac{3b \times \delta^2}{4i}\right)^{\frac{1}{3}} + L$$

式中：b——每次转换有价证券的成本；
δ——每日净现金流量变化的标准差；
i——有价证券的日利率。

根据随机模型，上限 H 的计算公式为：

$$H = 3R - 2L$$

【例 5-4】假设某公司持有有价证券的每次转换成本为 40 元，根据历史资料测算出日现金余额波动的标准差为 600 元，有价证券的年利率为 10%，公司的现金最低持有量为 3 000 元。

要求：计算该企业的回归线和控制上限。

解：

$$\text{回归线 } R = \left(\frac{3b \times \delta^2}{4i}\right)^{\frac{1}{3}} + L = \left(\frac{3 \times 40 \times 600^2}{4 \times 10\% \div 360}\right)^{\frac{1}{3}} + 3\,000 = 6\,388 \text{（元）}$$

$$\text{上限 } H = 3R - 2L = 3 \times 6\,388 - 2 \times 3\,000 = 13\,164 \text{（元）}$$

该公司的最佳现金持有量是 6 388 元，当现金持有量降至 3 000 元时，则需出售 3 388 元的有价证券，当现金持有量升至 13 164 元时，则需购买 6 776 元的有价证券。

随机模型计算公式相对复杂，不易操作，但根据该模型进行现金控制比经验控制的效果好。该模型适用于所有企业现金最佳持有量的测算，因为该模型要求其现金最佳持有量符合随机思想，企业现金支出与收入是随机的、无法预知的。随机模型是建立在企业现金未来需求总量和收支不可预测的前提下，所以，计算出来的现金持有量比较保守。

五、现金的日常管理

现金的日常管理是现金管理中一项非常重要的内容，其主要目的是尽快收回现金，尽可能延迟支付现金，以加快现金的周转速度；同时要严格遵守现金管理的有关规定，合理地使用现金，提高其利用效果。

现金的日常管理主要包括以下几个方面：

（一）加速收款

为了提高现金的使用率，加速现金周转，公司应尽量加速收款，即在不影响销售的前提下，尽可能加快现金回笼。公司加速收款的任务不仅在于尽量让客户早付款，还要尽快地使这些付款转化为现金。为此，公司应做到：①缩短客户付款的邮寄时间。②缩短公司收到客户支票的兑换时间。③加速资金存入自己往来银行的过程。为了达到以上要求，可采取以下措施：

（1）集中银行法。集中银行法是指通过设立多个收款中心来加速账款回收的一种方法。其目的是缩短从客户寄出账款到现金收入企业账户的时间。

具体做法是企业设立若干收款中心，并指定一个主要开户行为集中银行（通常是公司总部所在地）；客户收到结算单据后直接邮寄给当地的收款中心，中心收款后立即存入当地银行；当地银行在票据交换后直接转给总部的银行。这种方法缩短了客户邮寄票据到达的时间，也就缩短了款项从客户到企业的间隔时间。但该方法的缺点是，开设收款中心的相关开支成为此种决策的相关成本，企业要综合权衡后，才能做出是否采用这种方法的决策。在该方法下企业要计算分散收账收益净额，其计算公式为：

$$分散收账收益净额 = (分散收账前应收账款数额 - 分散收账后应收账款数额) \times 企业综合资本成本率 - 因增设收款中心每年增加的费用额$$

若分散收账收益净额大于零，则企业可以采用集中银行法；否则，不能采用该方法。

【例5-5】 某公司现在平均占用资金2 000万元，公司准备改变收账办法，采用集中银行法收账。经研究测算，公司增加收账中心预计每年多支出17万元，但是可节约现金200万元，公司加权平均资本成本为9%。问是否应采用集中银行法？

分析：采用集中银行法，公司从节约资金中获得的收益是18万元（200×9%），比增加的支出17万元多1万元。因此，采用集中银行法比较有利。

（2）锁箱法。锁箱法又称邮政信箱法，企业可以在业务比较集中的地区租用专门的邮政信箱，并开立分行存款户，通知客户把付款邮寄到指定的信箱，授权当地银行每日开启信箱，在取得客户票据后立即予以结算，将款项拨给企业所在地银行。

采用锁箱法的优点是大大缩短了公司办理收账、存储手续的时间，即公司从收到支票到完全存入银行之间的时间缩短了。这种方法的主要缺点是需要支付额外费用。由于银行提供多项服务，因此要求有相应的报酬。这种费用支出一般来说与存入支票的张数成一定比例。所以，如果平均汇款数额较小，采用锁箱法并不一定有利。是否采用锁箱法要看节约资金带来的收益与额外支出的费用孰大孰小。如果增加的费用支出比收益要小，则可采用该法；反之，就不宜采用。

（二）付款控制

现金支出管理一般是尽可能延缓现金的支付时间，在不违背合同支付期的情况下，企业尽量推迟货款的支付，以增加现金的利用效率。在财务管理实务中，付款控制的方法有以下几种：

（1）运用"浮游量"。所谓现金的浮游量，是指企业账户现金余额与银行账户显示的现金余额之间的差额。有时，企业账户的现金余额已为零或负数，而该企业的银行账户现金余额还有很多。这是因为有些企业已开出的支票由于客户的原因尚未送达银行，因此银行并未付款出账。如果能正确预测浮游量并加以利用，可节约大量资金。

（2）控制支出时间。为了最大限度地利用现金，合理地控制现金支出的时间是十分重要的。例如，企业在采购材料时，如果付款条件是"1/10, n/30"，应安排在发票开出日期后的第10天付款，这样，企业可以最大限度地利用现金而又不丧失现金折扣。如果由于资金上的原因无意取得现金折扣，也应在最后一天，即第30天付款，以最大限度地利用资金。

（3）利用员工工资。许多公司都为支付工资而单独开设一个存款账户。为了最大限度地减少这一存款数额，公司可以合理预测所开出支付工资的支票到银行兑现的具体时间。例如，某公司在每月6日支付工资，根据历史资料，其6日、7日、8日、9日及9日以后的兑现比率分别为30%、40%、20%、5%和5%。这样，公司就不必在6日存够全部工资所需资金。

（三）现金收支的综合控制

（1）力争现金流入与流出同步。如果企业能尽量使它的现金流入与现金流出发生的时间趋于一致，就可以使其所持有的交易性现金余额降到较低水平，从而减少有价证券与现金的转换次数，节约转换成本。

（2）实行内部牵制制度。在现金管理中，要实行管钱的不管账、管账的不管钱制度，使出纳人员和会计人员互相牵制、互相监督。凡有库存现金收付，应坚持复核制度，以减少差错，堵塞漏洞。出纳人员调换时，必须办理交接手续，做到责任清楚。

（3）及时进行现金的清理。在现金管理中，要及时进行现金的清理。库存现金的收支应做到日清月结，确保库存现金的账面余额与实际库存余额相互符合；银行存款账户余额与银行对账单余额相互符合；现金、银行存款日记账数额分别与现金、银行存款总账数额相互符合。

（4）遵守库存现金的使用范围规定。

（5）对银行存款进行统一管理。企业超过库存现金限额的现金，应存入银行，由银行统一管理。

（6）适当进行证券投资。企业库存现金没有利息收入，银行活期存款的利息率也比较低，因此，当企业有较多闲置不用的现金时，可投资于国库券、大额定期可转让存单、企业债券、企业股票，以获取较多的利息收入；而当企业现金短缺时，再出售各种证券获取现金。这样，既能保证有较多的利息收入，又能增强企业的变现能力，因此，进行证券投资是调整企业现金余额的一种比较好的方法。

第三节　应收账款管理

一、应收账款产生的原因

应收账款是企业因对外赊销商品、材料、供应劳务等向购货或接受劳务的单位收取的款项。

产生应收账款的原因主要有两个：一是商业竞争。一般而言，企业愿意采用现销方式出售商品，能够迅速收回现金，但是随着市场经济的竞争日益激烈，为了扩大销售，提高企业的竞争力，企业往往需要暂时为客户垫付货款，也就是采取赊销方式销售商品，这属于信用销售，是企业为了扩大销售而自己采取的一种主动行为，这也是应收账款产生的主要原因。二是销售和收款的时间差。在实践中，企业销售商品发出货物的时间和客户收到货物的时间往往具有不一致性，这主要是因为货款结算需要时间，这种情况下产生的应收账款不属于商业信用，也不属于应收账款的主要内容。

二、应收账款的功能

（一）扩大销售

企业产品销售方式有现销和赊销两种，通常后者对客户具有更大的吸引力，所以在市场竞争比较激烈的情况下，赊销是促进销售的一种重要方式。赊销实际上相当于在向客户提供商品或劳动的同时，也向客户提供了一笔无息贷款，从而有利于吸引客户，扩大企业市场份额。当今市场是买方市场，企业面临激烈的市场竞争，不论是从巩固原有市场还是从开拓新市场的角度，赊销是战胜众多竞争对手的极为重要的一种手段。

（二）减少存货

企业大量地采用赊销增加应收账款的同时，也会使企业的存货减少。存货减少必然使存货管理的相关费用，如管理费、仓储费和保险费等支出降低。相反，企业持有应收账款数额较少，也有可能说明存货积压较多，存货占用资金也较多。所以当企业的产成品存货较多时，一般会采用优惠的信用条件进行赊销，将存货转为应收账款，节约支出。

三、应收账款的成本

应收账款成本是指公司持有一定应收账款所付出的代价，这种代价包括机会成本、管理成本和坏账成本。

（1）机会成本。应收账款的机会成本是指企业因资金被占用在应收账款上无法用来投资而丧失的其他收入。企业资金如果不被占用在应收账款上，便可用于其他投资并获得收益，如投资于有价证券会有利息收入。

通常，机会成本与应收账款占用资金成正比，应收账款占用资金越多，机会成本就越大。其计算公式为：

$$应收账款机会成本 = 应收账款占用资金 \times 资本成本率$$

$$应收账款占用资金 = 应收账款平均余额 \times 变动成本率$$

$$应收账款平均余额 = 每日赊销额 \times 平均收账期$$

式中，资本成本率可用有价证券利息率表示；变动成本率为变动成本总额与销售收入的比例；每日赊销额为年赊销总额除以360天（假定1年以360天计算）；平均收账期以享受和不享受折扣的客户比例为权数加权平均计算。

如果企业不提供现金折扣，则平均收账期即为信用期。因此，上述公式也可表示为：

$$应收账款机会成本 = （年赊销总额 \div 360）\times 平均收账期 \times 变动成本率 \times 资本成本率$$

【例5-6】某企业预计本年度赊销总额为300万元，应收账款平均收账天数为60天，变动成本率为60%，设资本成本率为10%。

要求：计算应收账款的机会成本。

解：

$$应收账款占用资金 = （300 \div 360）\times 60 \times 60\% = 30（万元）$$

$$应收账款机会成本 = 30 \times 10\% = 3（万元）$$

（2）管理成本。公司对应收账款进行管理所耗费的各种费用，即应收账款的管理成本，主要包括对客户的资信调查费用、应收账款账簿记录费用、收账费用、收集相关信息的费用、其他相关费用。

通常，管理成本与应收账款数额成正比，应收账款数额越大，管理成本就越大。

（3）坏账成本。应收账款的坏账成本是指应收账款因故不能收回而发生的损失，它与应收账款数额同方向变动。一般来讲，应收账款数额越大，发生坏账损失的概率就越大，由此形成的坏账成本也就越大。

四、应收账款管理的内容及其管理目标

应收账款是企业流动资产中一个非常重要的项目。随着市场经济的不断发展、商业竞争的日趋加剧，公司的应收账款数额明显增多，因此，应收账款管理已成为流动资产管理中的重要内容。企业提供商业信用，采用赊销方式，可以扩大产品销售，提高产品的市场占有率，从而增加销售收入和利润，但企业在销售收入增加的同时，由于应收账款数额大大增加，也必然会增加相关的成本费用，如机会成本、管理成本和坏账成本等。因此，应收账款管理的目标为：正确衡量信用成本和信用风险；合理确定信用政策；及时回收账款；保证流动资产价值的真实性。因此，基于应收账款产生的原因及应收账款的管理目标，应收账款管理的主要内容为：①科学合理地制定信用政策。②加强应收账款的日常管理。

五、应收账款的信用政策

信用政策也称应收账款的管理政策，是指企业为对应收账款进行管理与控制而制定的基本方针和策略，包括信用标准、信用条件和收账政策三部分内容。在成本效益分析的基础上制定适当的应收账款信用政策，是企业财务决策的一个重要组成部分。

（一）信用标准

信用标准是指客户获得公司的交易信用所应具备的条件，代表企业愿意承担的最大付款风险的金额。如果客户达不到信用标准，便不能享受或较少享受公司的信用，公司信用标准的高低将会直接影响公司的销售收入和销售利润。公司信用标准若定得较高，仅对信用卓著的客户给予赊销待遇，可以减少坏账损失，降低应收账款机会成本，但将会丧失一部分来自信用较差客户的销售收入和销售利润，这会限制企业的销售机会。相反，如果公司信用标准定得较低，企业可以争取较多客户，有利于企业扩大销售，提高市场竞争力和占有率，但会因此增加随后还款的风险，增加坏账费用，并且随着信用标准的放松，坏账损失发生的频率也会大幅上升。这就要求公司权衡得失，比较信用成本与信用收益，准确地对不同客户规定相应的信用标准。

【例 5-7】某企业原来的信用标准是只对预计坏账损失率在 10% 以下的客户提供商业信用。目前，企业为适应形势需要，拟修改信用标准，现有 A、B 两个信用标准方案可供选择，有关资料如表 5-4 所示。

表 5-4 信用标准备选方案　　　　　　　　　　　　　　　　　　　　单位：元

项目	方案 A	方案 B
信用标准（预计坏账损失率）	5%	15%
年赊销额	800 000	1 000 000
变动成本总额	500 000	700 000
固定成本	120 000	120 000
平均收账期（天）	60	90
管理成本	20 000	40 000

已知该企业的资本成本率为 10%，变动成本率为 60%，要求选择对企业有利的信用标准。表 5-5 给出了计算 A、B 两种信用标准方案净收益的过程及结果。

表 5-5 两种信用标准方案净收益计算过程及结果　　　　　　　　　　　单位：元

年项目		方案 A	方案 B
年赊销额		800 000	1 000 000
减：变动成本总额 　　固定成本		500 000 120 000	700 000 120 000
毛利		180 000	180 000
减：机会成本		（800 000÷360）×60×60%×10%= 8 000	（1 000 000÷360）×90×60%×10%= 15 000
管理成本 　　坏账成本		20 000 800 000×5%=40 000	40 000 1 000 000×15%=150 000
收益		112 000	-25 000

通过表 5-5 计算结果可知，方案 A 的净收益为 112 000 元，高于方案 B 的净收益 -25 000 元，因此，应选择方案 A 的信用标准，即采用较严格的信用标准。

(二) 信用条件

信用条件是指企业提供信用时对客户提出的付款要求，主要包括信用期限、折扣期限和现金折扣率等。

信用条件的表示方法是"2/10，$n/30$"，其含义为：若客户在发票开出后的10天内付款，可以享受2%的现金折扣；如果放弃现金折扣，则全部货款必须在30天内支付。该表示方法中，30天是信用期限，10天是折扣期限，2%是现金折扣率。

1. 信用期限

信用期限是指企业允许客户从购货到支付货款的时间间隔。企业产品销售量与信用期限之间存在着一定的依存关系。通常延长信用期限，可以在一定程度上扩大销售量，从而增加毛利。但不适当地延长信用期限，会给企业带来不良后果：一是使平均收账期延长，占用在应收账款上的资金相应增加，引起机会成本增加；二是引起坏账损失和收账费用的增加。因此，企业是否给客户延长信用期限，应视延长信用期限增加的边际收入是否大于增加的边际成本而定。

2. 现金折扣和折扣期限

延长信用期限会增加应收账款占用的时间和金额。许多企业为了加速资金周转，及时收回货款，减少坏账损失，往往在延长信用期限的同时，采用一定的优惠措施。即在规定的时间内提前偿付货款的客户可按销售收入的一定比率享受折扣。现金折扣实际上是对现金收入的扣减，企业决定是否提供以及提供多大程度的现金折扣，着重考虑的是提供折扣后所得的收益是否大于现金折扣的成本。

企业究竟应当核定多长的现金折扣期限，以及给予客户多大程度的现金折扣优惠，必须将信用期限及加速收款所得到的收益与付出的现金折扣成本结合起来考察，同延长信用期限一样，采取现金折扣方式在有利于刺激销售的同时，也需要付出一定的成本代价，即给予现金折扣造成的损失。如果加速收款带来的机会收益能够绰绰有余地补偿现金折扣成本，企业就可以采取现金折扣或进一步改变当前的折扣方针，如果加速收款的机会收益不能补偿现金折扣成本，现金优惠条件便被认为是不恰当的。

3. 信用条件备选方案的评价

虽然企业在信用管理政策中，已对可接受的信用风险水平做了规定，但当企业的生产经营环境发生变化时，就需要对信用管理政策中的某些规定进行修改和调整，并对改变条件的各种备选方案进行认真的评价。

【例5-8】某企业预测的下一年度赊销额为3 600万元，其信用条件是：$n/30$，变动成本率为60%，资本成本率（或有价证券利息率）为10%。假设企业收账政策不变，固定成本总额不变。该企业准备了两个信用条件的备选方案：

A：维持$n/30$的信用条件；

B：将信用条件放宽到$n/60$。

为各种备选方案估计的赊销水平、坏账百分比和收账费用等有关数据见表5-6。

表5-6 信用条件备选方案 单位：万元

项目 \ 方案 信用条件	A $n/30$	B $n/60$
年赊销额	3 600	3 960
应收账款平均收账天数（天）	30	60

续表

项目 \ 方案 信用条件	A n/30	B n/60
应收账款平均余额	3 600÷360×30=300	3 960÷360×60=660
维持赊销业务所需资金	300×60%=180	660×60%=396
坏账损失占年赊销额的百分比（%）	2	3
坏账损失	3 600×2%=72	3 960×3%=118.8
收账费用	36	60

表 5-7 信用条件备选方案收益   单位：万元

项目 \ 方案 信用条件	A n/30	B n/60
年赊销额	3 600	3 960
变动成本	2 160	2 376
信用成本前收益	1 440	1 584
应收账款机会成本	180×10%=18	390×10%=39.6
坏账损失	72	118.8
收账费用	36	60
信用成本小计	126	218.4
信用成本后收益	1 314	1 365.6

由表 5-7 可知，B 方案（$n/60$）获利较大，它比 A 方案（$n/30$）增加收益 51.6 万元。因此，在其他条件不变的情况下，应选择 B 方案。

虽然企业采取 B 方案，但为了加速应收账款的收回，企业打算推出新的信用条件，即"2/10，1/20，$n/60$"（C 方案），估计有 40% 的客户将利用 2% 的折扣率，10% 的客户将利用 1% 的折扣率，预计坏账损失率将为 2%，收账费用降为 50 万元。根据上述条件，C 方案的计算指标如下：

应收账款周转期 =10×40%+20×10%+60×50%=36（天）

应收账款周转率 =360÷36=10（次）

应收账款平均余额 =3 960÷10=396（万元）

维持赊销业务所需要的资金 =396×60%=237.6（万元）

应收账款机会成本 =237.6×10%=23.76（万元）

坏账损失 =3 960×2%=79.20（万元）

现金折扣 =3 960×(2%×40%+1%×10%)=35.64（万元）

根据上述结果，对两个信用条件方案进行对比，如表 5-8 所示。

表 5-8　信用条件备选方案比较　　　　　　　　　　　　　　　　　单位：万元

项　目＼方　案＼信用条件	B n/60	C 2/10，1/20，n/60
年赊销额	3 960	3 960
减：现金折扣		35.64
年赊销净额	3 960	3 924.36
变动成本	2 376	2 376
信用成本前收益	1 584	1 548.36
信用成本		
应收账款机会成本	39.6	23.76
坏账损失	118.8	79.20
收账费用	60	50
信用成本小计	218.4	152.96
信用成本后收益	1 365.6	1 395.40

表 5-8 中计算结果表明，企业采取新的信用政策之后，收益可增加 29.80 万元，因此，在其他条件不变的情况下，应选择 C 方案。

（三）收账政策

收账政策是指企业针对客户违反信用条件，拖欠甚至拒付账款所采取的收账策略与措施。

在企业向客户提供商业信用时，必须考虑三个问题：其一，客户是否会拖欠或拒付账款，程度如何；其二，怎样最大限度地防止客户拖欠账款；其三，一旦账款遭到拖欠甚至拒付，企业应采取怎样的对策。前两个问题主要靠信用调查和严格信用审批制度；第三个问题则必须通过制定完善的收账方针，采取有效的收账措施予以解决。

从理论上讲，履约付款是客户不容置疑的责任与义务，债权企业有权通过法律途径要求客户履约付款。但如果企业对所有客户拖欠或拒付账款的行为均付诸法律解决，往往并不是最有效的办法，因为企业解决与客户账款纠纷的目的，主要不是争论谁是谁非，而在于最有成效地将账款收回。

通常的步骤是当账款被客户拖欠或拒付时，企业应当首先分析现有的信用标准及信用审批制度是否存在纰漏；然后重新对违约客户的资信等级进行调查、评价。将信用恶劣的客户从信用名单中删除，对其所拖欠的款项可先通过信函、电讯或者派人员前往等方式进行催收，态度可以渐加强硬，并提出警告。当这些措施无效时，可考虑通过法院裁决。对于信用记录一向正常的客户，在去电、去函的基础上，不妨派人与客户直接进行协商，彼此沟通意见，达成谅解妥协，既可密切相互间的关系，又有助于较为理想地解决账款拖欠问题，并且一旦将来彼此关系置换时，也有一个缓冲的余地。当然，如果双方无法取得谅解，也只能付诸法律进行最后裁决。

除上述收账政策外，有些国家还兴起了一种新的收账代理业务，即企业可以委托收账代理机构催收账款。但由于委托手续费较高，许多企业，尤其是资财较少、经济效益差的企业很难采用。

企业对拖欠的应收账款，无论采用何种方式进行催收，都需要付出一定的代价，即收账费用，如收款所花的邮电通信费、派专人收款的差旅费和不得已时的法律诉讼费等。如果企业制定的收款政策过宽，会导致逾期未付款项的客户拖延时间更长，对企业不利；收账政策过严，催收过急，又可能伤害无意拖欠的客户，影响企业未来的销售和利润。因此，企业在制定收账政策时，要权衡利弊，掌握好宽度界限。

一般而言，企业加强收账管理，可以减少坏账损失，减少应收账款上的资金占用，但会增加收账费用。因此，制定收账政策就是要在增加收账费用与减少坏账损失、减少应收账款机会成本之间进行权衡，若前者小于后者，则说明制定的收账政策是可取的。

【例5-9】某企业应收账款现行收账政策和拟改变的收账政策见表5-9。

表5-9 收账政策备选方案资料

项　目	现行收账政策	拟改变的收账政策
年收账费用（万元）	90	150
应收账款平均收账天数（天）	60	30
坏账损失占赊销额的百分比（%）	3	1
赊销额（万元）	7 200	7 200
变动成本率（%）	60	60

假设资金利润率为10%，根据表5-9中的资料，计算出两种方案的收账总成本，如表5-10所示。

表5-10 收账政策分析评价　　　　　　　　　　　　　　单位：万元

项　目	现行收账政策	拟改变的收账政策
赊销额	7 200	7 200
应收账款平均收账天数（天）	60	30
应收账款平均余额	7 200÷360×60=1 200	7 200÷360×30=600
应收账款占用的资金	1 200×60%=720	600×60%=360
收账成本		
应收账款机会成本	720×10%=72	360×10%=36
坏账损失	7 200×3%=216	7 200×2%=144
年收账费用	90	150
收账总成本	378	330

表5-10的计算结果表明，拟改变的收账政策较现行收账政策减少的坏账损失和减少的应收账款机会成本之和为108[(216-144)+(72-36)]万元，大于增加的收账费用60（150-90）万元，因此，改变收账政策的方案是可以接受的。

影响企业信用标准、信用条件及收账政策的因素很多，如销售额、赊销期限、收账期限、现金折扣等的变化。这就使得信用政策的制定更为复杂，一般来说，理想的信用政策就是为企业带来最大收益的政策。

六、应收账款的日常管理

信用政策建立以后，企业要做好应收账款的日常管理工作，进行信用调查和信用评价，以确定是否同意顾客赊欠货款，当顾客违反信用条件时，还要做好账款催收工作。

(一) 企业的信用调查

信用调查就是企业对客户的信用品质、偿债能力、担保情况、经营情况等信用状况进行调查，搜集客户的信用信息。只有正确地评价客户的信用状况，才能合理地执行企业的信用政策。通常企业获取客户信用资料的渠道主要有：

1. 财务报表

企业的财务报表是信用资料的重要来源，通过分析财务报表，基本上能掌握一个企业的财务状况和盈利状况。

2. 信用评估机构

许多国家都有信用评估的专门机构，定期发布有关企业的信用等级报告。在评估等级方面，目前主要有两种形式：第一种是采用三类九级制，即把企业的信用情况分为AAA、AA、A、BBB、BB、B、CCC、CC、C九级，AAA为最优等级，C为最差等级；第二种是采用三级制度（即分成AAA、AA、A）。专门的信用评估部门通常评估方法先进、评估调查细致、评估程序合理、可信度较高。因此，这也是企业获取客户信用资料的重要来源。

3. 银行

相关银行能为企业提供有关客户的信用资料。因为许多银行都设有信用部，为其客户提供服务。但银行的资料一般仅愿在同业之间交流，而不愿向其他单位提供。因此，如外地有一笔较大的买卖，需要了解客户的信用状况，最好向当地开户银行征询有关信用资料。

4. 其他

除以上来源外，还有其他一些部门和机构可以为企业提供客户部分信用资料，如财税部门、消费者协会、工商管理部门、企业的上级主管部门、证券交易部门等。另外，有些书籍、报纸、杂志、网络等也会在一定程度上反映有关客户的信用情况。

(二) 企业的信用评估

搜集好信用资料后，要对这些资料进行分析，并对客户信用状况进行评估。信用评估的方法很多，这里介绍两种常见的方法：5C评估法和信用评分法。

1. 5C评估法

所谓5C评估法，是指重点分析影响信用的五个方面的一种方法。这五个方面英文的第一个字母都是C，故称之为5C评估法。这五个方面是：

（1）品德（Character）。指客户愿意履行其付款义务的可能性。客户是否愿意尽自己最大努力来归还货款，直接决定着账款的回收速度和数量。品德因素在信用评估中是最重要的因素。

（2）能力（Capacity）。指客户偿还货款的能力。这主要根据客户的经营规模和经营状况来判断。

（3）资本（Capital）。指一个企业的财务状况。这主要根据有关的财务比率进行判断。

（4）抵押品（Collateral）。指客户能否为获取商业信用提供担保资产。如有担保资产，则对顺利收回货款比较有利。

（5）情况（Conditions）。指一般的经济情况对企业的影响，或某一地区的一些特殊情况对客户偿还能力的影响。

通过以上五个方面的分析，基本可以判断客户的信用状况，为最后决定是否向客户提供商业信用做好准备。

2. 信用评分法

信用评分法是先对一系列财务比率和信用情况指标进行评分，然后进行加权平均，得出客户综合的信用分数，并以此进行信用评估的一种方法。进行信用评分的基本公式为：

$$Y = a_1x_1 + a_2x_2 + a_3x_3 + \cdots + a_nx_n = \sum_{i=1}^{n} a_i x_i$$

式中，Y——某企业的信用评分；

a_i——事先拟定出的对第 i 种财务比率和信用品质进行加权的权数（$\sum_{i=1}^{n} a_i = 1$）；

x_i——第 i 种财务比率或信用品质的评分。

【例 5-10】A 公司信用评估有关资料详见表 5-11，要求对该公司信用情况进行评估。

表 5-11　企业信用评估表

项目	财务比率和信用品质（1）	分数（x）0~100（2）	权数 a（3）	加权平均数（4）=（2）×（3）
流动比率	1.9	90	0.20	18.00
资产负债率（%）	50	85	0.10	8.50
销售净利率（%）	10	85	0.10	8.50
信用评估等级	AA	85	0.25	21.25
付款历史	尚好	75	0.25	18.75
企业未来预计	尚好	75	0.05	3.75
其他因素	好	85	0.05	4.25
合计	—	—	1.00	83.00

在表 5-11 中，第（1）栏是根据搜集来的资料及分析确定的；第（2）栏是根据第（1）栏的资料确定的；第（3）栏是根据财务比率和信用品质的重要程度确定的。

在采用信用评分法进行信用评估时，分数在 80 分以上者，说明企业信用状况良好；分数在 60~80 分者，说明信用状况一般；分数在 60 分以下者，则说明信用状况较差。

表 5-11 中，A 公司评估得分为 83 分，说明该公司信用状况良好。

（三）收账的日常管理

收账是企业应收账款管理的一项重要内容，应加强日常管理工作。收账管理包括以下两部分内容：

1. 确定合理的收账程序

催收账款的程序一般是：信函通知；电话催收；派人员面谈；法律行动。当客户拖欠账款时，要先给客户一封有礼貌的通知信件；接着，可寄出一封措辞较直率的信件；进一步则可通过电话催收；如再无效，企业的收账员可直接与客户面谈，协商解决；如果谈判不成，就只好诉诸法律。需要注意的是，企业一般不到迫不得已，尽量避免采取法律行动，否则会影响企业与客户的关系。

2. 确定合理的讨债方法

客户拖欠货款的原因有很多，企业应根据不同的原因，同时考虑与客户的合作关系等多方面因素，确定合理的讨债方法，以达到收回账款的目的。常见的讨债方法有：讲理法、恻隐术法、疲劳战术法、激将法、软硬兼施法等。

第四节　存货管理

一、持有存货的动机

存货是指企业在日常生产经营过程中为生产或销售而储备的物资，一般包括三种类型，即原材料、在产品和产成品。不同企业存货数量和类型各不相同，同一资产在不同的企业也表现出不同的性质。企业持有存货的动机一般包括以下两个方面：

1. 保证生产与销售的正常进行

一般而言，企业的原材料购买、生产进度安排以及产品的销售在数量上和时间上很难保证绝对的平衡。因此，企业持有一定量的存货可以在生产和销售环节具有弹性，不会因存货的短缺而导致生产和销售的中断，否则会使企业失去销售机会。

2. 获取规模效益

企业持有存货，如批量采购原材料可以获得价格上的优惠，也可以减少采购及管理费用；再比如批量组织生产可以降低相应的调整准备成本，进而降低生产成本；又如批量准备销售，能够及时满足客户对于产品的需求，利于迅速扩大销售规模。

二、存货的功能

存货的功能是指存货在企业生产经营过程中所具有的作用，主要表现在以下方面：

1. 防止停工待料

适量的原材料存货和在制品、半成品存货是企业生产正常进行的前提和保障。就企业外部而言，供货方的生产和销售往往会因某些原因而暂停或推迟，从而影响企业材料的及时采购、入库和投产。就企业内部而言，有适量的半成品储备，能使各生产环节的生产调度更加合理，各生产工序步调更为协调，联系更为紧密，不至于因等待半成品而影响生产。可见，适量的存货能有效防止停工待料事件的发生，维持生产的连续性。

2. 适应市场变化

存货储备能增强企业在生产和销售方面的机动性以及适应市场变化的能力，企业有了足够的库存产成品能有效地供应市场，满足顾客的需要。相反，若某种畅销产品库存不足，将会错失目前的或未来的推销良机，并有可能因此而失去顾客。在通货膨胀时，适当地储存原材料存货，能使企业获得因市场物价上涨而带来的好处。

3. 降低进货成本

很多企业为扩大销售规模，对购货方提供较优厚的商业折扣待遇，即购货达到一定数量时，便在价格上给予相应的折扣优惠。企业采取批量集中进货方式，可获得较多的商业折扣。此外，通过增加每次购货数量，减少购货次数，可以降低采购费用支出。即便在推崇以零存货为管理目标的今天，仍有不少企业采取大批量购货方式，原因就在于这种方式有助于降低购货成本，只要购货成本的降低额大于因存货增加而导致的储存等各项费用的增加额，便是可行的。

4. 维持均衡生产

那些生产季节性产品的企业，为实行均衡生产，降低生产成本，就必须适当储备一定的半成品或一定的原材料。否则，这些企业若按照季节变动组织生产活动，难免会产生忙时超负荷运转，闲时生产能力得不到充分利用的情形，这也会导致生产成本的提高。非季节性生产企业在生产过程中，同样会因为各种原因导致生产水平的高低变化，拥有合理的存货可以缓冲这种变化对企业生产活动及获利能力的影响。

三、存货的成本

（一）采购成本

采购成本又称进货成本，是指存货本身的价值，是由买价、运杂费等构成的。采购成本一般与采购数量成正比。一定时期内，在购进数量和单价既定的情况下，企业每次订购的数量多少并不影响存货的采购成本（假设无数量折扣），因而此项成本在存货决策中属无关成本。

（二）订货成本

订货成本是指企业为订购材料、商品而发生的成本费用，如采购的差旅费、邮资、通信费、专设采购机构的经费等。

订货成本分为变动性订货成本和固定性订货成本。变动性订货成本与订货次数成正比，订货次数越多，变动性订货成本越高，如采购人员差旅费、通信费等，因此，它属存货管理决策相关成本；固定性订货成本与订货次数无关，如专设采购机构的经费支出，因此，它属存货管理决策无关成本。

（三）储存成本

储存成本是指企业为存货而发生的费用，主要包括存货资金占用利息、仓储费、保险费以及存货的变质与过期的损失等。储存成本也分为变动性储存成本和固定性储存成本。变动性储存成本与存货数量成正比，存货越多，储存成本越高，如存货资金的应计利息、存货残损和变质损失、存货的保险费用等，因此，它属存货管理决策相关成本；固定性储存成本与存货数量无关，如仓库折旧费、仓库保管员的固定月工资等，因此，它属存货管理决策的无关成本。

（四）短缺成本

短缺成本是指由于存货不足而给企业造成的经济损失，包括材料供应中断造成的停工损失、材料供应中断导致延误而发生的信誉损失和丧失销售机会的损失等。

短缺成本能否作为存货管理决策的相关成本，应取决于企业是否允许存货短缺。若企业允许缺货，则短缺成本属决策相关成本，它与存货数量呈反方向变动，存货数量越少，短缺成本越高；若企业不允许缺货，则短缺成本属决策无关成本。

四、存货的管理目标

企业持有充足的存货，不仅有利于生产过程的顺利进行，节约采购费用与生产时间，而且能够迅速地满足客户各种订货的需要，从而为企业的生产与销售提供较大的机动性，避免因存货不足带来机会损失。然而，存货的增加必然要占用更多的资金，将使企业付出较大的持有成本（即存货的机会成本），而且存货的储存与管理费用也会增加，从而影响企业获利能力的提高。因此，如何在存货的功能（收益）与成本之间权衡利弊，在充分发挥存货功能的同时降低成本、增加收益、实现它们的最佳组合，成为存货管理的基本目标。

五、存货管理的基本方法

经济批量控制是最基本的存货定量控制方法，包括经济订货批量模型及扩展模型两方面。经济订货量（Economic Ordering Quantity，EOQ）是在保证生产经营需要的前提下使一定时期存货相关总成本最低的采购量。经济订货批量基本模型有很多假设前提，而这些条件与现实相差较远，但却为经济订货批量模型奠定了理论基础，而扩展模型是在基本模型的基础上放宽了某些假设，使其更接近于实际情况。

（一）经济订货批量基本模型

经济订货批量基本模型以下列假设为前提：

（1）企业一定时期内的订货总量可以准确地预测。

（2）存货的耗用或销售比较均衡。
（3）存货的价格稳定，无数量折扣。
（4）不允许出现缺货情况。
（5）存货的订货数量和订货日期完全由企业确定，并且当存货量降为零时，下一批存货均能马上一次到位。
（6）仓储条件和所需资金不受限制。
（7）所需存货市场供应充足。

根据上述前提条件，在经济订货批量基本模型中，存货管理相关总成本只包括变动性订货成本和变动性储存成本。不同的成本与订货数量之间存在着不同的变动关系，减少订货量，会导致变动性订货成本上升，变动性储存成本下降；增加订货量，则会使变动性订货成本下降，变动性储存成本上升。所以，这就要求企业协调各成本间的关系，使其相关总成本保持最低水平。

其计算公式为：

$$存货管理相关总成本 = 变动性订货成本 + 变动性储存成本$$

基本模型中的经济订货量就是指变动性订货成本和变动性储存成本之和达到最低时的订货数量。如图5-5所示，其中Q^*为使得总成本最低的经济订货批量。

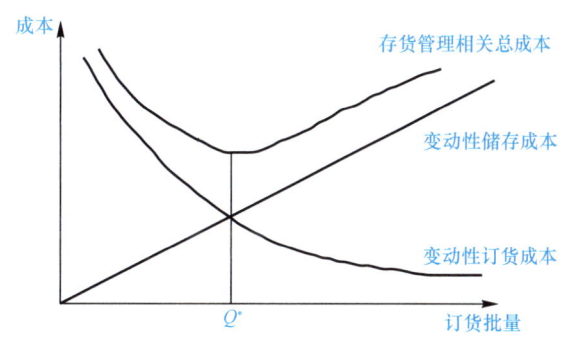

图5-5 基本经济订货批量与相关成本关系

假设：TC——存货管理相关总成本；
D——全年存货需求总量；
Q——经济订货量；
K——每次订货的变动成本；
K_C——单位存货年储存成本；
U——单位采购成本。

则：

$$TC = \frac{D}{Q} \cdot K + \frac{Q}{2} \cdot K_C$$

令TC的一阶导数等于零，可得：

经济订货量 $$Q^* = \sqrt{\frac{2DK}{K_C}}$$

最低存货管理相关总成本 $$TC(Q^*) = \sqrt{2DKK_C}$$

最佳订货次数 $$N^* = \frac{D}{Q^*} = \sqrt{\frac{DK_C}{2K}}$$

最佳订货周期 $\quad t^* = \dfrac{1}{N^*}$

经济订货量占用的资金 $\quad I^* = \dfrac{Q^*}{2} \cdot U$

【例5-11】某公司全年需要甲材料360 000千克，单位采购成本为100元/千克，每次订货成本为200元，每件年储存成本为4元，计算其经济订货量及最低存货管理总成本。

经济订货量：$Q^* = \sqrt{2DK/K_C} = \sqrt{2 \times 360\,000 \times 200 \div 4} = 6\,000$（千克）

最低存货管理总成本：$TC = \sqrt{2DKK_C} = \sqrt{2 \times 360\,000 \times 200 \times 4} = 24\,000$（元）

其中：

订货成本 =（360 000÷6 000）×100=6 000（元）

储存成本 =（6 000÷2）×3=9 000（元）

经济订货量平均占用资金 =（6 000÷2）×100=300 000（元）

经济订货次数 =360 000÷6 000=60（次）

上述计算表明，当订货量为6 000千克时，订货成本和采购成本总额最低。

（二）经济订货批量扩展模型

1. 订货提前期与再订货点的经济订货量模式

在经济订货批量基本模型中假设需要存货时可以立即取得，这是不符合实际情况的。现实中，企业从订货到收到货物往往需要若干天，为了避免停工待料的情况发生，企业需要提前订货，而不能等存货全部用完再去订货。因此，企业从订货到收到货物所需要的天数，可称为订货提前期，用L表示。在提前订货的前提下，企业再次发出订货单时尚有存货的库存量，可称为再订货点，用R表示。其计算公式为：

$$R = L \cdot d$$

其中：d为每日平均需用量。

【例5-12】续【例5-11】，假定企业订货日至到货日的时间为20天，每日存货需用量为10千克，则$R = L \cdot d = 20 \times 10 = 200$（千克）。

当甲材料的存货降为200千克时，企业就应当再次订货，等订货到来时，原库存刚好用完。此时存货的每次订货量、订货间隔、订货次数等并无变化，与瞬时补充时的情况相同，即订货提前期对经济订货量无影响，仍然可用原来的6 000千克作为经济订货量。订货提前期的存货模式如图5-6所示。

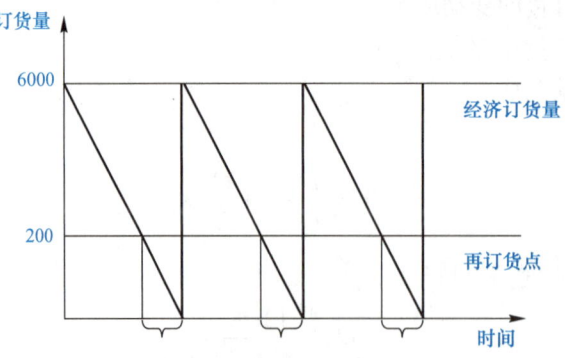

图5-6 订货提前期的存货模式

2. 陆续供应和使用的经济订货量模式

在经济订货批量基本模型中假设存货全部一次入库。现实中，企业的存货往往陆续入库，库存量也往往是陆续增加。

如图5-7所示，假设每批的订货量为Q，每日送货量为p，则该批存货全部送达所需的天数为$\dfrac{Q}{p}$，即为送货期。

假设每日消耗量为d，则送货期内的全部消耗量为$\dfrac{Q}{p}\cdot d$。

由于存货是陆续供应和使用，所以每批货送完时，最高库存量已经不是Q，而是$Q-\dfrac{Q}{p}\cdot d$，平均库存量则为$\dfrac{1}{2}(Q-\dfrac{Q}{p}\cdot d)$。

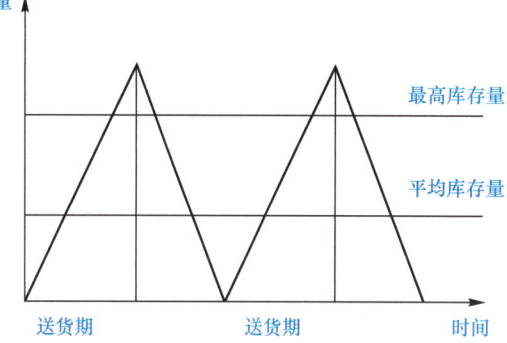

图5-7 陆续供应和使用的存货模式

此时，存货总成本为$TC=\dfrac{D}{Q}\cdot K+\dfrac{Q}{2}\left(1-\dfrac{d}{p}\right)\cdot K$。

相应地，经济订货量公式为$Q^*=\sqrt{\dfrac{2KD}{K_C}\cdot\dfrac{p}{p-d}}$。

此时，经济订货量相关总成本为$TC(Q^*)=\sqrt{2KDK_C\cdot\left(1-\dfrac{d}{p}\right)}$。

【例5-13】某企业对甲零部件的年需求量为2 500件，每日送货量为20件，每日耗用量为10件，单位价格为50元/件，一次订货成本为25元，年单位储存变动成本为4元/件。甲零部件的经济订货量和经济订货量下的相关总成本各是多少？

经济订货量为：

$$Q^*=\sqrt{\dfrac{2KD}{K_C}\cdot\dfrac{p}{p-d}}=\sqrt{\dfrac{2\times25\times2\ 500}{4}\cdot\dfrac{20}{20-10}}=250（件）$$

相关总成本为：

$$TC(Q^*)=\sqrt{2KDK_C\cdot\left(1-\dfrac{d}{p}\right)}=\sqrt{2\times25\times2\ 500\times4\times\left(1-\dfrac{10}{20}\right)}=500（元）$$

3. 存货数量折扣的经济订货量模式

在经济订货批量基本模型中假设商品的价格是不变的。但现实中，销售企业为鼓励客户更多地购买商品，往往会给予不同程度的数量折扣，即当客户的一次订货量达到某一数量时，就可能给予价格上的优惠。每次订货量越多，给予的价格优惠越大。在这种情况下，存货的采购成本就成为存货管理决策的相关成本。

在经济订货批量基本模型其他各种假设条件均具备的前提下，存在数量折扣的存货管理相关成本可按下式计算：

存货管理相关总成本 = 采购成本 + 变动性订货成本 + 变动性储存成本

即：

$$TC=U\cdot D+\dfrac{D}{Q}\cdot K+\dfrac{Q}{2}\cdot K_C$$

存在数量折扣的经济订货量一般按下列步骤确定：

第一步，按照经济订货批量基本模型确定的经济订货量计算存货管理相关总成本。

第二步，按给予数量折扣的经济订货量计算不同折扣下的存货管理相关总成本。

第三步，比较经济订货批量基本模型下计算的相关总成本与不同数量折扣下计算的相关总成本，总成本最低的订货量就是经济订货量。

【例5-14】某企业甲材料的年需要量为16 000千克，每千克标准价为20元。销售企业规定：客户每批购买量不足1 000千克的，按照标准价格计算；每批购买量1 000千克以上，2 000千克以下的，价格优惠2%；每批购买量2 000千克以上的，价格优惠3%。已知每批进货费用600元，单位材料的年存储成本30元。

按经济订货批量基本模型确定的经济订货量为：

$$Q^* = \sqrt{2 \times 16\,000 \times 600 / 30} = 800 \text{（千克）}$$

每次订货800千克时的存货相关总成本为：

存货相关总成本 = 16 000×20+16 000÷800×600+800÷2×30=344 000（元）

每次订货1 000千克时的存货相关总成本为：

存货相关总成本 = 16 000×20×(1-2%)+16 000÷1 000×600+1 000÷2×30=338 200（元）

每次订货2 000千克时的存货相关总成本为：

存货相关总成本 = 16 000×20×(1-3%)+16 000÷2 000×600+2 000÷2×30=345 200（元）

通过比较发现，每次订货为1 000千克时的存货相关总成本最低，所以此时最佳经济订货量为1 000千克。

4. 允许缺货时的经济订货量模式

在基本经济订货批量模型中假设不允许缺货。但实际中，常常会因为供货方或运输等问题导致采购的材料无法及时送到企业，而发生缺货成本。那么在企业允许缺货的情况下，短缺成本就属存货管理决策的相关总成本，即：

相关总成本 = 变动性订货成本 + 变动性储存成本 + 短缺成本

该模式下的经济订货量就是变动性订货成本、变动性储存成本和短缺成本这三项成本之和最低的订货数量。

假设单位缺货年均成本为S，则经济订货量公式为：

$$Q^* = \sqrt{\frac{2DK(K_C + S)}{K_C \cdot S}}$$

最低相关总成本为：

$$TC(Q^*) = \sqrt{\frac{2DKK_CS}{K_C + S}}$$

【例5-15】某公司全年需要甲零件25 000件，每次订货成本15元，单位年储存成本1元/件，单位缺货成本3元/件，计算其经济订货量和最低存货管理总成本。

经济订货量为：

$$Q^* = \sqrt{\frac{2DK(K_C + S)}{K_C \cdot S}} = \sqrt{\frac{2 \times 25\,000 \times 15(1+3)}{1 \times 3}} = 1\,000 \text{（件）}$$

最低相关总成本为：

$$TC(Q^*) = \sqrt{\frac{2DKK_CS}{K_C+S}} = \sqrt{\frac{2\times 25\,000\times 15\times 1\times 3}{15+3}} = 353.55(元)$$

六、存货的日常管理

存货的日常管理是指在日常生产经营过程中，以存货计划为依据，对存货的日常使用及周转情况进行组织、协调及监督。存货的日常管理方法主要有：

（一）存货的归口分级控制

1. 实行资金的归口管理

根据使用资金和管理资金相结合、物资管理和资金管理相结合的原则，每项资金由哪个部门使用，就归哪个部门管理。各项资金归口管理的分工一般如下：

（1）原材料、燃料、包装物等资金归供应部门管理。

（2）在产品和自制半成品占用的资金归生产部门管理。

（3）产成品资金归销售部门管理。

（4）工具、用具占用的资金归工具部门管理。

（5）修理用备件占用的资金归设备动力部门管理。

2. 实行资金的分级管理

各归口的管理部门要根据具体情况将资金计划指标进行分解，分配给所属单位或个人层层落实，实行分解管理。具体分解过程可按如下方式进行：

（1）原材料资金计划指标可分配给供应计划、材料采购、仓库保管、整理准备各业务组管理。

（2）在产品资金计划指标可分配给各车间、半成品库管理。

（3）成品资金计划指标可分配给销售、仓库保管、成品发运各业务组管理。

（二）ABC 控制法

ABC 控制法是指按照一定的标准将企业的存货划分为 A、B、C 三类，分别实行分品种重点管理、分类别一般控制和按总额灵活掌握的存货管理方法。

大中型企业存货种类都很多，在这些存货中，有的价格昂贵，有的价格低廉；有的数量庞大，有的种类少。如果对每一种存货都进行周密的规划、严格的控制，就抓不住重点，不能有效地控制主要存货资金。ABC 控制法正是针对这一问题而提出来的重点管理方法。运用 ABC 控制法控制存货资金，一般分如下几个步骤：

（1）计算每一种存货在一定时间内（一般为 1 年）的资金占用额。

（2）计算每一种存货资金占用额占全部资金占用额的百分比，并按大小顺序排列，编成表格。

（3）根据事先测定好的标准，把最重要的存货划为 A 类，把一般存货划为 B 类，把不重要的存货划为 C 类，并画图表示出来。

（4）对 A 类存货进行重点规划和控制，对 B 类存货进行次重点管理，对 C 类存货只进行一般管理。

在划分出来的存货类别中，A 类存货种类虽少，但占用的资金多，应集中主要力量管理，对其收发要进行严格管理和控制；C 类存货虽然种类繁多，但占用的资金不多，这类存货的经济订货量可凭经验进行总量管理；B 类存货介于 A 类和 C 类之间，也应给予相当的重视，但不必像 A 类那样进行非常严格的控制，一般管理即可。

第五节　流动负债管理

一、流动负债融资的特点

流动负债所筹资金的可使用时间较短，一般不超过1年。流动负债融资的特点主要包括：
（1）筹资速度快，容易取得。短期负债在较短时间内即可归还，故债权人顾虑较少。
（2）筹资富有弹性。短期负债的限制相对较少，筹资企业的资金使用较为灵活。
（3）筹资成本较低。一般来说，短期负债的利率低于长期负债，短期负债筹资的成本也就较低。
（4）筹资风险高。短期负债需在短期内偿还，届时若企业资金安排不当，就会陷入财务危机。

二、流动负债融资的形式

商业信用和短期银行借款是两个最主要的短期融资来源，也因此成为流动负债日常管理的重点。

（一）商业信用

商业信用是指在商品交易中由于延期付款或预收货款所形成的企业间的借贷关系。商业信用筹资最大的优点在于容易取得。如果没有现金折扣或使用不带息票据，商业信用筹资不负担成本。其缺点在于放弃现金折扣时所付出的成本较高。商业信用的具体形式有应付账款、应付票据、预收账款等。

1. 应付账款

与应收账款相对应，应付账款也有付款期、折扣等信用条件。应付账款可以分为：免费信用、有代价信用、展期信用。免费信用，即买方企业在规定的折扣期内享受折扣而获得的信用；代价信用，即买方企业放弃折扣付出代价而获得的信用；展期信用，即买方企业超过规定的信用期推迟付款而强制获得的信用。

（1）应付账款的成本。如果买方企业购买货物后在卖方规定的折扣期内付款，便可享受免费信用，在这种情况下企业没有因为享受信用而付出代价。

$$放弃现金折扣的成本 = \frac{折扣百分比}{1-折扣百分比} \times \frac{360}{信用期-折扣期}$$

放弃现金折扣的成本与折扣百分比的大小、折扣期的长短同方向变化。

（2）利用现金折扣的决策。如果能以低于放弃折扣的隐含利息成本（实质是一种机会成本）的利率借入资金，便应在现金折扣期内用借入的资金支付账款，享受现金折扣。如果在折扣期内将应付账款用于短期投资，所得的投资收益率高于放弃折扣的隐含利息成本，则应放弃折扣去追求更高的收益。如果企业因缺乏资金而欲展延付款期，则需要在降低了的放弃折扣成本与展延付款带来的损失之间做出选择。展延付款带来的损失主要是指企业因信誉恶化而丧失供应商乃至其他贷款人的信用，或日后苛刻的信用条件。如果面对两个以上提供不同信用条件的卖方，应通过衡量放弃折扣成本的大小选择信用成本最小（或所获利益最大）的一个。

【例5-16】甲公司采购一批材料，全款为100万元，乙供应商规定的付款条件为：10天之内付款则支付98万元；30天之内付款则支付全额100万元。

根据资料，回答下列问题：
（1）计算放弃现金折扣的成本；
（2）如果银行短期借款利率为15%，确定对该公司最有利的付款日期和价格；
（3）如果目前的短期投资收益率为40%，确定对该公司最有利的付款日期和价格；

（4）如果有另外一个丙供应商提供"1/10，n/30"的信用条件，假设银行短期借款利率为15%，应该选择哪个供应商？

解：

（1）折扣百分比 =（100－98）/100×100%＝2%

放弃现金折扣的成本 =[2%/（1－2%）]×[360/（30－10）]×100%＝36.73%

（2）因为放弃现金折扣的成本高于银行短期借款的利率15%，所以应该享受折扣，并通过短期借款用更低的成本取得所需的资金。因此，最有利的付款日期为第10天付款，价格为98万元。

（3）放弃现金折扣的成本也可以看作享受折扣时的收益，因为享受折扣的收益率低于短期投资收益率，所以应当放弃现金折扣，并将资金用于收益率更高的短期投资。因此，最有利的付款日期为第30天付款，价格为100万元。

（4）放弃乙供应商现金折扣的成本 =[1%/（1－1%）]×[360/（30－10）]×100%＝18.18%

因为放弃现金折扣的成本均高于银行短期借款利率，所以应该选择享受现金折扣；

又因为放弃乙供应商现金折扣的成本高于放弃丙供应商现金折扣的成本，所以应该选择享受乙供应商的现金折扣。

2. 应付票据

应付票据的利率一般比银行借款利率低，且不用保持相应的补偿余额和支付协议费，所以应付票据的筹资成本低于银行借款成本。但是应付票据到期必须归还，如果延期便要交付罚金，因而风险较大。

3. 预收账款

预收账款是卖方企业在交付货物之前向买方预先收取部分或全部货款的信用形式。对于卖方来讲，预收账款相当于向买方借用资金后用货物抵偿。预收账款一般用于生产周期长、资金需要量大的货物销售。

（二）短期银行借款

短期银行借款是指企业向银行和其他非银行金融机构借入的期限在1年（含）以内的借款。

1. 短期银行借款的种类

我国目前的短期银行借款按照目的和用途，主要分为生产周转借款、临时借款、结算借款等。按照国际通行做法，短期银行借款还可依偿还方式的不同，分为一次性偿还借款和分期偿还借款；依利息支付方法的不同，分为收款法借款、折现法借款和加息法借款；依有无担保，分为抵押借款和信用借款等。

2. 短期银行借款的信用条件

短期银行借款往往附带信用额度、周转信贷协议、补偿性余额等多项信用条件。在实务中，企业需要根据不同的信用条件来进行相应的短期借款决策。

常见的短期银行借款的信用条件有：

信用额度，银行对借款企业规定的无担保贷款的最高额。无法律效用，银行不承担必须提供全部信贷限额的义务。

周转信贷协议，银行具有法律义务承诺提供不超过某一最高限额的贷款协议，在协议的有效期内，只要企业的借款总额未超过最高限额，银行必须满足企业任意时期提出的借款要求。

补偿性余额，银行要求借款企业在银行中保有高额等于贷款限额或实际贷款额一定百分比（一般为10%~20%）的最低存款余额。补偿性余额提高了实际利率，实际利率 = 名义利率 ÷（1－补偿性余额比率）×100%。

借款抵押，银行发放贷款时要求企业有抵押品担保。借款抵押是一种风险贷款，手续比较复杂，利率较高。

偿还条件，包括到期一次偿还、贷款期内等额偿还。通常企业希望一次性偿还，银行希望贷款期内定期等额偿还。

其他承诺，银行有时还要求企业为取得贷款而做出其他承诺，如及时提供财务报表、保持适当的财务水平（如特定的流动比率）等。如企业违背所做出的承诺，银行可要求企业立即偿还全部贷款。

【例5-17】甲公司与某银行签订周转信贷协议，银行承诺一年内随时满足甲公司最高8 000万元的贷款，承诺费按承诺贷款额度的0.5%于签订协议时交付，公司为贷款支付的承诺费在一年后返还，甲公司在签订协议的同时申请一年期贷款5 000万元，年利率为8%，按年单利计息，到期一次性还本付息，在此期间未使用承诺贷款额度的其他贷款。计算该笔贷款的实际成本。

实际支付的利息 = 5 000 × 8% = 400（万元）
支付的承诺费（未使用部分）=（8 000 − 5 000）× 0.5% = 15（万元）
实际成本 =（400 + 15）/（5 000 − 8 000 × 0.5%）× 100% = 8.37%

3. 短期银行借款的成本

（1）借款利率。借款利率分为以下三种：

①优惠利率。优惠利率是银行向财力雄厚、经营状况好的企业提供贷款时收取的名义利率，为贷款利率的最低限。

②浮动优惠利率。这是一种随其他短期利率的变动而浮动，即随市场条件的变化而随时调整变化的优惠利率。

③非优惠利率。银行贷款给一般企业时收取的高于优惠利率的利率。这种利率经常在优惠利率的基础上增加一定的百分比。

（2）借款利息的支付方法。

①收款法。收款法是指在借款到期时向银行支付利息的方法。

②贴现法。贴现法是指银行向企业发放贷款时，先从本金中扣除利息部分，到期时借款企业偿还贷款全部本金的一种计息方法。采用这种方法，贷款的实际利率高于名义利率。

例如，某企业从银行取得借款10 000元，期限为1年，年利率（即名义利率）为8%，利息额800（10 000 × 8%）元；按照贴现法付息，企业实际可利用的贷款为9 200（10 000 − 800）元，该项贷款的实际利率为8.7%（800/9 200）。

③加息法。加息法是指银行发放分期等额偿还贷款时采用的利息收取方法。在分期等额偿还贷款的情况下，银行要将根据名义利率计算的利息加到贷款本金上，计算出贷款的本息和，要求企业在贷款期内分期偿还本息和的金额。由于贷款分期均衡偿还，借款企业实际上只平均使用了贷款本金的半数，却支付了全额利息。

如果企业的短期银行借款利息是按月支付的，或者短期银行借款的利息数额不大，根据会计的重要性原则，可以在实际支付或收到银行的计息通知时，直接计入财务费用；如果短期银行借款利息是按季支付的，或者是在借款到期时连同本金一起归还，并且利息金额较大，为了正确计算各期盈亏，应按照预提的方法按月预提，计入损益。

开篇案例解读

提示：新冠疫情对企业业绩造成了很大的冲击，在格力电器的销售收入中，销售空调获得的收入占了一半以上，并且收入来源主要是在国内市场，很大部分是线下销售获得的收入，而疫情对线下市场造成了冲击。因此，业务多元化发展成了格力企业发展的重要工作，而企业能够实现进一步的发展恰恰离不开高效的营运资金管理。请同学们自行查找格力电器2017—2021年度相关财务报表完整数据，结合本章学习的有关营运资金管理知识，回答开篇案例问题。

注意：对于企业而言，现金内控一定要做好，企业现金是最受欢迎的资产，在管理上最容易出现问题，财务人员要提升自身财务素养，洁身自好，莫起贪念，守住底线，提升自身职业道德素养；对于企业而言，应收账款是非常重要的一项流动资产，也是最令企业头痛的资产，要善于与相关企业进行合理沟通，采用合理合法的方式对其催收，注意企业与各法人之间的信用往来；对于企业而言，一定要管理好存货，做好存货保险储备，未雨绸缪，早做准备，要有忧患意识。

本章小结

1. 营运资金是指流动资产减去流动负债后的余额。企业持有营运资金数量越大，所受风险越小，但收益率也会越低；反之，持有营运资金数量越小，所受风险越大，但收益率也会越高。这就要求企业必须在风险和收益率之间进行权衡。企业的流动资产通常有流动性、短期性、并存性、继起性和波动性等特点；而流动负债则具有速度快、弹性大、成本低和筹资风险大等特点。

2. 对营运资金的管理主要包括对现金、应收账款和存货的管理以及对流动负债的管理。现金管理包括最佳现金持有量的确定和现金的日常管理。应收账款管理主要是制定包括信用标准、信用条件和收账政策三方面内容的信用政策及应收账款的日常管理。存货管理包括确定经济订货量和存货的日常管理。流动负债管理包括商业信用和短期银行借款管理。

概念题

1. 企业现金管理的目标和持有现金的动机是什么？
2. 如何确定最佳现金持有量？
3. 如何进行现金的日常管理？
4. 应收账款的功能和成本有哪些？
5. 如何确定应收账款的信用政策？
6. 什么是存货？存货的作用和成本有哪些？
7. 如何确定经济订货量？
8. 存货的日常管理的内容有哪些？
9. 商业信用包括哪些内容？
10. 短期银行借款包括哪些内容？

计算题

1. 某公司现金收支平衡，预计全年现金需要量为 250 000 元，现金与有价证券的转换成本为每次 500 元，有价证券年利率为 10%。请计算：
（1）有价证券转换次数。
（2）最佳现金持有量。
（3）最低现金管理相应总成本。
注：全年按 360 天计算。

2. 某公司预计耗用甲材料 6 000 千克，单位采购成本为 15 元 / 千克，单位储存成本 9 元 / 千克，平均每次进货费用 30 元，假设该材料不存在缺货情况。请计算：

（1）经济进货批量的订货成本、储存成本及经济订货次数。

（2）甲材料的经济进货批量。

（3）经济进货批量下的总成本。

问答题

结合本章内容，简述企业在进行营运资金管理过程中体现出怎样的经济伦理和法律意识。

应用题

应收账款的管理

一、案例资料

某公司近年来采取较宽松的信用政策，因而销售量有所增加，但坏账损失也随之上升。近 3 年损益状况见表 5-12。公司变动成本率为 65%，资金成本率（有价证券利息率）为 20%。公司收账政策不变，固定成本总额不变。

表 5-12 信用条件方案表　　　　　　　　　　　　　　　单位：万元

项目	第 1 年（$n/30$）	第 2 年（$n/60$）	第 3 年（$n/90$）
年赊销额	2 400	2 640	2 800
坏账损失	48	79.2	140
收账费用	24	40	56

二、思考与讨论的问题

（1）公司采用宽松的信用政策是否成功？

（2）如果第 3 年，为了加速应收账款的收回，决定将赊销条件改为"2/10，1/20，$n/60$"，估计约有 60% 的客户（按赊销额计算）会利用 2% 的折扣；15% 的客户会利用 1% 的折扣。坏账损失降为 2%，收账费用降为 30 万元。信用条件变化后收益情况会如何？

联想的"3+1"企业信用管理模式

一、案例资料

联想集团有限公司（简称联想）是"3+1"企业信用管理模式的受益企业之一。联想的信用管理机制是全员参与的信用管理，不同岗位各司其职，共同管理联想的信用。通过企业信用管理，联想培养了一批合作良好、非常重视联想信誉的客户，公司内部形成一套运行良好、适合联想业务特点的信用管理机制，应收账款周转率和坏账等信用管理指标呈现良性，提升了公司的竞争力。用联想创始人柳传志的话来说，联想的赊销和信用管理对联想的二次腾飞厥功至伟。可见，拥有一个科学的信用管理制度对在买方市场中竞争的企业来讲具有多么大的作用。

二、思考与讨论的问题

请分析：联想是否采用了商业信用筹资？为什么？

第四篇 投资篇

第六章 项目投资管理

第一节 项目投资概述

第二节 项目投资的现金流量分析

第三节 项目投资决策评价指标及其计算

第四节 项目投资决策评价指标的运用

第七章 证券投资管理

第一节 证券投资概述

第二节 股票投资

第三节 债券投资

第四节 基金投资

第八章 利润分配管理

第一节 利润分配概述

第二节 股利分配政策

第三节 股票分割与股票回购

第九章 财务预算

第一节 财务预算概述

第二节 财务预算的编制方法

第三节 现金预算与预计财务报表的编制

第十章 财务成本控制

第一节 财务控制概述

第二节 责任中心

第三节 内部转移价格

ITEM 6

第六章
项目投资管理

学习目标

本章主要介绍了项目投资的基本内容和分析框架。通过本章的学习，要求达到以下目标：
1. 了解项目投资的概念、特点。
2. 掌握现金流量的含义及现金流量的构成。
3. 掌握动态与静态决策评价指标的计算。
4. 掌握项目投资决策评价指标的运用。

开篇案例

甲上市公司发现一个投资机会，该投资项目主要生产一款网红产品M。甲公司进行了大量市场调研并开会讨论，认为M产品市场前景较好，具有可预见的持续盈利能力。该项目投资建设期为1年，营业期为5年，预计该项目需购置一项专用固定资产，购置成本为720万元，根据购销合同约定，购置成本分两年每年年初等额投入。公司财务部门估计该项投资相关的固定成本（不含折旧）为每年40万元，单位变动成本是每件140元。该项固定资产采用直线法进行折旧，折旧年限为5年，估计净残值为20万元。生产部门估计需要200万元的营运资金投资，在生产开始时一次投入。销售部门预测M产品在5年内能够保持单价300元/件不变，各年预计销售量如表6-1所示。

表6-1 M产品预计销售数据

时间	第1年	第2年	第3年	第4年	第5年
销售量（件）	5 000	5 000	4 000	4 000	4 000
单价（元）	300	300	300	300	300
销售收入（万元）	150	150	120	120	120

思考：假设不考虑所得税，该项目是否值得投资？如何判断？

如果有另一个投资方案B方案，对公司现有设备进行更新改造以提高产能，公司该如何做出选择？

> **导　言**
>
> 　　企业可以通过发行债券、股票，向银行借款，获取商业信用等多种方式筹集资金，充足的资金储备为企业投资提供了有力保障。企业选择何种投资方式及投资顺序对企业价值创造具有重大影响。如果无法合理配置有限的企业资金，则无法解决其与投资机会相对无限之间的矛盾，进而对企业价值创造产生不利影响。因此，投资管理是企业财务管理中最重要的决策之一，也是企业可持续发展的重要前提保障。

第一节　项目投资概述

一、项目投资的含义与特点

（一）项目投资的含义

项目是指具有明确目标的一系列复杂并相互关联的活动。公司尤其是实业公司为实现增长，进而实现财务管理目标，往往进行项目投资。项目投资是以特定项目为投资对象的长期投资行为，它直接与企业开发新产品、建造生产线等新建项目或更新改造项目有关。从性质上看，它是企业直接的生产性投资，通常包括固定资产投资、无形资产投资、开办费投资和流动资金投资等内容。

（二）项目投资的特点

与其他形式的投资相比，项目投资具有以下主要特点：

（1）投资金额大。项目投资直接与新建项目或更新改造项目有关，所以投资金额往往比较大，有的甚至是企业及其投资人多年的资金积累，在企业总资产中占有相当大的比重。因此，项目投资对企业未来的现金流量和财务状况都将产生深远的影响。

（2）投资期限长。项目投资是一种长期投资行为，故投资期及发挥作用的时间都比较长，对企业未来的生产经营活动和长期经营活动将产生重大影响。

（3）变现能力差。项目投资一般不准备在一年或一个营业周期内变现，而且即使在短期内变现，其变现能力也较差。因为，项目投资一旦完成，要想改变是相当困难的，不是无法实现，就是代价太大。

（4）投资风险高。项目投资未来收益受多种因素影响，同时其投资金额大、投资的期限长和变现能力差，因此其投资风险比其他投资高，对企业未来的命运产生决定性影响。

二、项目投资的类型

按照不同的分类标准，投资项目可划分为不同类型。

（一）按投资对象，经营性长期资产投资项目可分为五种类型

（1）新产品开发或现有产品的规模扩张项目。通常需要添置新的固定资产，并增加企业的营业现金流入。

（2）设备或厂房的更新项目。通常需要更换固定资产，但不改变企业的营业现金收入。

（3）研究与开发项目。通常不直接产生现实的收入，而是得到一项是否投产新产品的选择权。

（4）勘探项目。通常使企业得到一些有价值的信息。

（5）其他项目。包括劳动保护设施建设、购置污染控制装置等。这些决策不直接产生营业现金流入，而是使企业在履行社会责任方面的形象得到改善。它们有可能减少未来的现金流出。

这些投资项目的现金流量分布有不同的特征，分析的具体方法也有区别。最具一般意义的是第一种投资，即新添置固定资产的投资项目。

（二）按投资项目是否新建，企业投资项目可分为新建项目和更新改造项目

新建项目以新增生产能力为目的，按其涉及内容可进一步细分为单纯固定资产投资项目和完整工业投资项目。单纯固定资产投资项目简称固定资产投资，其特点为：在投资中只包括为取得固定资产而发生的垫支资本投入而不涉及周转资本的投入。完整工业投资项目则不仅包括固定资产投资，而且涉及流动资金投资，甚至包括其他长期资产项目（如无形资产）的投资。因此，不能将项目投资简单地等同于固定资产投资。

更新改造项目以恢复或改善生产能力为目的，按其涉及的内容也可进一步细分为更新项目和改造项目。

（三）按投资项目之间的相互关系，企业投资项目可分为独立项目和互斥项目

独立项目是相容性投资，各投资项目之间互不关联、互不影响，可以并存。独立投资项目决策考虑的是方案本身是否满足某种决策标准。

互斥项目是非相容性投资，各投资项目之间相互关联、相互替代，不能并存。因此，互斥投资项目决策考虑的是各方案之间的互斥性，需要从多个可行方案中选择最优方案。

三、项目计算期构成

项目计算期是指投资项目从投资建设开始到最终清理结束整个过程的全部时间，即该项目的有效持续期间。完整的项目计算期包括建设期和经营期。建设期是指项目从投资建设开始到完工投产所需要的时间。建设起点一般为第 1 年年初（记作第 0 年），建设期的最后一年年末称为投产日（记作第 s 年）。经营期是指从投产之日起到项目终结点持续的时间（记作 p）。项目终结点一般为项目计算期最后 1 年年末（记作第 n 年）。它们之间的数量关系见图 6-1。

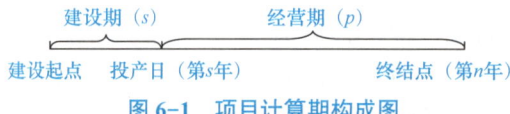

图 6-1 项目计算期构成图

公式表示为：

$$项目计算期（n）= 建设期（s）+ 经营期（p）$$

【例 6-1】某企业拟购进一台新的固定资产生产设备，该设备使用年限为 20 年。

要求：就以下两种不相关情况分别确定项目计算期。

（1）在建设起点投资并投产。

（2）建设期为一年。

解：

（1）项目计算期（n）=0+20=20（年）

（2）项目计算期（n）=1+20=21（年）

四、项目投资的内容及资金投入方式

（一）项目投资的内容

1. 建设投资

建设投资是指在建设期内按一定生产经营规模和建设内容进行的投资，具体包括固定资产投

资、无形资产投资和其他资产投资三项内容。

（1）固定资产投资，是指项目购置或安装固定资产应当发生的投资。固定资产原值与固定资产投资之间的关系如下：

$$固定资产原值 = 固定资产投资 + 建设期资本化借款利息$$

（2）无形资产投资，是指项目取得无形资产应当发生的投资。

（3）其他资产投资，是指建设投资中除固定资产投资和无形资产投资以外的投资，包括生产准备和开办费投资。

2. 原始总投资

原始总投资又称初始投资额，是企业为使项目完全达到设计生产能力、正常开展生产经营而投入的全部现实资金，包括建设投资和流动资金投资。流动资金投资，是指项目投产前后分次或一次投放于流动资产项目的投资增加额，又称垫支流动资金或营运资金投资。

3. 项目总投资

项目总投资是反映项目投资总体规模的价值指标，它等于项目原始总投资与建设期资本化利息之和。其中，建设期资本化利息是指在项目建设期发生的购建项目所需的固定资产等长期资产的借款利息。

【例6-2】某企业拟新建一条生产线，需在建设起点一次发生固定资产投资200万元，无形资产投资100万元，流动资金投资50万元。其中，固定资产和无形资产投资所需资金均来源于银行借款，建设期资本化利息为20万元。预计项目建设期为1年。

要求：计算该企业项目投资有关指标。

解：

（1）固定资产原值 =200+20=220（万元）
（2）建设投资额 =200+100=300（万元）
（3）原始总投资 =300+50=350（万元）
（4）项目总投资 =350+20=370（万元）

（二）项目投资的资金投入方式

项目投资的资金投入方式可分为集中性一次投入和分散性分次投入两种。如果企业的资金在建设期内的某个时点一次投入，而不涉及两个或两个以上的时点，这种方式就属于集中性一次投入方式；反之，就属于分散性分次投入方式。

五、项目投资的程序

项目投资的程序主要包括以下步骤：

（1）提出投资领域和投资对象。这需要在把握良好投资机会的情况下，根据企业的长远发展战略、中长期投资计划和投资环境的变化来确定。

（2）评价投资方案的财务可行性。在分析和评价特定投资方案经济、技术可行性的基础上，需要进一步评价其是否具备财务可行性。

（3）投资方案比较与选择。在财务可行性评价的基础上，对可供选择的多个投资方案进行比较和选择。

（4）投资方案的执行。即投资行为的具体实施。

（5）投资方案的再评价。在投资方案的执行过程中，应注意原来做出的投资决策是否合理、是否正确。一旦出现新的情况，就要随时根据变化的情况做出新评价和调整。

六、项目投资的财务可行性评价

可行性是指一项事务可以做到的、现实行得通的、有成功把握的可能性。

广义的可行性研究是指在现代环境中,组织一个长期投资项目之前,必须进行的有关该项目投资必要性的全面考察与系统分析,以及有关该项目未来在技术、财务乃至国际经济等方面能否实现其投资目标的综合论证与科学评价。它是有关决策人(包括宏观投资管理当局与投资当事人)做出正确可靠投资决策的前提与保证。狭义的可行性研究专指在实施广义可行性研究过程中,与编制相关研究报告相联系的有关工作。

财务可行性评价,是指在已完成相关环境与市场分析、技术与生产分析的前提下,围绕已具备技术可行性的建设项目而开展的,有关该项目在财务方面是否具有投资可行性的一种专门分析评价。在财务管理中对企业项目投资可行性的分析,主要是根据运用项目评价指标及项目决策方法得出的结论,对项目进行财务可行性分析,从而帮助企业做出正确的项目投资取舍。

第二节　项目投资的现金流量分析

一、现金流量的含义及作用

(一)现金流量的含义

在项目投资决策中,现金流量是该项目投资所引起的现金流入量和现金流出量的统称,它可以动态反映该投资项目的投入和产出的相对关系。现金流入量是指能够使投资方案的现实货币资金增加的项目;现金流出量是指能够使投资方案的现实货币资金减少或需要动用现金的项目。这里的"现金"是指广义的现金概念,包括货币资金和非货币资金的变现价值。现金流量是评价投资方案是否可行时必须事先计算的一个基础性指标。

(二)现金流量的作用

(1)现金流量对整个项目投资期间的现实货币资金收支情况进行了全面揭示,序时动态地反映项目投资的流向与回收之间的投入产出关系,使决策得以完整、准确,可全面地评价投资项目的经济效益。

(2)采用现金流量的考核方法有利于科学地考虑资金的时间价值因素。由于项目投资的时间较长,资金时间价值的作用不容忽视。采用现金流量的考核方法确定每次支出款项和收入款项的具体时间,将使评价投资项目财务可行性时考虑资金时间价值成为可能。

(3)采用现金流量作为评价项目投资经济效益的指标,可以摆脱在贯彻财务会计的权责发生制时必然面临的困境,即不同的投资项目可能采取不同的固定资产折旧方法、存货估价方法或费用摊配方法,从而导致不同方案的利润相关性差、可比性差的问题。

(4)采用现金流量信息,排除了非现金收付内部周转的资本运动形式,从而简化了有关投资决策评价指标的计算过程。

二、现金流量的构成

项目投资决策中的现金流量,一般由以下三个部分构成:

(一)初始现金流量

初始现金流量是指项目开始投资时发生的现金流量,一般包括以下几个部分:

(1)固定资产投资。固定资产投资包括固定资产的购入或建造成本、运输成本和安装成本等。

(2)流动资产投资。流动资产投资包括对材料、在产品、产成品和现金等流动资产的投资。

（3）其他投资费用。其他投资费用指与长期投资有关的职工培训费、谈判费、注册费用等。

（4）原有固定资产的变价收入。主要是指固定资产更新时原有固定资产的变卖所得的现金收入。

以上四项内容中前三项为现金流出量，最后一项为现金流入量。

（二）营业现金流量

营业现金流量是指投资项目投入使用后，在其寿命周期内由生产经营所带来的现金流入和流出的数量，这种现金流量一般按年度进行计算。这里的现金流入一般是指营业现金收入，现金流出是指营业现金支出和缴纳的税金。

（三）终结现金流量

终结现金流量是指投资项目完结时所发生的现金流量，一般包括以下几个部分：

（1）固定资产的残值收入或变价收入。

（2）原来垫支在各种流动资产上的资金的收回。

（3）停止使用的土地变价收入等。

三、现金流量的内容

不同类型的投资项目，其现金流量的具体内容存在差异。

1. 单纯固定资产投资项目的现金流量

单纯固定资产投资项目是指只涉及固定资产投资而不涉及无形资产投资、其他资产投资和流动资金投资的建设项目。它以新增生产能力，提高生产效率为目的。

（1）现金流入量。单纯固定资产投资项目的现金流入量包括增加的营业收入和回收固定资产余值等内容。

（2）现金流出量。单纯固定资产投资项目的现金流出量包括固定资产投资、新增经营成本和增加的各项税款等内容。

2. 完整工业投资项目的现金流量

完整工业投资项目简称新建项目，是以新增工业生产能力为主的投资项目，其投资内容不仅包括固定资产投资，而且包括流动资金投资的建设项目。

（1）现金流入量。完整工业投资项目的现金流入量包括营业收入、补贴收入、回收固定资产余值和回收流动资金等内容。

（2）现金流出量。完整工业投资项目的现金流出量包括建设投资、流动资金投资、经营成本、营业税金及附加、维持运营投资和调整所得税等内容。

3. 固定资产更新改造投资项目的现金流量

固定资产更新改造投资项目可分为以恢复固定资产生产效率为目的的更新项目和以改善企业经营条件为目的的改造项目两种类型。

（1）现金流入量。固定资产更新改造投资项目的现金流入量包括因使用新固定资产而增加的营业收入、处置旧固定资产的变现净收入和新旧固定资产回收余值的差额等内容。

（2）现金流出量。固定资产更新改造投资项目的现金流出量包括购置新固定资产的投资、因使用新固定资产而增加的经营成本、因使用新固定资产而增加的流动资金投资和增加的各项税款等内容。其中，因提前报废旧固定资产所发生的清理净损失抵减当期所得税税额用负值表示。

四、投资项目现金流量的计算

由于项目投资的投入、回收及收益的形成均以现金流量的形式表现，因此，在整个项目计算期的各个阶段，都有可能发生现金流量。必须逐年估算每一时点上的现金流入量和现金流出量。

【例6-3】某企业完整工业投资项目的流动资金投资为100万元，终结点固定资产余值为20万元。据此可估算出终结点的回收额为100+20=120（万元）。

五、现金净流量的确定

（一）现金净流量（NCF_t）的含义

现金净流量又称净现金流量，是指在项目计算期内由每年现金流入量与同年现金流出量之间的差额所形成的序列指标，它是计算项目投资决策评价指标的重要依据。

（二）计算公式

某年现金净流量（NCF_t）= 该年现金流入量 − 该年现金流出量

显然，现金净流量具有以下两个特征：第一，无论是在经营期内还是在建设期内都存在现金净流量；第二，由于项目计算期不同阶段的现金流入和现金流出发生的可能性不同，各阶段的现金净流量在数值上表现出不同的特点，如建设期内的现金净流量一般小于或等于零，经营期内的现金净流量则多为正值。

（三）现金净流量的计算

1. 新建项目的现金净流量

建设期：NCF_t = − 原始总投资；

经营期：NCF_t = 该年息税前利润 ×（1 − 所得税税率）+ 该年折旧 + 该年摊销 − 该年维持运营投资；

终结点：NCF_t = 该年息税前利润 ×（1 − 所得税税率）+ 该年折旧 + 该年摊销 + 该年回收额 − 该年维持运营投资。

【例6-4】某项目投资总额为2 000 000元，其中固定资产投资1 400 000元，建设期为2年，于建设起点分2年平均投入，残值为100 000元；无形资产投资400 000元，于建设起点投入，无形资产于投产日开始分5年平均摊销；流动资金投资200 000元，流动资金在项目终结时可一次全部收回。另外，预计项目投产后，前5年每年可获得600 000元的营业收入，并发生480 000元的总成本；后5年每年可获得800 000元的营业收入，发生350 000元的变动成本和150 000元的付现固定成本。适用的企业所得税税率为25%。

要求：计算该项目投资在项目计算期内各年的所得税后现金净流量。

解：

（1）建设期现金净流量。

NCF_0 = − 700 000 − 400 000 = − 1 100 000（元）

NCF_1 = − 700 000（元）

NCF_2 = − 200 000 = − 200 000（元）

（2）经营期现金净流量。

固定资产年折旧额 = $\dfrac{1\,400\,000 - 100\,000}{10}$ = 130 000（元）

无形资产年摊销额 = $\dfrac{400\,000}{5}$ = 80 000（元）

$NCF_{3\sim 7}$ =（600 000 − 480 000）×（1 − 25%）+ 130 000 + 80 000 = 300 000（元）

$NCF_{8\sim 11}$ =（800 000 − 350 000 − 150 000）×（1 − 25%）+ 130 000 = 355 000（元）

（3）经营期终结点现金净流量。

NCF_{12} = 355 000 + 100 000 + 200 000 = 655 000（元）

2. 更新改造项目的现金净流量

（1）建设期。

建设起点现金净流量 = -（该年发生的新固定资产投资 - 旧固定资产变价净收入）

建设期末的现金净流量 = 因旧固定资产提前报废发生净损失而抵减的所得税税额 = 旧固定资产清理净损失 × 适用的企业所得税税率

（2）经营期。

如果建设期为零，则运营期所得税后现金净流量为：

运营期第一年所得税后现金净流量 = 该年因更新改造而增加的息税前利润 ×（1- 所得税税率）+ 该年因更新改造而增加的折旧 + 因旧固定资产提前报废发生净损失而抵减的所得税税额

运营期其他各年所得税后现金净流量 = 该年因更新改造而增加的息税前利润 ×（1- 所得税税率）+ 该年因更新改造而增加的折旧

（3）终结点。

终结点所得税后现金净流量 = 该年因更新改造而增加的息税前利润 ×（1- 所得税税率）+ 该年因更新改造而增加的折旧

【例 6-5】大正公司打算变卖一台尚可使用 5 年的旧设备，该设备原购置成本为 400 000 元，使用 5 年，已提折旧 200 000 元，假定期满后无残值，如果现在变卖可得价款 200 000 元，使用该设备每年可获收入 500 000 元，每年的付现成本为 300 000 元。该公司现准备用一台新设备来代替原有的旧设备，新设备的购置成本为 600 000 元，估计可使用 5 年，期满有残值 100 000 元，使用新设备后，每年收入可达 800 000 元，每年付现成本为 400 000 元。假设该公司的资金成本为 10%，所得税税率为 25%，新、旧设备均用直线法计提折旧。

要求：计算该公司新旧设备 1~5 年的差量现金净流量（ΔNCF_t）。

解：计算以下相关指标：

（1）更新设备比继续使用旧设备增加的投资额 = 新设备的投资 - 旧设备的变价净收入 = 600 000 - 200 000 = 400 000（元）

（2）经营期第 1~5 年每年因更新改造而增加的折旧 = $\frac{600\,000 - 100\,000}{5} - \frac{200\,000}{5}$ = 100 000 - 40 000 = 60 000（元）

（3）各年的差量现金净流量为：

ΔNCF_0 = -(600 000 - 200 000) = -400 000（元）

ΔNCF_{1-4} = [(800 000 - 500 000) - (400 000 - 300 000) - 60 000] × (1-25%) + 60 000 = 165 000（元）

ΔNCF_5 = [(800 000 - 500 000) - (400 000 - 300 000) - 60 000] × (1-25%) + 60 000 + 100 000
    = 265 000（元）

第三节　项目投资决策评价指标及其计算

一、投资决策评价指标及其类型

投资决策评价指标，是指用于衡量和比较投资项目可行性，以便据以进行方案决策的定量化标准与尺度。从财务评价的角度，投资决策评价指标包括静态投资回收期、投资收益率、净现值、净现值率、获利指数、内部收益率。

评价指标可以按以下标准进行分类：

（1）按照是否考虑资金价值，可分为静态评价指标和动态评价指标。前者是指在计算过程中不考虑资金时间价值因素的指标，包括投资收益率和静态投资回收期；后者是指在指标计算过程中充分考虑和利用资金时间价值的指标，包括净现值、净现值率、获利指数和内部收益率。

（2）按指标性质，可分为在一定范围内越大越好的正指标和越小越好的反指标两大类。只有静态投资回收期属于反指标。

（3）按指标在决策中的重要性，可分为主要指标、次要指标和辅助指标。净现值、内部收益率等为主要指标；静态投资回收期为次要指标；投资收益率为辅助指标。

二、静态评价指标

（一）静态投资回收期

1. 静态投资回收期的含义

静态投资回收期简称回收期，是指以投资项目经营现金净流量抵偿原始总投资所需要的全部时间。它有"包括建设期的投资回收期"（记作 PP）和"不包括建设期的投资回收期"（记作 PP'）两种形式。静态投资回收期一般以年为单位，是一种使用较广的投资决策指标。

2. 静态投资回收期的计算

投资回收期的计算，依每年的营业现金净流量是否相等而有所不同。

（1）每年的营业现金净流量（NCF）相等。投产后一定期间内每年经营现金净流量相等，且其合计大于或等于原始投资额，可按以下公式计算出不包括建设期的投资回收期：

$$\text{不包括建设期的回收期}（PP'）= \frac{\text{原始投资额合计}}{\text{每年相等的净现金流量}}$$

$$\text{包括建设期的回收期}（PP）= \text{不包括建设期的回收期}（PP'）+ \text{建设期}（S）$$

（2）每年的营业现金净流量（NCF）不相等。此时，需计算逐年累计的现金净流量，然后用插值法计算出投资回收期。

【例 6-6】某企业有甲、乙两种投资方案，投资总额均为 10 万元，全部用于购置新的设备，折旧采用直线法，使用期均为 5 年，无残值，其他有关资料如表 6-2 所示。

表 6-2　甲、乙投资方案现金流量表　　　　　　　　　　　　　　单位：元

项目计算期	甲方案		乙方案	
	净利润	现金净流量（NCF）	净利润	现金净流量（NCF）
第 0 年		-100 000		-100 000
第 1 年	15 000	35 000	10 000	30 000
第 2 年	15 000	35 000	14 000	34 000
第 3 年	15 000	35 000	18 000	38 000
第 4 年	15 000	35 000	22 000	42 000
第 5 年	15 000	35 000	26 000	46 000
合计	75 000	75 000	90 000	90 000

要求：分别计算甲、乙两种方案的静态投资回收期。

解：

（1）甲方案的静态投资回收期 = $\dfrac{100\,000}{35\,000}$ = 2.86（年）

（2）乙方案的静态投资回收期见表6-3。

表6-3 乙方案静态投资回收期计算表　　　　　　　　　　　　单位：元

项目计算期	乙方案	
	现金净流量（NCF）	累计现金净流量
第1年	30 000	30 000
第2年	34 000	64 000
第3年	38 000	102 000
第4年	42 000	144 000
第5年	46 000	190 000

从表6-3可得出，乙方案的投资回收期在第2年与第3年之间，用插值法可计算出：

```
2                      n           3
64 000            100 000      102 000
```

$$乙方案投资回收期 = 2 + \dfrac{100\,000 - 64\,000}{102\,000 - 64\,000} = 2.95（年）$$

3．静态投资回收期的决策标准

投资回收期是反指标，其数值越小越好。其决策标准是：在只有一个备选方案的投资决策中，如果计算的投资回收期小于或等于基准投资回收期，则方案具有财务可行性，否则就不可行；如果有多个方案，则投资回收期最短的为最优方案。

【例6-6】假定该企业设定的基准投资回收期为3年，从上述计算结果可以看出，甲方案投资回收期为2.86年，乙方案投资回收期为2.95年，均低于基准投资回收期，故甲、乙两种方案都具备财务可行性，但甲方案的投资回收期较短，故甲方案为最优方案。

4．静态投资回收期的特点

投资回收期指标的优点是能够直观地反映原始投资额的返本期限，概念容易理解，计算也比较简单；缺点是没有考虑资金的时间价值，没有考虑回收期满后的现金流量状况，因此该类指标一般只适用于方案的初选，或者投资后各项目间经济效益的比较。

【例6-7】有两种方案的预计现金流量见表6-4，试计算回收期，比较优劣。

表6-4 预计现金流量表　　　　　　　　　　　　　　　　　　　单位：元

项目	第0年	第1年	第2年	第3年	第4年
A方案现金流量	−10 000	4 000	6 000	4 000	4 000
B方案现金流量	−10 000	4 000	6 000	6 000	6 000

从表6-4中可以看出，两种方案的回收期相同，都是2年，如果用回收期进行评价，两者结果相同，但实际上B方案明显优于A方案，因为B方案回收期满后的各年现金净流量均大大高于A方案。

（二）投资收益率

1. 投资收益率的含义

投资收益率又称投资报酬率（记作 ROI），是指达产期正常年份的年息税前利润或运营期年均息税前利润占项目总投资的百分比。

2. 投资收益率的计算公式

$$投资收益率（ROI）= \frac{年息税前利润或年均息税前利润}{项目总投资} \times 100\%$$

【例 6-8】有关资料见【例 6-6】。

要求：计算甲、乙两种方案的投资收益率。

解：

$$甲方案的投资收益率 = \frac{15\,000}{100\,000} \times 100\% = 15\%$$

$$乙方案的投资收益率 = \frac{90\,000 \div 5}{100\,000} \times 100\% = 18\%$$

3. 投资收益率指标的决策标准

投资收益率是正指标，其数值越大越好。其决策标准是：在只有一个备选方案的投资决策中，如果计算的投资收益率高于基准投资收益率，则方案具有财务可行性，否则就不可行；如果有多个互斥方案，则投资收益率最高的方案为最优方案。

承【例 6-8】，假定该企业设定的基准投资收益率为 14%，从上述计算结果可以看出，甲方案的投资收益率为 15%，乙方案的投资收益率为 18%，均高于基准投资收益率，故甲、乙两种方案都具有财务可行性，但乙方案的投资收益率高于甲方案的投资收益率，所以乙方案为最优方案。

4. 投资收益率指标的特点

投资收益率指标的优点是计算公式简单；缺点是没有考虑资金时间价值因素，不能正确反映建设期长短及投资方式不同和回收额的有无对项目的影响，分子、分母计算口径的可比性较差，无法直接利用现金净流量信息。

三、动态评价指标

（一）净现值

1. 净现值的含义

净现值（NPV）是指在项目计算期内，按一定贴现率计算的各年现金净流量现值的代数和。所用的贴现率可以是企业的资金成本，也可以是企业所要求的最低报酬率水平。

2. 净现值的计算公式

$$NPV = \sum_{t=0}^{n} NCF_t \times (P/F, i, t)$$

式中，n——项目计算期（包括建设期与经营期）；

NCF_t——第 t 年的现金净流量；

$(P/F, i, t)$——第 t 年、贴现率为 i 的复利现值系数。

（1）经营期内各年现金净流量相等，建设期为零。

净现值的计算公式为：

净现值 = 经营期每年相等的现金净流量 × 普通年金现值系数 - 投资额现值

【例 6-9】 大正公司购入设备一台，价值为 40 000 元，按直线法计提折旧，使用寿命 8 年，期末无残值。预计投产后每年可获得净利润 8 000 元，假定贴现率为 12%。

要求：计算该项目的净现值。

解：

$$NCF_0 = -40\ 000\ (元)$$

$$NCF_{1\sim6} = 8\ 000 + \frac{40\ 000}{8} = 13\ 000\ (元)$$

$$NPV = 13\ 000 \times (P/A, 12\%, 6) - 40\ 000 = 13\ 000 \times 4.111\ 4 - 40\ 000 = 13\ 448.2\ (元)$$

（2）经营期内各年现金净流量不相等。

净现值的计算公式为：

净现值 =（经营期各年的现金净流量 × 各年的复利现值系数）- 投资额现值

【例 6-10】 假定【例 6-9】中，投产后每年可获得利润分别为 4 000 元、4 000 元、5 000 元、6 000 元、7 000 元、8 000 元，其他资料不变。

要求：计算该项目的净现值。

解：

$$NCF_0 = -40\ 000\ (元)$$

$$年折旧额 = \frac{40\ 000}{8} = 5\ 000\ (元)$$

$$NCF_1 = 4\ 000 + 5\ 000 = 9\ 000\ (元)$$

$$NCF_2 = 4\ 000 + 5\ 000 = 9\ 000\ (元)$$

$$NCF_3 = 5\ 000 + 5\ 000 = 10\ 000\ (元)$$

$$NCF_4 = 6\ 000 + 5\ 000 = 11\ 000\ (元)$$

$$NCF_5 = 7\ 000 + 5\ 000 = 12\ 000\ (元)$$

$$NCF_6 = 8\ 000 + 5\ 000 = 13\ 000\ (元)$$

$NPV = 9\ 000 \times (P/F, 12\%, 1) + 9\ 000 \times (P/F, 12\%, 2) + 10\ 000 \times (P/F, 12\%, 3) + 11\ 000 \times (P/F, 12\%, 4) + 12\ 000 \times (P/F, 12\%, 5) + 13\ 000 \times (P/F, 12\%, 6) - 40\ 000$

$= 9\ 000 \times 0.892\ 9 + 9\ 000 \times 0.797\ 2 + 10\ 000 \times 0.711\ 8 + 11\ 000 \times 0.635\ 5 + 12\ 000 \times 0.567\ 4 + 13\ 000 \times 0.506\ 6 - 40\ 000$

$= 2\ 714\ (元)$

3. 净现值指标的决策标准

净现值是正指标，其数值越大越好。如果投资方案的净现值大于或等于零，该方案为可行方案；如果投资方案的净现值小于零，该方案为不可行方案；如果几个方案的投资额相同，项目计算期相等且净现值均大于零，那么净现值最大的方案为最优方案。所以，净现值大于或等于零是项目可行的必要条件。

4. 净现值指标的特点

净现值是一个绝对值正指标，其优点在于：一是综合考虑了资金时间价值，较合理地反映了投资项目的真正经济价值；二是考虑了项目计算期的全部现金净流量，体现了流动性与收益性的统一；三是考虑了投资风险性，因为贴现率的大小与风险大小有关，风险越大，贴现率就越高。但是该指标的缺点也是明显的，即无法直接反映投资项目的实际投资收益率水平；当各项目投资额不同时，难以确定最优的投资项目。

（二）净现值率

1. 净现值率的含义

净现值率（NPVR），是指投资项目的净现值占原始投资现值总和的比率，亦可将其理解为单位原始投资的现值所创造的净现值。

2. 净现值率的计算公式

$$净现值率（NPVR）= \frac{项目的净现值}{原始投资的现值合计}$$

【例6-11】有关资料见【例6-9】。

要求：计算该项目的净现值率（保留四位小数）。

解：

$$净现值率 = \frac{13\,448.2}{40\,000} = 0.336\,2$$

3. 净现值率指标的评价

净现值率指标属正指标，其数值越大越好。只有净现值率指标大于或等于零的投资项目才具有财务可行性。

4. 净现值率指标的特点

净现值率指标的优点是考虑了资金的时间价值，可以从动态的角度反映项目的资金投入与净产出之间的关系。缺点是这一指标同样无法直接揭示各个投资方案本身可能达到的实际报酬率是多少，且计算通常建立在净现值指标的计算基础上。

（三）获利指数

1. 获利指数的含义

获利指数（PI），是指投产后按基准收益率或设定折现率折算的各年净现金流量的现值合计与原始投资的现值合计之比。

2. 获利指数的计算

$$获利指数（PI）= \frac{投产后各年净现金流量的现值合计}{原始投资的现值合计}$$

$$= 1 + 净现值率$$

【例6-12】仍依据【例6-9】中的净现金流量资料。

要求：（1）计算该方案的获利指数（结果保留四位小数）；

（2）验证获利指数与净现值率之间的关系。

解：

（1）PI的计算：

$$PI = \frac{13\,000 \times (P/A, 12\%, 6)}{40\,000} = 1.336\,2$$

（2）PI与NPVR关系的验证：

$$NPVR = \frac{13\,448.2}{40\,000} = 0.336\,2$$

$$PI = 1 + 0.336\,2 = 1.336\,2$$

3. 获利指数指标的决策标准

获利指数指标属正指标，数值越大越好。其决策标准是：在只有一个备选方案的投资决策中，获利指数大于或等于1，则方案具有财务可行性，否则就不可行。在有多个方案的互斥投资决策中，获利指数超过1最多的投资方案为最优方案。

4. 获利指数指标的特点

获利指数的优点是考虑了资金的时间价值，能够真实地反映投资项目的盈亏程度，有利于在初始投资额不同的投资方案之间进行对比；缺点是这一指标也无法直接反映投资项目的实际收益率，而且其概念不便于理解。

（四）内部收益率

1. 内部收益率的含义

内部收益率（IRR），是指项目投资实际可望达到的收益率，即能使投资项目的净现值等于零时的折现率，又叫内含报酬率或内部报酬率。

2. 内部收益率的计算

根据内部收益率指标的含义，IRR 应满足下式：

$$\sum_{t=0}^{n}[NCF_t \cdot (P/F, IRR, t)] = 0$$

可以通过特殊方法和一般方法来计算内部收益率指标。

（1）内部收益率指标计算的特殊方法。

该方法是指当项目投产后的现金净流量表现为普通年金的形式时，可以直接利用年金现值系数计算内部收益率，又称为简便算法。

该方法所要求的充分且必要的条件是：经营期内各年现金净流量相等，且全部投资于建设起点一次投入，建设期为零。

$$经营期每年相等的现金净流量（NCF） \times 年金现值系数(P/A, IRR, t) - 原始总投资 = 0$$

内部收益率的具体计算程序如下：

① 计算普通年金现值系数 $(P/A, IRR, t)$。

$$(P/A, IRR, t) = \frac{原始总投资}{经营期每年相等的现金净流量}$$

② 根据计算出来的年金现值系数与已知的年限 n，查普通年金现值系数表，确定内部收益率的范围。

③ 运用插值法求出内部收益率。

【例 6-13】仍依据【例 6-9】中的净现金流量资料。

要求：计算该项目的内部收益率。

解：

$$(P/A, IRR, 6) = \frac{40\,000}{13\,000} = 3.076\,9$$

查表可知：

20%	IRR	24%
3.325 5	3.076 9	3.020 5

$$IRR = 20\% + \frac{3.325\,5 - 3.076\,9}{3.325\,5 - 3.020\,5} \times (24\% - 20\%) = 23.26\%$$

（2）内部收益率指标计算的一般方法。

若投资项目在经营期内各年现金净流量不相等，或建设期不为零，投资额是在建设期内分次投入，无法应用上述的简便方法，必须按定义采用逐次测试的方法，计算能使净现值等于零的贴现率，即内含报酬率。其计算步骤如下：

第一步：先估计一个贴现率，用它来计算净现值。如果净现值为正数，说明方案的实际内部收益率大于预计的贴现率，应提高贴现率进一步测试；如果净现值为负数，说明方案本身的报酬率小于估计的贴现率，应降低贴现率再进行测算。如此反复测试，寻找出使净现值由正到负或由负到正且接近零的两个贴现率。

第二步：根据上述相邻的两个贴现率用插值法求出该方案的内部收益率。由于逐步测试法是一种近似方法，因此相邻的两个贴现率不能相差太大，否则误差会很大。

3. 内部收益率指标的决策标准

内部收益率指标属正指标，数值越大越好。其决策标准是：在只有一个备选方案的投资决策中，如果计算的内部收益率大于或等于基准折现率或资金成本，则方案具有财务可行性，否则就不可行；在有多个备选方案的互斥投资决策中，内部收益率超过基准折现率或资金成本最多的方案为最优方案。

4. 内部收益率指标的特点

内部收益率指标的优点是考虑了资金的时间价值，反映了投资项目的真实报酬率，又不受基准折现率高低的影响，比较客观。缺点是计算过程比较复杂，尤其当经营期大量追加投资时，有可能导致多个内部收益率出现，或偏高或偏低，缺乏实际意义。

第四节　项目投资决策评价指标的运用

利用投资决策评价指标可以对不同项目投资方案进行对比与选优，为项目投资方案提供决策的定量依据。但投资方案对比与选优的方法会因项目投资方案的不同而有区别。

一、独立方案财务可行性评价及投资决策

独立方案是指方案之间存在着相互依赖的关系，但又不能相互取代的方案。在只有一个投资项目可供选择的条件下，只需评价其财务上是否可行。

常用的评价指标有净现值、净现值率、获利指数和内部收益率，如果评价指标同时满足以下条件：$NPV \geqslant 0$，$NPVR \geqslant 0$，$PI \geqslant 1$，$IRR \geqslant i_c$，则项目具有财务可行性；反之，则不具备财务可行性。静态投资回收期与投资利润率可作为辅助指标评价投资项目，但需注意，当辅助指标与主要指标（净现值等）的评价结论发生矛盾时，应当以主要指标的结论为准。利用动态指标对同一投资项目进行评价和决策，会得出完全相同的结论。

【例 6-14】某固定资产投资项目只有一个方案，其原始投资为 200 万元，项目计算期为 8 年（其中生产经营期为 6 年），基准投资收益率为 6.5%，行业基准折现率为 10%。有关投资决策评价指标如下：$ROI=8\%$，$PP=4$ 年，$PP'=2.5$ 年，$NPV=138.57$ 万元，$NPVR=13.24\%$，$PI=1.132\,4$，$IRR=12.73\%$。

要求：评价该项目的财务可行性。

解：

∵ $ROI=8\% > i=6.5\%$，$PP'=2.5$ 年 $< \frac{6}{2}=3$ 年，$NPV=138.57$ 万元 > 0，$NPVR=13.24\% > 0$，$PI=1.1324 > 1$，$IRR=12.73\% > i_c=10\%$。

∴该方案完全具备财务可行性。

二、多个互斥方案的对比与选优

项目投资决策中的互斥方案（相互排斥方案）是指在决策时涉及的多个相互排斥、不能同时实施的投资方案。互斥方案决策过程就是在每一个入选方案已具备项目可行性的前提下，利用具体决策方法比较各个方案的优劣，利用评价指标从各个备选方案中最终选出一个最优方案的过程。

由于各个备选方案的投资额、项目计算期不一致，因而要根据各个方案的使用期、投资额相等与否，采用不同的方法做出选择。

1. 互斥方案的原始投资额、项目计算期均相等

此时可采用净现值法或内部收益率法。所谓净现值法，是指通过比较互斥方案的净现值指标的大小来选择最优方案的方法。所谓内部收益率法，是指通过比较互斥方案的内部收益率指标的大小来选择最优方案的方法。净现值或内部收益率最大的方案为优。

【例6-15】江海公司现有资金1 000万元可用于固定资产项目投资，有A、B、C三个互相排斥的备选方案可供选择，这三个方案投资总额均为1 000万元，项目计算期都为10年，贴现率为10%，现经计算：

$$NPV_A = -5.1263（万元） \quad IRR_A = 9.2\%$$
$$NPV_B = 16.2894（万元） \quad IRR_B = 13\%$$
$$NPV_C = 7.6892（万元） \quad IRR_C = 11.98\%$$

要求：决策哪一个投资方案最优。

解：因为A方案净现值为 -5.1263 万元，小于零，内部收益率为9.2%，小于贴现率，不符合财务可行的必要条件，应舍去。

因为B、C两个备选方案的净现值均大于零，且内部收益率均大于贴现率，所以B、C方案均符合财务可行的必要条件。且 $NPV_B > NPV_C$ 即 16.289 4万元 $>$ 7.689 2万元，$IRR_B > IRR_C$ 即 13% $>$ 11.98%，所以B方案最优，C方案其次，应采用B方案。

2. 互斥方案的投资额不相等，但项目计算期相等

（1）净现值率法。是指通过比较所有已具备财务可行性投资方案的净现值率指标的大小来选择最优方案的方法。在此方法下，净现值率最大的方案为优。

在投资额相同的互斥方案比较决策中，采用净现值率法会与净现值法得到完全相同的结论；但投资额不相同时，情况就不同了。

【例6-16】甲项目与乙项目为互斥方案，它们的项目计算期相同。甲项目原始投资的现值为200万元，净现值为36.40万元；乙项目原始投资的现值为120万元，净现值为28.7万元。

要求：（1）分别计算两个项目的净现值率指标；

（2）请分别运用净现值法和净现值率法在甲项目和乙项目之间做出比较决策，并指出哪种方法更为合理。

解：

（1）计算净现值率：

$$NPVR_{甲} = \frac{36.40}{200} \approx 0.182$$

$$NPVR_{乙} = \frac{28.7}{120} \approx 0.239$$

（2）在净现值法下：

∵ 36.40 万元 ＞ 28.7 万元。

∴ 甲项目优于乙项目。

在净现值率法下：

∵ 0.239 ＞ 0.182。

∴ 乙项目优于甲项目。

两个项目的原始投资额不相同，导致两种方法的决策结论相互矛盾，似乎无法据此做出相应的比较决策。但前者再投资报酬率的基点是相对合理的资金成本，而后者再投资报酬率是基于一个相对较高的内含报酬（高于净现值法的资金成本）。考虑到两者在再投资报酬假设上的区别，净现值法将更具合理性。

（2）差额内部收益率法。所谓差额内部收益率法，是指在两个投资总额不同方案的差量现金净流量（记作 ΔNCF）的基础上，计算出差额内部收益率（记作 ΔIRR），并根据行业基准折现率进行比较，进而判断方案孰优孰劣的方法。

在此方法下，一般以投资额大的方案减投资额小的方案，当 $\Delta IRR \geq i_c$ 时，投资额大的方案较优；反之，则投资额小的方案为优。

差额内含报酬率 ΔIRR 的计算过程和计算技巧同内含报酬率 IRR 的计算完全一样，只是所依据的是 ΔNCF。

【例 6-17】甲项目原始投资的现值为 200 万元，第 1~10 年每年的现金净流量为 32.46 万元；乙项目的原始投资的现值为 120 万元，第 1~10 年每年的现金净流量为 22.56 万元。行业基准折现率为 10%。

要求：（1）计算差量现金净流量 ΔNCF；

（2）计算差额内部收益率 ΔIRR；

（3）用差额投资内部收益率法做出比较投资决策。

解：

（1）差量现金净流量为：

$\Delta NCF_0 = -200 - (-120) = -80$（万元）

$\Delta NCF_{1\sim10} = 32.46 - 22.56 = 9.9$（万元）

（2）差额内部收益率 ΔIRR 为：

$$(P/A, \Delta IRR, 10) = \frac{80}{9.9} \approx 8.0808$$

∵ $(P/A, 5\%, 10) = 7.722 ＜ 8.0808$，

$(P/A, 4\%, 10) = 8.111 ＞ 8.0808$。

∴ $4\% ＜ \Delta IRR ＜ 5\%$，应用插值法，得 $\Delta IRR = 4.08\%$。

（3）用差额投资内部收益率法做出比较投资决策：

∵ $\Delta IRR = 4.08\% ＜ i_c = 10\%$。

∴ 应当投资乙项目。

3. 互斥方案的投资额不相等，项目计算期也不相同

（1）年等额净回收额法。

年等额净回收额法，是指通过比较所有投资方案的年等额净回收额指标的大小来选择最优方案的决策方法。在此方法下，年等额净回收额最大的方案为优。

年等额净回收额法的计算步骤如下：

①计算各方案的净现值（NPV）；

②计算各方案的年等额净回收额，若贴现率为 i，项目计算期为 n，则：

$$\text{某方案年等额净回收额} = \text{该方案净现值} \times \frac{1}{\text{普通年金现值系数}} = \frac{NPV}{(P/A, i, n)}$$

③做出决策。年等额净回收额最大的方案为优。

【例6-18】 大正公司拟投资建设一条新生产线。现有三个方案可供选择：甲方案的原始投资为1 250万元，项目计算期为11年，净现值为1 103.5万元；乙方案的原始投资为1 100万元，项目计算期为10年，净现值为948万元；丙方案的净现值为-12.5万元。行业基准折现率为10%。

要求：（1）判断每个方案的财务可行性；

（2）用年等额净回收额法做出最终的投资决策。

解：

（1）判断方案的财务可行性：

∵甲方案和乙方案的净现值均大于零。

∴这两个方案具有财务可行性。

∵丙方案的净现值小于零。

∴该方案不具有财务可行性。

（2）比较决策。

$$A_{甲} = 1\,103.5 \times \frac{1}{(P/A, 10\%, 11)} = 1\,103.5 \times \frac{1}{6.495\,06} = 169.9 \text{（万元）}$$

$$A_{乙} = 948 \times \frac{1}{(P/A, 10\%, 10)} = 948 \times \frac{1}{6.144\,57} = 154.28 \text{（万元）}$$

∵甲方案的年等额净回收额大于乙方案的年等额净回收额。

∴应当投资甲方案。

（2）寿命周期统一法。

寿命周期统一法是指对寿命周期不相等的多个互斥方案选定统一的计算分析期，以根据该计算期计算的评价指标来选择最优方案的一种方法。它包括最小公倍数法和最短寿命周期法。

最小公倍数法是指以各方案寿命周期的最小公倍数作为统一的计算分析期来计算有关指标，并据此进行比较决策的一种方法。该方法的步骤为：

①计算每个方案原寿命周期内的评价指标（一般为净现值）；

②对比每个方案的寿命周期，确定最小公倍数；

③按最小公倍数分别对每个方案原寿命周期内计算出的净现值进行再折现，并求和；

④比较每个方案的净现值，并按净现值决策标准进行决策。

【例6-19】 飞达公司拟投资建设一条生产线。现有两个方案可供选择：A方案项目的初始投资额为1 600 000元，每年的现金净流量为800 000元，项目寿命周期为3年，期满后必须更新且无残值；B方案项目的初始投资额为2 100 000元，每年的现金净流量为640 000元，项目寿命周期为6年，期满后必须更新且无残值。假定该公司的资金成本为16%，试用最小公倍数法做出投资决策。

根据上述资料计算并决策如下：

①分别计算 A、B 两个方案的净现值。

A 方案：

$NPV=800\,000 \times (P/A, 16\%, 3) - 1\,600\,000$

$\quad\quad =800\,000 \times 2.245\,9 - 1\,600\,000 = 196\,720$（元）

B 方案：

$NPV=640\,000 \times (P/A, 16\%, 6) - 2\,100\,000$

$\quad\quad =640\,000 \times 3.684\,7 - 2\,100\,000$

$\quad\quad =258\,208$（元）

② A、B 两个方案的项目寿命周期分别为 3 年和 6 年，故最小公倍数为 6。

③按最小公倍数对 A 方案进行再折现，并求总现值。

$NPV' = 196\,720 + 196\,720 \times (P/F, 16\%, 3)$

$\quad\quad\quad =196\,720 + 196\,720 \times 0.640\,7$

$\quad\quad\quad =322\,758.5$（元）

B 方案的项目寿命周期即为最小公倍数，故其现值不需要进行调整。

④比较 A、B 两个方案调整后的净现值，A 方案净现值为 322 758.5 元，大于 B 方案的 258 208 元，故 A 方案为最优方案，应选 A 方案。

最短寿命周期法是指在将所有方案的净现值还原为年等额净回收额的基础上，再按照最短的寿命周期来计算出相应的净现值，并据此进行比较决策的一种方法。该方法的步骤为：

①将所有方案的净现值还原为年等额净回收额；

②确定所有方案的最短寿命周期；

③对还原的年等额净回收额按最短寿命周期计算出净现值；

④比较所有方案的净现值，并按净现值决策标准进行决策。

【例 6-20】以【例 6-19】资料为例，使用最短寿命周期法做出投资决策。

根据上述资料计算并决策如下：

①将 B 方案的净现值还原为年等额净回收额。

$A_B = 258\,208 \div (P/A, 16\%, 6) = 258\,208 \div 3.684\,7$

$\quad\quad =70\,075.72$（元）

A 方案的项目寿命周期即为最短寿命周期，故净现值不需还原再计算。

②计算 B 方案按还原后的年等额净回收额计算的净现值。

$NPV' = 70\,075.72 \times (P/A, 16\%, 3)$

$\quad\quad\quad =70\,075.72 \times 2.245\,9$

$\quad\quad\quad =157\,383.06$（元）

③比较 A、B 两个方案调整后的净现值，A 方案的净现值为 196 720 元，大于 B 方案的 157 383.06 元，故 A 方案为最优方案，应选 A 方案。

三、固定资产更新决策方案

固定资产更新决策是指对继续使用旧设备还是购买新设备的决策。如果购买新设备，旧设备将以市场价格出售。通常将继续使用旧设备视为一种方案，将购置新设备、出售旧设备视为另一种方案，并将这两个方案作为一对互斥方案按一定的方法来进行对比选优，如果前一方案优于后一方案，则不应更新改造，而继续使用旧设备；否则，应该购买新设备进行更新改造。

一般情况下,根据新旧设备的未来使用寿命是否相等,可以采用两种不同的方法来进行决策分析:当新旧设备未来使用寿命相等时,则可采用差额分析法,计算出差额净现值对新旧设备进行分析、评价;当新旧设备的未来使用寿命不相等时,则分析时主要采用年等额净回收额法,以差额年成本较低的方案作为较优方案。

(一)寿命期相同的固定资产更新决策

决策标准:选择使差额净现值为正的方案。

【例6-21】飞达公司现有一台旧机床是三年前购进的,目前准备用一新机床替换。该公司所得税税率为25%,资本成本率为10%,其余资料如表6-5所示。

表6-5 新旧机床相关现金流量情况

项目	旧机床	新机床
原价	64 000	54 000
税法残值	4 000	5 000
税法使用年限	10	7
已使用年限	3	0
尚可使用年限	7	7
垫支营运资金	10 000	12 000
每年折旧费用	6 000	7 000
年付现运营成本	13 000	8 000
当前变现价值	40 000	54 000
最终报废残值	4 500	6 000

要求:(1)计算差量净现金流量 ΔNCF;

(2)计算差额净现值 ΔNPV;

(3)用差额净现值法作出投资决策。

解:

(1)新旧机床间的差量净现金流量为:

$\Delta NCF=$ 新机床净现金流量 $-$ 旧机床净现金流量

$\Delta NCF_0 = -54\ 000 - 12\ 000 - \{-40\ 000 + [(64\ 000 - 6\ 000 \times 3) - 40\ 000] \times 25\%\} = -27\ 500$(元)

$\Delta NCF_{1-6} = -8\ 000 \times 25\% + 7\ 000 \times 25\% - (-13\ 000 \times 25\% + 6\ 000 \times 25\%) = 1\ 500$(元)

$\Delta NCF_7 = 6\ 000 - (6\ 000 - 5\ 000) \times 25\% + 12\ 000 - [4\ 500 - (4\ 500 - 4\ 000) \times 25\% + 10\ 000] + 1\ 500 = 4\ 875$(元)

(2)差额净现值 $\Delta NPV = -27\ 500 + 1\ 500 \times (P/A,10\%,6) + 4\ 875 \times (P/F,10\%,7)$

$= -27\ 500 + 1\ 500 \times 4.355\ 3 + 4\ 875 \times 0.513\ 2$

$= -18\ 465.2$ 元

(3)比较新旧机床的净现值,差额净现值<0,使用新机床会使项目净现值下降,故应继续使用旧机床。

(二)寿命期不相同的固定资产更新决策

决策标准:选择年等额净回收额大(或差额年成本小)的方案。

【例6-22】飞达公司现有一台旧设备是两年前购进的,目前准备用一新设备替换。该公司所得税税率为25%,资本成本率为10%,其余资料如表6-6所示。

表 6-6 新旧设备相关现金流量情况

项目	旧设备	新设备
原价	64 000	54 000
税法残值	4 000	6 000
税法使用年限	10	8
已使用年限	3	0
尚可使用年限	7	8
垫支营运资金	10 000	12 000
每年折旧费用	6 000	6 000
年付现运营成本	13 000	8 000
当前变现价值	40 000	54 000
最终报废残值	4 500	6 000

要求：（1）计算新旧设备的净现金流量 NCF；
（2）计算新旧设备的年等额净回收额；
（3）用差额年等额净回收额法作出投资决策。

解：
（1）新设备的净现金流量为：
$NCF_0 = -54\,000 - 12\,000 = -66\,000$（元）
$NCF_{1\sim7} = -8\,000 \times 25\% + 6\,000 \times 25\% = -500$（元）
$NCF_8 = 6\,000 + 12\,000 - 8\,000 \times 25\% + 6\,000 \times 25\% = 17\,500$（元）

旧设备的净现金流量为：
$NCF_0 = -40\,000 + [(64\,000 - 6\,000 \times 3) - 40\,000] \times 25\% = -38\,500$（元）
$NCF_{1\sim6} = -13\,000 \times 25\% + 6\,000 \times 25\% = -1\,750$（元）
$NCF_7 = -1\,750 + 4\,500 - (4\,500 - 4\,000) \times 25\% + 10\,000 = 12\,625$（元）

（2）新设备年等额净回收额 $= [-66\,000 - 500 \times (P/A,10\%,7) + 17\,500 \times (P/F,10\%,8)] \div (P/A,10\%,8)$
$= (-66\,000 - 500 \times 4.868\,4 + 17\,500 \times 0.466\,5) \div 5.334\,9$
$= -11\,297.39$（元）

旧设备年等额净回收额 $= [-38\,500 - 1\,750 \times (P/A,10\%,6) + 12\,625 \times (P/F,10\%,7)] \div (P/A,10\%,7)$
$= (-38\,500 - 1\,750 \times 4.355\,3 + 12\,625 \times 0.513\,2) \div 4.868\,4$
$= -8\,142.84$（元）

（3）比较新旧设备的年等额净回收额，新设备的年等额净回收额＜旧设备年等额净回收额，故应继续使用旧设备。

开篇案例解读

提示：企业进行项目投资的目的是追求利润的增加，进而实现企业价值的最大化。企业进行项目投资时，不能因为产品的市场表现较好就盲目进行投资，也不能只关注项目相关收入和成本，而是要围绕现金流量，结合相关筹资成本、机会成本等信息综合判断。请同学们思考一下：为什么要结合筹资成本和机会成本来进行项目投资决策判断呢？

注意：现金流量是决定项目投资决策的关键因素，正确计算项目投资期内的年现金净流量对项目投资决策具有重要影响。在此基础上判定一个项目是否值得投资，还是要看它的净现值是否大于零、它的内含报酬率是否超过市场报酬率或预期报酬率、它的投资回收期是否优于预期等情况。这些影响因素的判定，不仅需要财务人员优秀的职业素养，也需要与企业内部其他部门的有效沟通以及对企业外部市场变化的快速反馈。所以，出色的财务人员不仅仅是优秀的财务工作者，也是一名优秀的管理工作者。

本章小结

1. 项目投资是一种以特定项目为对象直接与新建项目或更新改造项目有关的长期投资行为。它与其他形式的投资相比，具有投资金额大、投资期限长、变现能力差和投资风险高等特点。企业投资项目主要包括新建项目和更新改造项目两类。项目投资资金投入的方式通常有集中性一次投入和分散性分次投入。

2. 企业项目投资决策的评价指标通常有动态和静态决策评价指标。动态决策评价指标是指充分考虑和利用资金时间价值的指标，主要包括净现值、内部收益率、净现值率和获利指数等。静态决策评价指标是指不考虑资金时间价值的指标，主要包括静态投资回收期和投资收益率。计算这些指标的基础是现金流量。

3. 计算评价指标的目的，是进行项目投资方案的对比与选优，使指标在方案的对比与选优中正确地发挥作用，为项目投资方案决策提供定量依据。

概念题

1. 什么是项目投资？它有何特点？
2. 项目建设投资、原始总投资、投资总额这三者之间的数量关系如何？
3. 投资项目的现金流量由哪几部分构成？

计算题

1. 某公司有一个完整工业项目，项目初始一次性投资1 000万元，建设期为0，使用寿命期5年，5年中每年销售收入为800万元，付现成本为500万元，假定所得税税率为25%，固定资产残值不计，资本成本率为10%。

已知：$(P/A, 10\%, 5)=3.791$，$(P/A, 15\%, 5)=3.352$。

要求：

（1）计算该项目的各年现金净流量。

（2）计算投资回收期。

（3）计算该项目 NPV。

2. 甲公司现有A和B两个投资方案可供选择。A方案需外购一项无须安装的设备直接投入使用，设备价格50万元于期初以现金支付，每年可获得现金流量15万元，直到第5年末。B方案建设期1年，投资总额60万元，建设期期初、期末各付一半，项目可经营6年，每年可获得现金流量20万元。不考虑所得税影响，假设市场利率为10%。

要求：
（1）计算两个方案的动态回收期。
（2）计算两个方案的内涵收益率。
（3）依（2）计算结果进行项目投资决策。

案例分析题

资料：

石头公司拟在计划年度内购置新的加工甲零件的专用设备一台，用以提高加工甲零件的效率。项目的财务负责人张经理经过调研，收集到如下信息：

该设备购置成本为200万元，建设期1年。购置款从银行借入，符合资本化条件的利息为2万元，项目建设完成后，预计使用寿命为10年，税法规定与会计政策一致，均采用直线法计提折旧，预计项目期满净残值为2万元。项目建设完工进入生产经营后，需垫支流动资金20万元，可于项目结束后收回。经营期前4年每年营业收入为100万元，每年总成本为80万元；后5年每年营业收入为120万元，每年付现成本为80万元。假设所得税税率为25%，贴现率为10%。

问题：
（1）计算该固定资产的原值。
（2）计算该固定资产年折旧额。
（3）计算各年现金流量。
（4）计算该项目静态回收期。
（5）根据以上计算结果在表6-5相应位置填上数据。
（6）计算该项目净现值并评价该项目是否可行。

表6-5 投资项目现金流量计算表

石头公司　　　　　　　　　　　　　　　　　　　　　　　　　　　　　　　　单位：元

项　目	建设期		生产经营期								
	第0年	第1年	第2年	第3年	第4年	第5年	第6年	第7年	第8年	第9年	第10年
初始投资											
垫支流动资金											
营业现金收入											
营业成本											
设备折旧											
营业付现成本											
设备残值											
流动资金回收											
现金流量合计											

第七章 证券投资管理

ITEM 7

学习目标

本章主要介绍了证券投资的基本内容和分析框架。通过本章的学习,要求掌握和了解:

1. 证券投资的种类、特点、目的及风险。
2. 股票投资和债券投资的种类及目的。
3. 运用股票估价模型及债券估价模型对股票投资及债券投资进行分析和决策的方法。
4. 基金投资的含义及种类。
5. 基金投资的优缺点。
6. 基金的价值评估。

开篇案例

1995—1998年股票市场业绩是非常显著的——这是一个投资者愿意不断重复投资的时期。在这4年里,美国股票市场交易的股票年平均收益率高于20%。1998年,诸如微软和MCI世界通信等公司价值翻了一番多。其他公司如美国在线、亚马逊、雅虎等网络公司,增值超过500%。如果在1998年初以30.13美元购买了亚马逊的股票,在年末以321.25美元出售,试想一下:你将获得多少收益?966%的年收益!虽然这些股票获得了无法想象的收益,但其他股票的损失也是很惨重的。作为一家保健服务公司,FPA药业管理的股票从当年年初18.63美元下跌至年末的13美分——损失率接近99.3%。同时,CompUSA的股票下跌幅度超过58%,迪士尼股票下跌幅度超过9%。这些例子表明,那些将"所有鸡蛋放在一个篮子里"的投资者在股票市场中将面临巨大的风险——如果他们选择的"篮子"是亚马逊公司的股票则会收益颇丰,但是如果选择的"篮子"是FPA药业管理的股票则几乎血本无归。通过投资许多股票或通过共同基金来分散风险的投资者将获得一个平均收益,介于亚马逊、美国在线和雅虎等异常增值和FPA药业管理、CompUSA和其他公司异常下跌之间——这种多样化投资的巨大"篮子"获得的收益将非常接近股票市场的平均收益。投资是有风险的!即使在股票市场业绩良好的1995—1998年,也可能经历价格下滑或平均收益为负的情况。就像坐过山车!多么大的风险啊!

股票市场变幻莫测——可能上涨为牛市,也可能下跌到熊市,几乎没有人知道它会如何变化。投资者如何通过创建证券投资组合来降低风险,同时又不减少投资的平均收益呢?

第一节　证券投资概述

企业除了直接将资金投入生产经营活动进行直接投资外，还常常将资金投放于有价证券，进行证券投资。证券投资相对于项目投资而言，变现能力强，少量资金也能参与投资，便于随时调用和转移资金，这为企业有效利用资金、充分挖掘资金的潜力提供了十分理想的途径，所以证券投资已经成为企业投资的重要组成部分。

一、证券的基本内容

（一）证券的概念

证券是指用以证明或设定权利所做成的书面凭证，它表明证券持有人或第三人有权取得该证券所拥有的特定权益。

（二）证券的特点

证券具有流动性、收益性和风险性三大特点。

（1）流动性又称变现性，是指证券可以随时抛售，取得现金。

（2）收益性是指证券持有者凭借证券可以获得相应的报酬。证券收益一般由当前收益和资本利得构成。以股息、红利或利息所表示的收益称为当前收益。由证券价格上升（或下降）而产生的收益（或亏损），称为资本利得或差价收益。

（3）风险性是指证券投资者达不到预期的收益或遭受各种损失的可能性。证券投资既有可能获得收益，也有可能带来损失，具有很强的不确定性。

流动性与收益性往往成反比，而风险性则一般与收益性成正比。

（三）证券的种类

证券投资是指企业为获取投资收益或特定经营目的而买卖有价证券的一种投资行为。

证券按不同的标准可以分为不同种类：

（1）按照证券发行主体的不同，可分为政府证券、金融证券和公司证券。政府证券是中央政府或地方政府为筹集资金而发行的证券；金融证券是银行或其他金融机构为筹集资金而发行的证券；公司证券是工商企业发行的证券。

（2）按照证券所体现的权益关系，可分为所有权证券和债权证券。所有权证券是指证券的持有人即是证券发行单位的所有者的证券，如股票；债权证券是指证券的持有人即是证券发行单位的债权人的证券，如债券。

（3）按照证券收益的决定因素，可分为原生证券和衍生证券。原生证券的收益大小主要取决于发行者的财务状况；衍生证券包括期货合约和期权合约两种基本类型，其收益取决于原生证券的价格。

（4）按照证券收益稳定性的不同，可分为固定收益证券和变动收益证券。固定收益证券在证券票面规定有固定收益率；变动收益证券的收益情况随企业经营状况而改变。

（5）按照证券到期日的长短，可分为短期证券和长期证券。短期证券是指到期日短于一年的证券；长期证券是指到期日长于一年的证券。

（6）按照募集方式的不同，可分为公募证券和私募证券。公募证券，又称公开发行证券，是指发行人向不特定的社会公众广泛发售的证券；私募证券，又称内部发行证券，是指面向少数特定投资者发行的证券。

二、证券投资的目的与特征

（一）证券投资的含义与目的

证券投资是指投资者将资金投资于股票、债券、基金及衍生证券等资产，从而获取收益的一种投资行为。

企业进行证券投资的目的如下：

（1）暂时存放闲置资金。证券投资在多数情况下都是出于预防的动机，以替代较大量的非盈利的现金余额。

（2）与筹集长期资金相配合。处于成长期或扩张期的公司一般每隔一段时间就会发行长期证券，所获得的资金往往不会一次用完，企业可将暂时闲置的资金投资于有价证券，以获得一定的收益。

（3）满足未来的财务需求。企业根据未来对资金的需求，可以将现金投资于期限和流动性较为恰当的证券，在满足未来需求的同时获得证券带来的收益。

（4）满足季节性经营对现金的需求。从事季节性经营的公司在资金有剩余的月份可以投资证券，而在资金短缺的季节将证券变现。

（5）获得对相关企业的控制权。可通过购入相关企业的股票实现对该企业的控制。

（二）证券投资的特征

相对于实物投资而言，证券投资具有如下特征：

（1）流动性强。证券资产的流动性明显高于实物资产。

（2）价格不稳定。证券相对于实物资产来说，受人为因素的影响较大，且没有相应的实物作保证，其价值受政治、经济环境等各种因素的影响较大，具有价值不稳定、投资风险较大的特点。

（3）交易成本低。证券交易过程快速、简捷，成本较低。

三、证券投资的对象与种类

金融市场上的证券很多，其中可供企业投资的证券主要有国债、短期融资券、可转让存单、企业股票与债券、投资基金以及期权、期货等衍生证券。具体可以分为以下几类：

1. 债券投资

债券投资是指投资者购买债券以取得资金收益的一种投资活动。相对于股票投资，债券投资一般风险较小，能获得稳定收益，但要注意投资对象的信用等级。

2. 股票投资

股票投资是指投资者将资金投向股票市场，通过股票的买卖和收取股利以获得收益的投资行为。股票投资风险较大，收益也相对较高。

3. 基金投资

基金投资是指投资者通过购买投资基金股份或受益凭证来获取收益的投资方式。这种方式可使投资者享受专家服务，有利于分散风险，获得较高的、较稳定的投资收益。

4. 期货投资

期货投资是指投资者通过买卖期货合约躲避价格风险或赚取利润的一种投资方式。所谓期货合约，是指在将来一定时期以指定价格买卖一定数量和质量的商品而由商品交易所制定的统一的标准合约，它是确定期货交易关系的一种契约，是期货市场的交易对象。

5. 期权投资

期权投资是指为了达到盈利目的或者规避风险而进行期权买卖的一种投资方式。

6. 证券组合投资

证券组合投资是指企业将资金同时投资于多种证券，这样可分散证券投资风险。证券组合投资是企业等法人单位进行证券投资时常用的投资方式。

四、证券投资风险

证券投资风险是指在证券投资过程中遭受损失或达不到预期收益的可能性。证券投资风险按风险性质分为系统性风险和非系统性风险两大类别。

1. 系统性风险

系统性风险也称为不可分散风险，是由于外部经济环境因素变化引起整个金融市场不确定性增加，从而对市场上所有证券都产生影响的共同性风险，主要包括利息率风险、再投资风险和购买力风险。利息率风险是指由于利息率的变动而引起证券价格变动，使投资人遭受损失的风险。再投资风险是由于市场利率下降而造成的无法通过再投资而实现预期收益的风险。购买力风险是由于通货膨胀而使证券到期或出售时所遭受的货币资金的购买力降低的风险。

2. 非系统性风险

非系统性风险也称为可分散风险，是由于特定经营环境或特定事件变化引起不确定性，从而对个别证券产生影响的特有性风险，主要包括违约风险、流动性风险和破产风险。违约风险是指证券发行人无法按期支付利息和偿还本金的风险。流动性风险是在投资人想出售有价证券获取现金时，证券不能立即出售的风险。破产风险是在证券发行者破产清算时，投资者无法收回应得收益的风险。

五、证券投资的基本程序

（一）选择投资对象

企业进行证券投资首先要选择合适的投资对象，即选择投资于何种证券、投资于哪家企业的证券。投资对象的选择是证券投资最关键的一步，它关系到投资的成败，投资对象选择得好，可以更好地实现投资的目标；投资对象选择得不好，就有可能使投资者蒙受损失。

（二）开户与委托

投资者在进行证券买卖之前，首先要到证券营业部或证券登记机构开立证券账户。证券账户用来记载投资者证券买卖及拥有的证券数额和品种的情况。投资者在开户并选择好投资于何种证券后，就可以选择合适的证券经纪人，委托其买卖证券。

（三）交割与清算

投资者委托证券经纪人买卖各种证券之后，要及时办理证券交割。所谓证券交割，是指买入证券方交付价款领取证券，卖出证券方交出证券收取价款的收交活动。

（四）过户

证券过户就是投资者从交易市场买进证券后，到证券的发行公司办理变更持有人姓名的手续。证券过户一般只限于记名股票。办理过户的目的是保障投资者的权益，只有及时办理过户手续，才能成为新股东，享有应有的权利。

第二节　股票投资

一、股票投资的种类和目的

股票投资主要分为两种：普通股投资和优先股投资。企业投资于普通股，股利收入不稳定；投资于优先股可以获得固定的股利收入。因此，普通股股票价格比优先股股票价格的波动要大，投资普通股比投资优先股的风险要大，但投资普通股，一般能获得较高收益。

企业进行股票投资的目的主要有两个：一是获利，即作为一般的证券投资，获取股利收入及股票买卖差价；二是控股，即通过购买某一企业的大量股票达到控制该企业的目的。

二、股票投资的基本分析法

股票投资的基本分析法是证券市场分析方法的基础。对于投资者而言，基本分析法比技术分析法及现代数学模型分析法重要得多。在既定环境下进行股票投资的基本分析，应重点关注微观层次的公司分析，这是基本分析法的重点和难点。财务分析是基本分析法中的一种具体方法；运用资本定价模型等理论进行公司分析，在股票投资中是常见的做法。

【例7-1】假设无风险报酬率为5%，市场投资组合的预期报酬率为12%。某股票的 β 系数为1.2，最近一次发放的股利为每股0.5元，预计股利每年递增8%。

要求：（1）计算该股票的必要报酬率。

（2）计算股票的交易价格。

解：

（1）必要报酬率 = 5% + 1.2 × (12% − 5%) = 13.4%

（2）交易价格 = $\dfrac{0.5 \times (1+8\%)}{13.4\% - 8\%}$ = 10（元）

【例7-2】甲公司持有A、B、C三种股票，在由上述股票组成的证券投资组合中，各股票所占的比重分别为50%、30%和20%，其 β 系数分别为2.0、1.0和0.5。市场收益率为15%，无风险收益率为10%。A股票当前每股市价为12元，刚收到上一年度派发的每股1.2元的现金股利，预计股利以后每年将增长8%。

要求：（1）计算以下指标：

甲公司证券组合的 β 系数；

甲公司证券组合的风险收益率（R_P）；

甲公司证券组合的必要投资收益率（K_P）；

投资A股票的必要投资收益率（K_A）。

（2）利用股票估价模型分析当前出售A股票是否对甲公司有利。

解：

（1）β_P = 2 × 50% + 1 × 30% + 0.5 × 20% = 1.4

R_P = 1.4 × (15% − 10%) = 7%

K_P = 10% + 7% = 17%

K_A = 10% + 2 × (15% − 10%) = 20%

（2）股价 = $\dfrac{1.2 \times (1+8\%)}{20\% - 8\%}$ = 10.8（元）

∵股票市价为 12 元，大于股票的内在价值 10.8 元。
∴出售 A 股票对甲公司有利。

三、股票投资的技术分析法

股票投资的技术分析法是以预测市场价格变化的未来趋势为目的，以图表、技术指标为主要手段对市场行为进行研究的方法。在成熟的证券市场中，股票的投资价值一般能从其价格、成交量等方面反映出来，因此，技术分析法实际上是对市场一段时间的价、量关系做出分析，以预测其未来走势的一系列方法，其最终分析的对象是价格、成交量、时间、空间。其中，价格反映了股票市场变化方向；成交量反映了市场对价格变化方向的认同程度；时间是指一种行情或者走势持续的时间跨度；空间是指某一趋势可能达到的高点或者低点，股市行情在高点或者低点很可能变盘。时空分析的目的是寻找买卖时机。

（一）技术分析法的含义

技术分析法是从市场行为本身出发，运用数理统计和心理学等理论和方法，根据证券市场已有的价格、成交量等历史资料来分析价格变动趋势的方法。

（二）技术分析法的理论基础

技术分析法的理论基础主要包括三个假设。

1. 市场行为包含一切信息

影响证券市场的信息包括公开信息和非公开信息。价格、成交量等是市场参与者对所有公开和非公开信息做出反应的结果。

2. 价格沿趋势运动

价格的运动和变化总是遵循一定的趋势，这个趋势所体现的规律正是技术分析法的核心。

3. 历史会重演

根据心理学研究，人类在类似情况下会产生既定的反应；虽然人类的行为十分复杂，不会出现完全相同的行为组合，市场也不会有完全相同的表现，但其显示的类似特点足以让技术分析者根据历史资料判断价格变动的趋势。

（三）技术分析法的内容

1. 指标法

指标法是根据市场行为的各种情况建立数学模型，按照一定的数学计算公式，得到一个体现股票市场某个方面内在实质的数字，即指标值。指标的具体数值和相互关系直接反映了股市所处的状态，为具体操作提供方向性指导。指标反映的东西大多是从股市行情报表中不能直接看到的。

2. K 线法

K 线法的研究侧重于若干条 K 线的组合情况，通过推测股票市场多空双方力量的对比来判断股票市场多空双方谁占优势，是暂时的还是决定性的。K 线图是进行各种技术分析的最重要图表。

3. 形态法

形态法是指根据价格图表中过去一段时间价格轨迹的形态来预测股价未来趋势的方法。

4. 波浪法

波浪法把股价的上下变动和不同时期的持续上涨、下降看成波浪的上下起伏。股票的价格也遵循波浪起伏的规律。

（四）技术分析法和基本分析法的区别

（1）技术分析法着重于分析股票市价的运动规律，基本分析法的主要目的在于分析股票的内在投资价值。

（2）技术分析法直接从股票市场入手，根据股票的供求、市场价格和交易量等市场因素进行分析；基本分析法则是从股票市场的外部决定因素入手，并从这些外部因素与股票市场相互关系的角度进行分析。

（3）技术分析是短期性质的，它只关心市场上股票价格的波动和如何获得股票投资的短期收益，很少涉及股票市场及外在因素分析。基本分析法则不仅研究整个证券市场的情况，而且研究单个证券的投资价值；不仅关心证券的收益，而且关心证券的升值。

（4）技术分析法通过对股票市场价格的波动形式、股票的成交量和投资心理等因素的分析，可以帮助投资者选择适当的投资机会和投资方法；基本分析法通过对宏观形势的分析，帮助投资者了解股票市场的发展状况和股票的投资价值。

四、股票投资的特点

股票投资是权益性投资，股票是代表所有权的凭证，持有人作为发行公司的股东，有权参与公司的经营决策。

（一）股票投资的优点

（1）投资收益高。股票投资是一种颇具挑战性的投资，由于股票价格变动频繁，所以其投资风险较高，但只要选择得当，股票投资的收益也是非常优厚的。

（2）购买力风险低。由于普通股的股利不固定，在通货膨胀比较严重时，因物价普遍上涨，股份公司盈利增加，股利的支付也会随之增加，因此，与固定收益证券相比，普通股能有效降低购买力风险。

（3）拥有经营控制权。普通股股东是股份公司的所有者，他们有权控制和监督企业的生产经营情况，因此，收购公司股票是对这家公司实施控制时常用的有效手段。

（二）股票投资的缺点

（1）价格不稳定。普通股的价格受众多因素的影响，如政治因素、经济因素、企业的盈利情况、投资者心理因素等，这使得股票投资具有较高的风险。

（2）收入不稳定。普通股股利的多少，要视企业经营状况和财务状况而定，其股利有无、多寡均无法律上的保证。因此，其收入的风险远大于固定收益证券。

第三节 债券投资

一、债券投资的种类和目的

企业债券投资按不同的标准可进行不同的分类，这里按债券投资的时间将债券投资分为短期债券投资和长期债券投资。其中短期债券投资是指1年以内到期或准备在1年之内变现的投资；长期债券投资是指1年以上才能到期或不准备在1年以内变现的投资。

企业进行短期债券投资的目的主要是合理利用暂时闲置资金，调节现金余额，获得收益。当企业现金余额太多时，便投资于债券，使现金余额降低；反之，当现金余额太少时，则出售原来投资的债券，收回现金，使现金余额提高。企业进行长期债券投资的目的主要是获得稳定的收益。

二、债券构成要素

债券构成要素包括：

（1）债券面值。债券面值是指债券的票面价值，是发行人对债券持有人在债券到期后应偿还的本金数额。

（2）债券期限。债券期限是指企业债券上载明的偿还债券本金的期限，即债券发行日至到期日之间的时间间隔。

（3）付息周期。债券的付息周期是指企业发行债券后支付利息的时间。

（4）票面利率。债券的票面利率是指债券利息与债券面值的比率，是发行人承诺在债券期限内支付给债券持有人的利息的计算标准。

（5）发行人名称。发行人名称是指在债券票面列明的债务主体，可为债权人到期追回本金和利息提供依据。

三、债券投资决策

债券投资决策主要是对投资的时机、投资的期限、拟购入的债券等做出选择的过程，决策过程中应该考虑一系列约束条件的限制，包括可支配的资金数额约束、投资收益率要求、投资风险偏好等。债券投资决策的结果应该是在符合约束条件要求的情况下，尽可能实现投资目标。

【例7-3】宏达公司欲在市场上购买美林公司曾在2005年1月1日平价发行的债券，每张面值1 000元，票面利率10%，5年到期，每年12月31日付息。

要求：（1）假定2009年1月1日的市场利率下降到8%，若宏达公司在此时欲购买美林公司债券，则债券的价格为多少时才可以购买？

（2）假定2009年1月1日美林公司的债券市价为900元，此时宏达公司购买该债券持有到期时的投资收益率是多少？

（3）假定2009年1月1日的市场利率为12%，此时债券市价为950元，宏达公司是否应购买该债券？

解：

（1）$P = (1\,000+100) \times (P/F, 8\%, 1)$

$\qquad = 1\,100 \times 0.926$

$\qquad = 1\,018.6$（元）

所以，价格只有低于1 018.6元才可以购买美林公司的债券。

（2）持有到期收益率 $= \dfrac{100+1\,000-900}{900} = 22.22\%$

（3）$P = (1\,000+100) \times (P/F, 12\%, 1)$

$\qquad = 1\,100 \times 0.893$

$\qquad = 982.3$（元）

∵美林公司债券的理论价格为982.3元，大于该债券的市场价格950元。

∴应该购买美林公司债券。

【例7-4】某公司于2007年1月1日发行一种三年期的新债券，该债券的面值为1 000元，票面利率为14%，每年付息一次。

要求：（1）如果债券的发行价为1 040元，计算其收益率是多少。

（2）假定2008年1月1日的市场利率为12%，债券市价为1 040元，是否应购买该债券？

（3）假定2009年1月1日的市场利率下降到10%，那么此时债券的价值是多少？

解：

（1）$1\,040 = 1\,000 \times 14\% \times (P/A, i, 3) + 1\,000 \times (P/F, i, 3)$

利用试算法进行测算：

当 $i=12\%$ 时：

$P=1\,000 \times 14\% \times (P/A, 12\%, 3) + 1\,000 \times (P/F, 12\%, 3) = 1\,048.05$（元）

当 $i=14\%$ 时：

$P=1\,000 \times 14\% \times (P/A, 14\%, 3) + 1\,000 \times (P/F, 14\%, 3) = 1\,000$（元）

则 $i = 12\% + \dfrac{(1\,048.05 - 1\,040)}{(1\,048.05 - 1\,000)} \times (14\% - 12\%) = 12.34\%$。

即其到期收益率为 12.34%。

（2）$P=1\,000 \times 14\% \times (P/A, 12\%, 2) + 1\,000 \times (P/F, 12\%, 2) = 1\,033.81$（元）

由于债券的价值 1 033.81 元小于债券的价格 1 040 元，所以不应该购买。

（3）$P=1\,000 \times 14\% \times (P/A, 10\%, 1) + 1\,000 \times (P/F, 10\%, 1) = 1\,036.37$（元）

所以若市场利率下降到 10%，债券的价值是 1 036.37 元。

四、债券投资的风险

（一）违约风险

违约风险是指借款人无法按时支付债券利息和偿还本金的风险。避免违约风险的方法是不买质量差的债券。

（二）利率风险

利率风险是指由于利率变动而使投资者遭受损失的风险。减少利率风险的办法是分散债券的到期日。

（三）购买力风险

购买力风险是指由于通货膨胀而使货币购买力下降的风险。减少购买力风险的方法是，投资于预期报酬率会上升的资产，如房地产、短期负债、普通股等。

（四）变现力风险

变现力风险是指无法在短期内以合理价格来卖掉资产的风险。避免变现力风险的方法是，购买国库券等可在短期内以合理的市价出售的证券。

（五）再投资风险

购买短期债券，而没有购买长期债券，在利率下降时，会有再投资风险。避免再投资风险的方法是，预计利率将下降时，购买长期债券。

五、债券投资的特点

（一）债券投资的优点

（1）本金安全性高。与股票相比，债券风险比较小。政府发行的债券有国家作为后盾，其本金的安全性非常高，通常视为无风险债券。企业债券的持有者拥有优先求偿权，即当企业破产时优于企业分得资产，因此，其本金损失的可能性很小。

（2）收入稳定性强。债券票面一般都标有固定利息率，债券的发行人有按时支付利息的法定义务，因此，在正常情况下，投资于债券都能获得比较稳定的收入。

（3）市场流动性好。许多债券都具有较好的流动性。政府和大企业发行的债券一般可以在金融市场上迅速出售，流动性很好。

（二）债券投资的缺点

（1）购买力风险较大。债券的面值和利息率在发行时就已确定，如果投资期间的通货膨胀率较高，则本金和利息的购买力将不同程度地受到侵蚀，在通货膨胀率非常高时，投资者虽然名义上有收益，但实际上却有损失。

（2）没有经营管理权。投资于债券只是获得收益的一种手段，投资者无权对债券发行单位施加影响和控制。

第四节　基金投资

一、基金的含义和种类

（一）基金的含义

基金，是一种利益共享、风险共担的集合投资方式，即通过发行基金股份或受益凭证等有价证券聚集众多的不确定投资者的出资，交由专业投资机构经营运作，以规避投资风险并谋取投资收益的证券投资工具。

（二）基金的种类

1. 根据组织形态的不同，可分为契约型基金和公司型基金

（1）契约型基金。契约型基金又称单位信托基金，是指把受益人（投资者）、管理人、托管人三者作为基金的当事人，由管理人与托管人通过签订信托契约的形式发行受益凭证而设立的一种基金。

（2）公司型基金。公司型基金，是指按照公司法以公司形式组成的，具有独立法人资格并以营利为目的的基金公司，该基金公司以发行股份的方式募集资金，一般投资者购买该公司的股份即为认购基金，也就成为该公司的股东，凭其持有的基金份额依法享有投资收益。

2. 根据变现方式的不同，可分为封闭式基金和开放式基金

（1）封闭式基金。封闭式基金，是指基金的发起人在设立基金时限定了基金单位的发行总额，筹集到这个总额后，基金即宣告成立，并进行封闭，在一定时期内不再接受新的投资。

（2）开放式基金。开放式基金，是指基金发起人在设立基金时，基金单位的总数是不固定的，可视经营策略和发展需要追加发行。

3. 根据投资标的不同，可分为股票基金、债券基金、货币基金、期货基金、期权基金、认股权证基金、专门基金等

（1）股票基金。股票基金，是所有基金品种中最为流行的一种类型，它是指投资于股票的基金，其投资对象通常包括普通股和优先股，其风险程度较个人投资股票市场要小得多，且具有较强的变现性和流动性，因此它也是一种比较受欢迎的基金类型。

（2）债券基金。债券基金，是指投资管理公司为稳健型投资者设计的，投资于政府债券、市政公债、企业债券等各类债券品种的投资基金。债券基金一般情况下定期派息，其风险和收益水平通常较股票基金低。

（3）货币基金。货币基金，是指由货币存款构成投资组合，协助投资者参与外汇市场投资，赚取较高利息的投资基金。其投资工具包括银行短期存款、国库券、政府公债、公司债券、银行承兑票据及商业票据等。这类基金的投资风险小，投资成本低，安全性和流动性较高，在整个基金市场上属于低风险的安全基金。

（4）期货基金。期货基金，是指投资于期货市场以获取较高投资回报的投资基金。由于期货市场具有高风险和高回报的特点，所以投资期货基金既可能获得较高的投资收益，也面临着较大的投资风险。

（5）期权基金。期权基金，是指以期权作为主要投资对象的基金。期权交易，是指期权购买者向期权出售者支付一定费用后，取得在规定时期内的任何时候以事先确定好的协定价格向期权出售者购买或出售一定数量的某种商品合约的权利的一种买卖行为。

（6）认股权证基金。认股权证基金，是指以认股权证为主要投资对象的基金。认股权证，是指由股份有限公司发行的、能够按照特定的价格在特定的时间内购买一定数量该公司股票的选择权凭证。由于认股权证的价格是由公司的股份决定的，一般来说，认股权证的投资风险较通常的股票要大得多。因此，认股权证基金也属于高风险基金。

（7）专门基金。专门基金由股票基金发展演化而成，属于分类行业股票基金或次级股票基金，包括黄金基金、资源基金、科技基金、地产基金等。这类基金的投资风险较大，收益水平较易受市场行情的影响。

二、基金投资的价值评价

（一）投资基金的价值

投资基金也是一种证券，与其他证券一样，基金的内在价值也是指在基金投资上所能获得的现金净流量。但是，基金内在价值的具体确定依据与股票、债券等其他证券又有很大的区别。

基金的价值取决于基金净资产的现在价值。其原因在于，股票的未来收益是可以预测的，而基金投资的未来收益是不可预测的。由于投资基金不断变换投资组合对象，再加上基金投资者对于资本利得的追求，变幻莫测的证券价格波动，使得对投资基金未来收益的预测变得困难。因此基金的投资者关注的是基金资产的现有市场价值。

（二）基金投资的估价

1. 基金单位净值

基金单位净值，也称为单位净资产值或单位资产净值。基金的价值取决于基金净资产的现在价值，因此基金单位净值是评价基金业绩最基本和最直观的指标，也是开放式基金申购价格、赎回价格以及封闭式基金上市交易价格确定的重要依据。

基金单位净值是指在某一时点每一基金单位（或基金股份）具有的市场价值，计算公式为：

$$基金单位净值 = \frac{基金净资产价值总额}{基金单位总份数}$$

其中：

$$基金净资产价值总额 = 基金资产总额 - 基金负债总额$$

在基金净资产价值的计算中，基金负债除了以基金名义对外融资借款外，还包括应付投资者的分红，应付给基金经理公司的首次认购费、经理费用等各项费用。相对来说，基金的负债总额是固定的，基金净资产价值主要取决于基金总资产价值，此处，基金总资产价值并不是指资产总额的账面价值，而是指资产总额的市场价值。

2. 基金收益率

基金收益率是用以反映基金增值的，通过基金净资产价值的变化来衡量。基金收益率的计算公式为：

$$基金收益率 = \frac{年末持有份数 \times 年末基金单位净值 - 年初持有份数 \times 年初基金单位净值}{年初持有份数 \times 年初基金单位净值}$$

其中持有份数是指基金单位的持有份数。

3. 基金的报价

从理论上说，基金的价值决定了基金的价格，基金的交易价格是以基金单位净值为基础的，基金单位净值高，基金的交易价格也高。封闭式基金在二级市场上竞价交易，交易价格由供求关系和基金业绩决定，围绕着基金单位净值上下波动。开放式基金的柜台交易价格则完全以基金单位净值为基础，其计算公式为：

$$基金认购价 = 基金单位净值 + 首次认购费$$

$$基金赎回价 = 基金单位净值 - 基金赎回费$$

基金认购价即基金管理公司的卖出价，首次认购费是支付给基金管理公司的发行佣金。基金赎回价即基金管理公司的买入价，基金赎回费是基金赎回时的各种费用，以此提高赎回成本，防止投资者的赎回，保持基金资产的稳定性。

三、基金投资的优缺点

（一）基金投资的优点

基金投资的最大优点是能够在不承担太大风险的情况下获得较高收益，原因在于投资基金具有专家理财优势和资金规模优势。

（二）基金投资的缺点

（1）无法获得很高的投资收益。投资基金在投资组合过程中，在降低风险的同时也丧失了获得巨大收益的机会。

（2）在大盘整体大幅度下跌的情况下，投资人可能承担较大风险。

本章小结

1. 证券投资是指投资者将资金投资于股票、债券、基金及衍生证券等资产，从而获取收益的一种投资行为。相对于实物投资而言，证券投资具有流动性强、价格不稳定、交易成本低等特点。根据证券投资的对象不同，可以分为债券投资、股票投资和基金投资等。

2. 企业进行股票投资的目的是获利和控股。股票投资具有投资收益高、购买力风险低和拥有经营控制权等优点；其缺点是价格不稳定，收入不稳定。

3. 企业进行短期债券投资的目的主要是合理利用暂时闲置资金，调节现金余额，获得收益，企业进行长期债券投资的目的主要是获得稳定的收益。债券投资具有本金安全性高、收入稳定性强和市场流动性好的优点；其缺点是购买力风险较大，没有经营管理权。

4. 基金，是一种利益共享、风险共担的集合投资方式，即通过发行基金股份或受益凭证等有价证券聚集众多的不确定投资者出资，交由专业投资机构经营运作，以规避投资风险并谋取投资收益的证券投资工具。

思考题

1. 简述证券的含义和种类。
2. 简述证券投资的种类和目的。
3. 简述债券投资的优缺点。
4. 简述股票投资的优缺点。
5. 简述基金投资的优缺点。

案例分析题

资料:

王宏是东方公司的一名财务分析师,应邀评估百花商业集团建设新商场对公司股票价值的影响。王宏根据公司情况做了以下估计:

(1) 公司本年度净收益为200万元,每股支付现金股利2元,新建商场开业后,净收益第1年、第2年均增长15%,第3年增长8%,第4年及以后将保持这一净收益水平。

(2) 该公司一直采用固定支付率的股利政策,并打算今后继续实行该政策。

(3) 公司的β系数为1,如果将新项目考虑进去,β系数将提高到1.5。

(4) 无风险收益率(国库券)为4%,市场要求的收益率为8%。

(5) 公司股票目前市价为23.6元。

王宏打算利用股利贴现模型,同时考虑风险因素进行股票价值的评估。百花商业集团的一位董事提出,如果采用股利贴现模型,则股利越高股价越高,所以公司应改变原有的股利政策,提高股利支付率。

问题:

(1) 参考固定股利增长贴现模型,分析这位董事的观点是否正确。
(2) 分析股利增加对可持续增长率的股票的账面价值有何影响。
(3) 评估公司股票价值。
(4) 假设你是一个投资者,是否购买其股票?

第八章 利润分配管理

ITEM 8

学习目标

通过本章的学习，了解利润分配的基本原则和程序；理解股票的分割与回购的相关概念。

开篇案例

1989年以前，IBM公司的股利每年以7%的速度增长。1989—1991年，IBM公司的每股股利稳定在4.89美元/年，即平均每季度1.22美元/股。1992年1月26日上午9时2分，《财务新闻直线》公布了IBM公司新的股利政策，每季度每股股利从1.22美元调整为0.54美元，下降超过50%。维持多年的稳定的股利政策终于发生了变化。IBM公司董事会指出：这个决定是在慎重考虑IBM的盈利和公司未来的长期发展的基础上做出的，同时也考虑到了给广大股东一个合适的回报率。这是一个为了维护股东和公司未来最好的长期利益，维持公司稳健的财务状况，综合考虑多种影响因素之后做出的决定。1993年，IBM的问题累积成堆，每股股利不得不从2.16美元/年再次削减到1.00美元/年。在此之前，许多投资者和分析人士已经预计到IBM将削减其股利，因为它没有充分估计到微型计算机的巨大市场，没有尽快从大型计算机市场转向微型计算机市场。IBM的大量资源被套在销路不好的产品上。同时，在20世纪80年代，IBM将一些有利可图的项目，如软件开发、芯片等拱手让给微软和英特尔，使得它们后来获得丰厚的、创纪录的利润。结果是：IBM公司在1992年创造了美国企业历史上最大的年度亏损纪录，股票价格下跌60%，股利削减53%。面对IBM的问题，老的管理层不得不辞职。到了1994年，新的管理层推行的改革开始奏效，公司从1993年的亏损转为盈利，1994年EPS达到4.92美元，1995年EPS则高达11美元。因为IBM公司恢复了盈利，股利政策又重新提到议事日程上来……最后，IBM董事会批准了一个庞大的股票回购计划——回购50亿美元，使得股东的股利达到1.4美元/股。1993年是IBM股价最为低迷的时候，最低价格是40.75美元/股；最高价格是1987年，176美元/股。股利政策调整后，IBM的股价上升到128美元/股。

通过本章的学习来思考一下IBM分别采用了哪几种类型的股利政策，并分析IBM每次调整股利政策的原因及其合理性。

第八章 利润分配管理

> **导　言**
>
> 企业利润按法定程序进行分配，分配合理与否关系到投资者的切身利益，涉及企业长远利益与近期利益、整体利益与局部利益等关系的处理与协调。因此对利润分配，必须做出财务上的系统安排，以平衡相关各方的利益。本章主要介绍利润的分配、股利分配政策等内容。通过介绍，学习者可了解利润分配的基本原则和程序；理解股利的种类及发放程序、影响股利分配政策的因素；在掌握各种基本的股利分配政策要点的基础上，进行股利分配决策。

第一节　利润分配概述

一、利润分配的基本原则

利润分配是财务管理的重要内容，有广义和狭义之分。广义的利润分配是指对企业收入和利润进行分配的过程；狭义的利润分配是指对企业净利润的分配。利润分配关系着国家、企业、职工及所有者各方面的利益，是一项政策性较强的工作，必须严格按照国家的法规和制度执行。利润分配的结果形成了国家的所得税收入、投资者的投资报酬和企业的留用利润等不同的项目，其中企业的留用利润是指盈余公积金和未分配利润。由于税法的强制性和严肃性，缴纳税款是企业必须履行的义务。由此可以看出，财务管理中的利润分配，是指狭义的利润分配。

利润分配是一项十分重要的工作，它不仅影响企业的筹资和投资决策，而且涉及国家、企业、投资者、职工等多方面的利益关系，涉及企业长远利益与近期利益、整体利益与局部利益等关系的处理与协调。为合理组织企业财务活动和正确处理财务关系，企业在进行利润分配时应遵循以下原则：

1. 依法分配原则

企业的利润分配必须依法进行，这是正确处理各方面利益关系的关键。为规范企业的利润分配行为，国家制定和颁布了若干法规。这些法规规定了企业利润分配的基本要求、一般程序和重大比例，企业应认真执行，不得违反。

2. 兼顾各方利益原则

企业的净利润归投资者所有，是企业的基本制度，也是企业所有者投资于企业的根本动力所在。但企业的利润离不开全体职工的辛勤工作，职工作为利润的直接创造者，除应获得工资及奖金等劳动报酬外，还应当以适当方式参与净利润的分配，提取公益金用于职工集体福利设施的购建。可见，企业进行利润分配时，应统筹兼顾，合理安排，维护投资者、企业与职工三者的合法权益。

3. 分配与积累并重原则

企业进行利润分配，应正确处理好长远利益和近期利益的辩证关系，将两者有机结合起来，坚持分配与积累并重的原则。考虑未来发展需要，企业除按规定提取法定盈余公积金以外，可适当留存一部分利润作为积累。这部分留存收益虽暂时未予以分配，但仍归企业所有者所有。而且，这部分积累不仅为企业扩大再生产等筹措了资金，同时也增强了企业抵抗风险的能力，提高了企业经营的安全系数和稳定性，有利于增加所有者的回报。通过正确处理分配和积累的关系，留存一部分利润以供未来分配之需，还可以达到以丰补歉、平抑利润分配数额波动、稳定投资报酬率的效果。

4. 投资与受益对等原则

企业分配收益应当体现"谁投资、谁受益"的原则，受益大小应与投资比例相适应，即投资与受益对等，这是正确处理投资者利益的关键。投资者因其投资行为而享有收益权，并且其投资收益应同其投资比例对等。这就要求企业在向投资者分配利润时，应本着平等一致的原则，按照各方投入资本的多少来进行，绝不允许发生任何一方随意多分多占的现象，从根本上保护投资者的利益，鼓励投资者投资的积极性。

二、利润分配的程序

利润分配程序是指企业根据适用法律、法规或规定，对企业一定期间实现的净利润进行分配必须经过的步骤。根据《公司法》的规定，公司收益分配涉及的项目包括盈余公积金和股利两部分。公司税后利润分配的程序如下：

1. 弥补企业以前年度亏损

以前年度亏损是指超过用所得税前的利润弥补亏损的法定期限后，仍未弥补的亏损。公司的法定公积金不足以弥补以前年度亏损的，在提取法定公积金之前，应当先用当年利润弥补亏损。

2. 提取法定盈余公积金

根据《公司法》的规定，法定盈余公积金是按税后利润扣除提取法定盈余公积金之前的各利润分配项目后的余额的 10% 计提的，若企业累积的法定盈余公积金已达到注册资本的 50%，可不再提取。

3. 提取任意盈余公积金

根据《公司法》的规定，公司在提取法定盈余公积金之后，按企业章程或股东会议决议，可以从税后利润中提取任意盈余公积金。

法定盈余公积金和任意盈余公积金是从净利润中提取形成的，用于弥补公司亏损、扩大公司生产经营或者转增公司资本。

4. 向股东（投资者）分配股利（利润）

根据《公司法》的规定，企业弥补亏损和提取公积金后所余税后利润，可以向股东（投资者）分配股利（利润）。其中，有限责任公司股东按照实缴的出资比例分取红利，全体股东约定不按照出资比例分取红利的除外；股份有限公司按照股东持有的股份比例分配股利，公司章程规定不按持股比例分配的除外。

根据《公司法》的规定，股东会、股东大会或董事会违反相关规定，在公司弥补亏损和提取法定公积金之前向股东分配利润的，股东必须将违反规定分配的利润退还公司。另外，公司持有的本公司股份不得分配利润。

第二节　股利分配政策

一、股利理论

股利政策本质的问题是正确处理公司税后利润在股利派发与公司留存之间的关系。公司的税后利润主要有两个用途，或是作为股利发放给股东，或是留存于公司进行再投资。但是无论对税后利润如何分配处理，税后利润均属于普通股股东的财富。处理好两者之间关系的基本准则是：是否符合公司财务管理目标——公司价值最大化。

在股利政策是否影响公司股票价格的认识上，西方财务理论界存在两大流派——股利无关论和股利相关论。对股利，财务学家们从不同角度开展研究，各自形成有一定影响的理论，从而为公司股利支付模式的选取提供了理论指导。

1. 股利无关论

股利无关论认为公司股利政策不会对公司股票价格或资金成本产生任何影响。股利无关论的基本观点是：①公司的市场价值取决于公司的获利能力，而公司具体如何分配实现的盈利，与公司的市场价值没有直接的联系；②公司的盈利和公司的市场价值的增加与否，完全由投资收益所决定，在公司投资决策既定的条件下，公司的股利政策不会产生任何影响，即公司盈利是用于派发股利还是留存公司用于再投资，两者并无差别；③在完整资本市场中理性投资者的股息收入与资本增值两者之间并不存在区别。因此，公司的股利决策中不存在最佳股利政策的问题，无论什么样的股利政策对公司的市场价值都不会造成任何影响。

股利无关论是建立在一些基本假设上的。其基本假设为：①存在一个完整的资本市场，在这一完整的资本市场中，市场具有强效率性，所有投资者都是理性投资人。信息可以免费获得，没有交易成本和发行成本。各种证券无限分散，任何投资者都无法影响这些证券的价格。②不存在个人或公司所得税，即资本利得与股利之间没有所得税差异。③公司的投资政策和股利政策彼此独立，公司有既定不变的投资政策。这意味着新投资项目的外部筹资不会改变公司经营风险，因而也不会改变普通股权收益率。④每一个投资者对未来的投资机会和公司利润都能正确地进行预测，即各个投资者都有把握预计未来股票价格和股利。⑤股东对股利收入与资本利得没有明显的偏好。

股利无关论认为，公司税后利润用于派发股利还是留存公司，两者并无差别。因为实现的税后利润已经反映在股票的市场价格之上。当公司做出投资决策后，面临着一个选择，是将税后利润留存下来用于再投资，还是以股利的形式发给股东，并发行新股票筹措所需资金，以满足投资项目的需求。如果公司决定将税后利润留存下来用于再投资，那么现有的股东可以卖掉手中的股票，从而将它们置于与公司支付股利相同的境地。如果公司选择支付股利，那么公司必须发行新股票筹资。这样就存在股利发放和外部筹资之间的套利过程。股利支付使股票市场价格上升，而发行新股票会使股票市场价格下降，这两种效应相互抵消，结果是，每股市价等于股利支付前的每股市价。股东们会处于股利没有被支付的相同境况。因此，无论公司股利政策如何，由于股东对资本利得和股利收益具有无偏好性，股东财富也就不会受公司现在与未来的股利政策影响。公司价值完全取决于公司未来的盈利能力而并非股利政策，从而公司股利政策不会影响公司股票的市场价值。

2. 股利相关论

股利相关论认为公司的股利政策与股票价格密切相关。股利相关论认为，当期的股利支付可以解除投资者心中的不确定性，投资者对股利收益和资本利得有不同的偏好。股东更喜欢股利，或多或少地厌恶风险。由于股利是定期的、确定的报酬，而未来的资本收益则缺乏确定性，未来资本收益的价值低于股利收益。股利支付可以使公司股东按较低的普通股权益报酬率对公司的未来盈利进行折现，从而使公司的价值得到提高。相反，不发放股利或降低股利支付率，用增加留存收益的方法进行再投资，以获得更多未来的资本收益，则会增大投资者的不确定性感知，使普通股的折现率上升，公司价值下降。所以，为了使资金成本最低、公司价值最大，公司应维持高股利支付率的股利政策。

公司股利政策与股票的价格密切相关，这是股利相关论的基本观点。从这一基本观点出发，按照对股利政策与股票价格相关的不同解释，又形成了以下几种各具特色的理论：

（1）"一鸟在手"理论。

该理论认为，留存收益再投资而带来的资本利得的不确定性，高于股利支付的不确定性，所以投资者偏好股利而非资本利得。也就是说，投资者愿意以较高的价格购买能够支付较多股利的股票。这样，股利政策也就会对股票价格产生实质性的影响。由于股利的风险小于资本利得的风险，根据这一理论进行股利决策，公司应该维持高股利支付率，并提供较高的股利收益率给投资者。

（2）信息传播理论。

长期以来，在美国有些人士已经观察到，每当公司提高支付的每股股利时，其股票价格通常会跟着上涨，而每股股利减少，则会导致股票价格的下降。因此得出一个结论，投资人较喜欢股利，而不喜欢资本利得。通过股利的增加，可以传达给投资者这样一个信号：管理当局预期公司未来盈余将会改善；而股利的减少传达给投资人的信号则是：公司未来盈余较目前的盈余差。从而形成了股利相关论的另一个观点——信息传播理论。

信息传播理论认为，公司分配股利这种行为实际上是向投资者传达公司收益情况的信息。如果公司改变过去一贯的股利政策，就意味着公司管理者向投资者发出未来收益的信号，股利的提高表明公司创造未来现金的能力增强，公司股票便会受到投资者的欢迎；反之，则表明公司创造未来现金的能力减弱，投资者便会抛售股票。股利的支付以某种方式将这种信息传递给股东，这种方式非常可信。那些前景不利并缺乏足够现金流量的公司，不仅无力模仿那些前景有利的公司以支撑股利的发放，而且也不应当通过股利传递关于未来利润的错误信号。否则，会使投资者出现错误的判断。一旦市场意识到被愚弄，公司的股票价格必然大幅跌落，从而损害公司的市场价值以至于被低估。因此，在外部投资者看来，具有持续的股利支付能力的公司基本上都是拥有良好业绩和未来前景的公司。由于经理人与投资人处于以信息不对称为特征的环境下，即公司管理者比外部投资者更多地了解公司当前利润的真实状况，公司现金股利的支付起到了把信息从公司内部可靠地传递给股东的作用。市场或外部投资者一般会通过公司所披露的、有关当前利润及分配信息的评价，对未来的预期利润进行评估。这样必然会影响股票市场的走向，从而对公司的价值产生直接的影响。如果某公司在过去较长时期内，始终保持一个稳定的股利支付率，现在突然发生改变，投资者势必对公司的管理政策、付现能力以及未来的获利前景做出判断，并相应引起股票价格以及公司市场价值的波动。因此，信息传播理论得出结论：对于股利的变动，股票市场会做出相应的反应，在以信息不对称为特征的市场中，股利可以传达相关的信息。

（3）所得税差异理论。

在股利无关论中，由于假设不存在所得税，那么公司应该保留收益，股东要取得投资收益，应该从股票价值产生的资本利得中获得。因此，在没有税收的情况下，投资者对公司的收益全部留存还是全部作为股利支付并不关心。但是，如果对股利收入征收个人所得税，那么留存与支付股利的无关性就消失了。这样，就出现了股利相关论的另一个观点——所得税差异论。

所得税差异论认为，由于各国的税法中，资本利得的所得税率低于股利的所得税率，投资者为了避免缴纳税率较高的股利所得税，往往喜欢公司少支付股利，而将较多的收益保留下来，用于再投资，以期提高股票的价值，把股利转化为资本利得。因此，股利政策与公司价值也有相关性，而且税负对股利政策的影响是负向的。

根据这种观点，如果股利的所得税税率比资本利得的所得税税率高，那么投资人可能喜欢公司少付股利，而将较多的盈余保留下来进行再投资。为了获取较高的预期资本利得，投资人愿意接受较低的普通股必要报酬率。只有采取低股利和推迟股利支付的政策，才能使公司价值达到最大。即便是资本利得与股利的所得税税率相同，资本利得也要比现金股利获得更多的实惠。因为资本利得的所得税是在资本利得实现的时候才会征税，延期交税事实上降低了这些税负的价值，因此公司留存收益会更有利。当公司将盈余留存下来而不是支付股利时，实际上给予了股东一种有价值的时间选择权。

二、关于股利理论的讨论

股利无关论是建立在十分严格的假设之上的，但是这些假设与现实有一定的距离。根据对现实股票市场的观察，股利无关论的假设显然是难以成立的。

股利相关论的几种观点都是从某一特定的角度来解释股利政策与股价的相关性，不足之处在于没有考虑多种因素的共同影响。在不完全市场中，公司股利政策的效应会受到多种因素的影响，科学合理的股利理论应全面考虑影响股利政策的所有因素，而不是仅从一个角度解释。

在我国，无论股权结构还是市场健全程度均与西方国家有很大的差别。我国的上市公司多由原国有公司改制而成，国有股在上市公司中占有绝对控股地位，社会公众股所占比例很小，极为分散，没有足够的能力影响公司的决策。公司筹资渠道及方式单一，多为银行借款。投资者还不能完全依靠市场对公司进行有效的监督。上市公司的控股股东存在利用现金股利转移公司现金的倾向，而社会公众股则偏好发放股票股利，公司管理者也愿意发放股票股利。另外，我国的股票市场尚处于非有效阶段，股价严重偏离公司业绩，股票市场的优化资源配置功能还不明显，公司管理者缺乏对投资者揭示私有信息的动机，股利政策传递信号的机制还不健全。

因此，股利政策在我国的应用，应该针对我国的实际情况。对于控股股东、社会公众和公司管理者，在股利政策中应考虑这三者力量的制衡，建立健全股票市场机制。随着我国证券市场的不断发展和完善，投资理念趋向成熟，投资者将越来越重视公司股利政策的制定，上市公司必须考虑影响股利政策制定的各种因素，以确定符合公司各方面利益的股利政策。

三、影响股利政策的因素

股利政策是指公司在支付股利方面所采取的方针政策。股利政策涉及公司对其收益进行分配或是留存，还是再投资的决策问题，它不仅影响企业未来的发展，同时也影响股票的市场价格。因此，公司在制定股利政策时，要兼顾公司未来发展对资金的需求和股东对本期收益的要求。

公司股利政策的形成主要受法律、股东、公司等方面因素的影响。

1. **法律因素**

为了保护债权人和股东的利益，国家有关法律、法规如《公司法》对企业收益分配予以一定的硬性限制。这些限制主要体现在以下几方面：

（1）资本保全约束。资本保全是企业财务管理应遵循的一项重要原则。它要求企业发放的股利或投资分红不得来源于原始投资或股本，而只能来源于企业当期利润或留存收益。其目的是防止企业任意减少资本结构中所有者权益或股东权益的比例，以维护债权人的利益。

（2）资本积累约束。它要求企业在分配收益时，必须按一定的比例和基数提取各种公积金。另外，它要求在具体的分配政策上，贯彻"无利不分"原则，即当企业出现年度亏损时，一般不得分配利润。

（3）偿债能力约束。偿债能力是企业按时足额偿付各种到期债务的能力。对股份公司而言，当其支付现金股利后会影响公司偿还债务和正常经营时，公司发放现金股利的数额就要受到限制。

（4）超额累积利润约束。对于股份公司而言，由于投资者接受股利缴纳的所得税要高于股票交易的资本利得所缴纳的税金，因此许多公司通过累积利润使股价上涨的方式来帮助股东避税。西方许多国家都注意到了这一点，并在法律上明确规定公司不得超额累积利润，一旦公司留存收益超过法律认可的水平，将被加征额外税款。我国法律目前对此尚未做出规定。

2. **股东因素**

股东出于自身利益考虑，可能对公司的利润分配提出限制、稳定或提高股利发放率等不同意见。其内容主要包括：

（1）控制权考虑。公司股利支付率高，就会导致留存收益减少，公司未来靠发行新股来筹集资金的可能性加大，而发行新股意味着公司控制权有旁落他人或其他公司的可能。因此，在原股东追加投资较少时，可考虑多留少分的股利政策。

（2）避税考虑。一些高收入的股东出于避税考虑，往往要求限制股利的支付，而较多地保留盈余，以便从股价上涨中获利。

（3）稳定收入考虑。一些股东往往靠定期的股利维持生活，他们要求公司支付稳定的股利，反对公司留存较多的利润。

（4）规避风险考虑。在某些股东看来，通过增加留存收益引起股价上涨而获得的资本利得是有风险的，而目前所得股利是确定的，即便是现在较少的股利，也强于未来较多但是存在较大风险的资本利得，因此他们往往要求较多地支付股利。

3. 公司因素

公司出于长期发展和短期经营的考虑，需要综合考虑以下因素，并最终制定出可行的分配政策：

（1）公司举债能力。具有较强举债能力的企业，由于能够及时地筹措到所需资金，有可能采用较为宽松的股利政策；而举债能力弱的企业则不得不保留盈余，因而采用较紧的股利政策。

（2）未来投资机会。当企业未来有较好的投资机会，企业的经营者会将收益用于再投资，减少用于分配的收益金额；当企业缺乏良好的投资机会，保留大量的盈余将造成资金的闲置，可适当增大分红数额。

（3）盈余稳定状况。盈余相对稳定的企业有可能支付较高的股利，而盈余不稳定的企业一般采用低股利政策。因为对于盈余不稳定的企业来说，低股利政策可以减少因盈余下降而造成的股利无法支付、股价急剧下降的风险，还可将更多的盈余用于投资，以提高企业的权益资本比重，减少财务风险。

（4）资产流动状况。由于股利代表现金流出，企业的现金状况和资产流动性越好，支付股利的能力就越强；如果企业的资产流动性较差，即使收益可观，也不宜分配过多的现金股利。

（5）筹资成本。与增发普通股相比，保留盈余不需花费实际筹资费用，其资本成本较低，是一种比较经济的筹资渠道。

（6）企业经营的其他考虑。当企业有较多的债务要偿还时，应减少现金流出，可考虑多留少分；当企业有可转换债券要转换时，可考虑多分少留，用多发股利的方式刺激股价上涨，达到尽快转换的目的；在反收购和反兼并中，为促使股价上涨，导致并购不易成功，也可考虑多分少留。

4. 其他因素

（1）债务合同限制。企业的债务合同，特别是长期债务合同，往往有限制企业现金支付的条款，以保护债权人的利益。

（2）通货膨胀。通货膨胀会使货币的购买力降低，固定资产重置资金来源不足，此时企业不得不留用一定的利润，以弥补其不足。

四、股利政策

股利政策受多种因素的影响，同时股利政策的不同也会对公司股票价格产生不同的影响。因此，对于股份公司来说，制定一个正确合理的股利政策是非常重要的。股利政策有以下几种类型：

1. 剩余股利政策

剩余股利政策认为企业的盈余应首先用于满足营利性投资项目的资金需要，在满足其需要后，若还有剩余，公司才能将剩余部分作为股利发给股东。采用剩余股利政策时，一般遵循以下几个步骤：

（1）根据公司的投资计划确定公司最佳资本预算；

（2）根据公司目标资本结构及最佳资本预算，预计公司资金需求中所需要的权益资本数额；

（3）尽可能用留存收益来满足资金需求中所需增加的股东权益数额；

（4）留存收益在满足公司股东权益增加需求后，若有剩余再用来发放股利。

【例8-1】正大公司2009年税后利润总额2 400万元，按规定提取10%的盈余公积和5%的公益金，2010年投资计划需要资金2 100万元，公司目标资本结构是维持借入资金与自有资金的比例为1∶2。

要求：按照剩余股利政策计算正大公司2009年投资者可得到的分红数额。

解：

投资方案所需资金总额 = 2 100（万元）

目标资本结构为1/3负债，2/3所有者权益。

可供分配利润 = 2 400×（1−10%−5%）= 2 040（万元）

投资所需增加的权益资本总额 = 2 100×2/3 = 1 400（万元）

税后净利润能满足投资需要的最大限额 = 1 400（万元）

向投资者支付股利数额 = 2 040−1 400 = 640（万元）

剩余股利政策的优点是：留存收益优先保证再投资的需要，从而有助于降低再投资的资金成本，保持最佳的资本结构，实现企业价值的长期最大化。其缺点是：如果完全遵照执行剩余股利政策，股利发放额就会每年随投资机会和盈利水平的波动而波动，不利于投资者安排收入和支出，也不利于公司树立良好的形象。该政策一般适用于公司初创阶段。

2. 固定或稳定增长股利政策

固定或稳定增长股利政策是指公司将每年派发的股利额固定在某一特定水平或是在此基础上维持某一固定比率逐年稳定增长。

固定或稳定增长股利政策的优点是：

（1）固定或稳定增长股利政策可以传递给股票市场和投资者一个公司经营状况稳定、管理层对未来充满信心的信号，这有利于公司在资本市场上树立良好的公司形象、增强投资者信心，进而有利于稳定公司股价。

（2）固定或稳定增长股利政策有利于吸引那些打算作长期投资的股东，以便其安排各种经常性的消费和其他支出。

固定或稳定增长股利政策的缺点是：公司股利的支付与公司盈余相脱节，造成投资风险与收益不对称；当公司盈利较低时仍要支付较高的股利，容易引起公司资金短缺和财务状况恶化。该政策一般适用于经营处于成熟阶段、信誉一般的公司，却很难被长期采用。

【例8-2】某企业税后可供分配给股东的利润为800万元，并且企业的固定股利支付率为2%，则股东可获股利额为：

800×2% = 160（万元）

3. 固定股利支付率政策

固定股利支付率政策是指公司将每年净收益的某一固定百分比作为股利分派给股东。这一百分比通常称为股利支付率，股利支付率一经确定，一般不得随意变更。固定股利支付率越高，公司留存的净收益越少。在这一股利政策下，只要公司的税后利润一经计算确定，所派发的股利也就相应确定了。

固定股利支付率政策的优点是：

（1）使股利与企业盈利紧密结合，体现多盈多分、少盈少分、不盈不分的股利分配原则。

（2）由于公司的盈利能力在年度间是经常变动的，所以每年的股利也应随着公司收益的变动而变动，保持分配与留存收益间的一定比例关系，体现了投资风险与投资收益的对等。

固定股利支付率政策的缺点是：

（1）传递信息容易成为公司的不利因素，即股利波动容易使外界产生公司经营不稳定的印象。

（2）容易使公司面临较大的财务压力。

（3）公司每年按固定比例从净利润中支付股利，缺乏财务弹性。

（4）合适的固定股利支付率的确定难度较大。

固定股利支付率政策只适用于那些处于稳定发展阶段且公司财务状况较稳定的公司。

【例8-3】某公司目前发行在外的股数为1 000万股，该公司的产品销路稳定，拟投资1 200万元，扩大生产能力50%。该公司想要维持目前50%的负债比率，并想继续执行10%的固定股利支付率政策。该公司在2007年的税后利润为500万元。

要求：计算该公司2008年为扩大上述生产能力必须从外部筹措的权益资本额。

解：

保留利润 = $500 \times (1-10\%) = 450$（万元）

项目所需权益融资需要 = $1 200 \times (1-50\%) = 600$（万元）

外部权益融资 = $600 - 450 = 150$（万元）

4. 低正常股利加额外股利政策

低正常股利加额外股利政策是指公司事先设定的一个较低的正常股利额，每年除了按正常股利额向股东发放现金股利外，还在公司盈利情况较好、资金较为充裕的年度向股东发放高于每年度正常股利的额外股利。

低正常股利加额外股利政策的优点是：

（1）赋予公司一定的灵活性，使公司在股利发放上留有余地和具有较大的财务弹性。

（2）有助于稳定股价，增强投资者信心。

低正常股利加额外股利政策的缺点是：

（1）由于年份之间公司的盈利波动使得额外股利不断变化，或时有时无，造成分派股利的不同，容易给投资者以公司收益不稳定的感觉。

（2）如果公司较长时期一直发放额外股利，股东就会误认为这是正常股利，一旦取消，极易造成公司"财务状况"逆转的负面影响，股价下跌在所难免。

低正常股利加额外股利政策适用于那些盈利水平随经济周期波动较大的公司或行业。

五、股利支付方式及程序

（一）股利支付方式

常见的股利支付方式有：

1. 现金股利

现金股利是指以现金支付的股利，是股利支付的最常见形式，许多现金充足的企业往往采用这一形式发放普通股股利。发放现金股利的多少主要取决于企业的股利政策和经营业绩。发放现金股利时，企业除需要有足够的可供分配的保留盈余外，还需要有足够的现金，尤其是在股利支付日。当企业的现金吃紧时，企业为了能够应付意外情况，通常不愿意承受大的财务风险而运用现金支付巨额的股利。

2. 股票股利

股票股利是公司以增发股票方式支付的股利，我国实务中通常也称其为"红股"。股票股利并不直接增加股东的财富，也不会使现金流出企业，它相当于原有股东对公司的再投资。因此这种股利支付方式不会减少公司股东权益的账面价值，只会引起股东权益各项目的结构发生变化，如股本增加，未分配利润减少。

3. 财产股利

财产股利是以现金以外的其他资产支付的股利，主要是以公司所拥有的其他公司的有价证券，如公司债券、公司股票等，作为股利支付给股东。

4. 负债股利

负债股利是公司以负债支付的股利，通常以公司的应付票据支付给股东，有时也以发行公司债券的方式支付股利。

财产股利和负债股利实际上是现金股利的替代。这两种股利方式目前在我国公司实务中很少使用，但并非法律所禁止。

（二）股利支付程序

公司向股东支付股利，要经过一定的程序。这一程序中主要包括股利宣告日、股权登记日、除息日和股利支付日等重要日期。

（1）股利宣告日。股利宣告日是公司董事会将股利分配方案予以公告的日期。公司的股利分配一般由董事会提出预案，经股东大会讨论通过后登记，正式对外公告。公告中将宣布每股支付的股利、股权登记日、除息日和股利支付日。

（2）股权登记日。股权登记日是有权领取本次股利的股东资格登记截止日期。只有在股权登记日或之前在公司股东名册上有名的股东，才有权分享本次股利。

（3）除息日。除息日是指从股价中除去股利的日期。在除息日当天或以后购买股票者将无权领取最近一次股利。

（4）股利支付日。股利支付日是将股利正式发放给股东的日期。公司在这一天开始的几天内，签发每一股应得股利数额的支票寄给股东。在我国，上市公司支付给股东的股息、红利，在支付日这天自动转入股东账户。

第三节　股票分割与股票回购

一、股票分割

1. 股票分割的含义

股票分割又称拆股，是指将一股股票拆分成多股股票的行为。例如，将原来的每股股份分成3股，则每股的面额缩小为原来的1/3，但股本总额不变。

股票分割后，可以使发行在外的股数增加，而每股面额降低，每股股份代表的账面价值降低，从而使每股收益下降；但企业资本结构不变，总额及其各项目的金额、比例不会发生变化。这与发放股票股利既有相同之处，又有不同之处。

对于公司来讲，实行股票分割的主要目的在于通过增加股票股数来降低每股市价，从而吸引更多的投资者。对于股东来讲，股票分割后各股东持有的股数增加，但持股比例和持有股票的总价值不变。如果股票分割后的每股现金股利的下降幅度小于股票分割幅度，股东仍能多获现金股利，同时股票分割向社会传递了有利信息和降低了的股价，可能使购买该股票的人增加，从而促进其价格上升，增加股东财富。

【例8-4】某公司现有股本1 000万股（每股面值为10元），资本公积20 000万元，留存收益70 000万元，股票市价为每股20元。试比较该公司按100%发放股票股利（买10送10）及按1∶2进行股票分割对公司股东权益的影响。

表 8-1　股票股利和股票分割

普通股股东权益	原来	股票分割（1∶2）	股票股利（100%分配）
股本	10 000万元 （1 000万股×每股面值10元）	10 000万元 （2 000万股×每股面值5元）	20 000万元 （2 000万股×每股面值10元）
资本公积	20 000万元	20 000万元	30 000万元
留存收益	70 000万元	70 000万元	50 000万元
股东权益	100 000万元	100 000万元	100 000万元

从表 8-1 的数据中可以看出，股票分割后公司股东权益各项目的金额以及总额并未发生变化，所不同的只是股数增加和每股面值下降，而发放股票股利虽然股东权益总额不变，但各项目的金额发生了相应的变动，留存收益减少的金额增加了股本和资本公积。

2. 股票分割的主要作用

（1）有利于促进股票流通和交易。采用股票分割可使公司股票每股市价降低，有利于促进股票的流通和交易。

（2）有助于公司并购政策的实施，增加对被并购方的吸引力。

【例 8-5】假设有 A、B 两家公司，A 公司每股股票市价为 60 元，B 公司每股股票市价为 6 元，A 公司准备通过股票交换的方式对 B 公司实施并购，如果以 A 公司 1 股股票换取 B 公司 10 股股票，可能会使 B 公司的股东在心理上难以承受；相反，如果 A 公司先进行股票分割，将原来的 1 股股票拆为 5 股，然后再以 1∶2 的比例换取 B 公司股票，则 B 公司的股东在心理上会容易接受些。因此，通过股票分割的办法降低被并购公司股东的心理落差，更有利于公司并购方案的实施。

（3）股票分割可以为公司发行新股做准备。公司股票价格太高，会使许多投资者不敢轻易对公司股票进行投资。在新股发行之前，利用股票分割降低股票价格，可以促进新股发行。

（4）有利于增强投资者对公司的信心。股票分割可向股票市场和广大投资者传递公司业绩好、利润高、增长潜力大的信息，从而能提高投资者对公司的信心。

（5）股票分割带来的股票流通性的提高和股东数量的增加，会在一定程度上加大对公司股票恶意收购的难度。

二、股票回购

1. 股票回购的含义及方式

股票回购是指上市公司出资将其发行的流通在外的股票以一定的价格买回来予以注销或作为库存股的一种资本运作方式。股票回购包括公开市场回购、要约回购和协议回购三种方式。

（1）公开市场回购。公开市场回购是指在股票的公开交易市场上，以等同于任何潜在投资者的地位，按照公司股票当前市场价格回购股票。这种方式的缺点是在公开交易市场上回购股票时很容易推高股价，增加回购成本。

（2）要约回购。要约回购是指公司在特定期间向市场发出的以高出股票当前市场价格的某一价格，回购既定数量股票的要约。在这种方式下，对所有股东来说，向公司出售其所持有股票的机会是均等的。

（3）协议回购。协议回购是指公司以协议价格直接向一个或几个主要股东回购股票。在卖方首先提出的前提下，协议价格一般低于当前股票的市场价格。

2. 股票回购的动机

在证券市场上，股票回购的动机主要有以下几点：

（1）替代现金股利。对公司来讲，派发现金股利会对公司未来产生派现的压力，而股票回购属于非正常股利政策，不会对公司未来产生派现压力。对股东来讲，需要现金的股东可以选择出售股票，不需要现金的股东可以继续持有股票。因此，当公司资金富余，又不希望以派现方式进行分配时，股票回购可以替代现金股利。

（2）改善企业的资本结构。当企业管理当局认为权益资本在整个企业的资本结构中所占比重过大，负债对权益比例过小时，就有可能利用留存收益或通过举债去回购企业发行在外的普通股，由此提高资产负债率，使资本结构趋于合理。

（3）满足认股权的行使。在企业发行可转换债券、认股权证或出台高层管理员股票期权计划及员工持股计划，而又不想发行新股稀释每股净收益、降低每股市价时，可采用股票回购的办法。

（4）满足企业兼并和收购的需要。在企业兼并和收购过程中，产权交换的支付方式有无非现金购买和以股票换取股票两种，如果企业有库存股票，可以使用企业本身的库存股交换兼并企业的股票，由此减少或消除因企业兼并而带来的每股盈利的稀释效应。

在企业回购股票之前，信息的披露非常重要，企业必须告诉股东自己的真正意图，不得隐瞒任何信息。没有适当的信息披露，可能会损害出售股票的股东的利益，这被认为是不道德的，会给公司的信誉带来消极影响。

3. 股票回购的影响

股票回购对上市公司经营造成的影响有：

（1）股票回购需要大量资金支付回购的成本，易造成资金紧缺，资产流动性差，影响公司发展后劲。上市公司进行股票回购必须以资金实力为前提，如果公司负债率较高，再举债进行回购，将使公司资产流动性劣化，巨大的偿债压力会进一步影响公司正常的生产经营和发展后劲。

（2）股票回购可能使公司的发起人股东更注重创业利润的兑现，而忽视公司长远的发展，损害公司的根本利益。

（3）股票回购容易导致内幕操纵股价。股份公司拥有本公司最准确、最及时的信息，如果允许上市公司回购本公司股票，易导致其利用内幕消息进行炒作，使大批普通投资者蒙受损失，甚至有可能出现借回购之名炒作本公司股票的违法行为。

（4）股票回购对于公司来说，无异于股东退股和减少公司资本，在一定程度上削弱了对债权人利益的保障。

本章小结

1. 利润分配主要是确定企业实现的净利润如何分给投资者和用于再投资。企业在进行利润分配时应遵循依法分配原则、兼顾各方利益原则、分配与积累并重原则和投资与受益对等原则。利润分配应按一定的程序进行。

2. 股利政策应考虑的因素有：法律因素、股东因素、公司因素和其他因素。公司常用的股利政策主要有剩余股利政策、固定或稳定增长股利政策、固定股利支付率政策和低正常股利加额外股利政策。股利支付方式主要有现金股利、股票股利、财产股利和负债股利。

3. 股票分割与股票回购是两个既有区别又有联系的概念，两者对所有者权益总额各个项目构成的影响不同，但在实践中对股利又有相似的影响。

思考题

1. 利润分配应遵循哪些基本原则？
2. 股利支付有哪几种方式？
3. 影响股利政策的因素有哪些？
4. 股利政策的基本类型有哪些？
5. 发放股票股利对公司和股东有何意义？
6. 简述股票分割与股票回购的异同。

资料1：

北方一家大型钢铁公司业绩一直很稳定，其盈余的长期增长率为12%，2007年该公司的税后利润为1 000万元，当年发放股利250万元。2008年该公司面临一次投资机会，需投资900万元，预计投资后，公司盈利可达到1 200万元，2009年以后公司仍会恢复12%的增长率。公司目标资本结构为负债与权益的比为4∶5。现在公司面临股利分配政策的选择，可供选择的股利分配政策有剩余股利政策、固定股利政策、固定股利支付率政策。

问题：

若你是该公司的会计师，请你计算2007年公司实行不同股利政策时的股利水平，并比较不同的股利政策，做出你认为正确的选择。

资料2：

正大公司是一家上市公司，其年终利润分配前的股东权益项目中，股本（普通股）总额为400万元（每股面值2元，总计200万股），资本公积为160万元，未分配利润为840万元，所有者权益合计1 400万元，公司的股票每股现行市价32元。现公司拟出两个股利分配方案：①发放股票股利，计划按每10股送1股的比例发放，股票股利的金额按现行市价计算；②进行股票分割，按1股换2股的比例进行。

要求：

计算这两个方案对股东权益总额和各项目的影响，并比较两个方案的不同点和相同点。

第九章 财务预算

ITEM 9

学习目标

通过本章的学习，使学生理解财务预算的含义与作用；掌握财务预算编制的步骤、现金预算的编制基础与方法；熟悉预计财务报表的编制方法；了解全面预算。

开篇案例

ABC 公司财务预算管理的目的和组织

第一条 年度经营财务预算的目的：将战略规划当年的经营思路转化为一个详细的经营计划和财务计划，作为公司最高领导和各中心、子公司、业务部门领导之间的"年度经营责任合同"，总公司通过对各中心、子公司、业务部经营财务预算的严格质询和考核，指导各中心子公司、业务部的经营运作，保证公司健康发展。

第二条 公司预算管理的决策机构是总公司总裁办公会，预算日常管理机构是总公司预算委员会，预算委员会办公室设在总公司财务部。

第三条 ABC 办公会在预算管理中的职责是根据公司战略规划制定公司业绩期望目标，并由总裁和高层领导通过对各中心、子公司、业务部经营财务预算的严格质询，保证业绩期望目标尽量得以实现。

第四条 总公司预算委员会及其办事机构在预算管理中的职责是根据总裁办公会的要求，具体组织和下达年度预算编制要求，进行初步审核和调整，做出公司年度预算方案并提交总裁办公会批准后批复预算；预算委员会还负责向总裁办公会提交年度预算调整方案和月度、季度、年度业绩质询会议分析报告。

第五条 总公司预算委员会设主任一名，由负责财务的副总裁担任。预算委员会成员由财务部、战略规划部、投资管理部、资产管理部、审计监督部、风险管理部、人力资源部、行政事务部组成。各部门在预算委员会的工作侧重点不同：总公司财务部为公司预算委员会的具体办事机构，负责执行公司预算委员会交办的工作；战略规划部负责 3 年规划和年度预算目标的衔接；投资管理部负责投资预算；资产管理部负责清欠预算；审计监督部和风险管理部负责经营计划的控制和评价；人力资源部负责激励机制下人员成本的测算；行政事务部负责固定资产和部分递延资产的预算管理。

第六条 各中心负责人、各中心所属子公司总经理、总公司职能部门负责人、海外集团总经理、其他总公司拥有控股权的项目总经理直接负责预算编制，各级财务计划部门提供技术支持。

通过学习本章的内容，请思考：ABC 公司财务预算的目的及财务预算与整体预算的关系是什么？

> **导　言**
>
> 　　预算管理是企业管理的核心内容之一，也是被现代企业证明行之有效的财务管理系统。从机制的角度分析，财务预算管理绝不只是财务部门的事情，而是企业综合的、全面的管理。财务预算是企业全面预算的一部分，它和企业其他预算是联系在一起的，整个财务预算是一个相互衔接的整体。它既是财务决策的具体化，又是控制在企业生产经营过程中与物流并行的资金流的依据。

第一节　财务预算概述

一、财务预算的含义

　　财务预算是一系列专门反映企业未来一定预算期内预计财务状况和经营成果，以及现金收支等价值指标的各种预算的总称，主要内容包括现金预算和预计财务报表。

　　财务预算是全面预算的一部分，它和其他预算是联系在一起的，整个全面预算是一个数字相互衔接的整体。

二、全面预算体系

（一）全面预算的内容

　　全面预算是由一系列预算构成的体系，各项预算之间相互联系，关系比较复杂，很难用一个简单的办法准确描述。图 9-1 是一个简化了的例子，反映了各预算之间的主要联系。

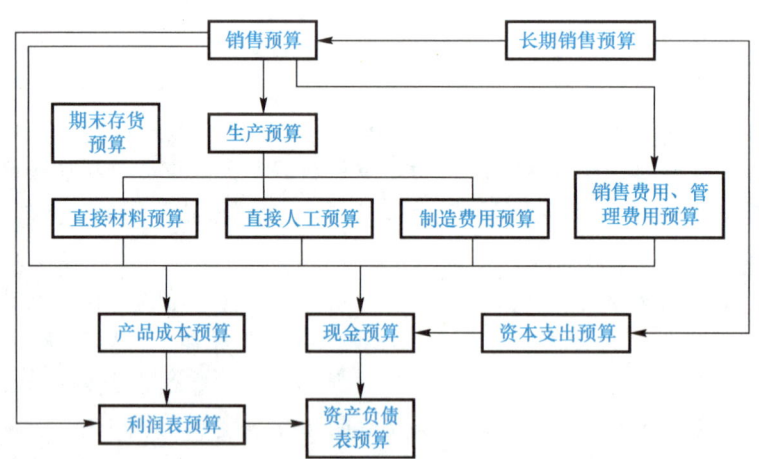

图 9-1　全面预算

　　企业应根据长期市场预测和生产能力编制长期销售预算，以此为基础确定本年度的销售预算，并根据企业财力确定资本支出预算。销售预算是年度预算的编制起点，根据"以销定产"的原则确定生产预算，同时确定所需要的销售费用。生产预算的编制，除了考虑计划销售量外，还要考虑现有存货和年末存货。根据生产预算来确定直接材料、直接人工和制造费用预算。产品成本预算和现金预算是有关预算的汇总。利润表预算和资产负债表预算是全部预算的综合。

全面预算按其涉及的预算期分为长期预算和短期预算；按其涉及的内容分为总预算和专门预算；按其涉及的业务活动领域分为销售预算、生产预算和财务预算。

(二) 全面预算的作用

企业预算是各级各部门工作的奋斗目标、协调工具、控制标准、考核依据，在经营管理中发挥着重大作用。

企业的目标是多重的，不能用唯一的数量指标来表达。企业的主要目标是盈利，但也要考虑社会的其他限制。因此，需要通过预算分门别类、有层次地表达企业的各种目标。企业的总目标，通过预算被分解成各级各部门的具体目标。它们根据预算安排各自的活动，如果各级各部门都完成了自己的具体目标，企业的总目标也就有了保障。预算中规定了企业一定时期的总目标以及各级各部门的子目标，可以动员全体职工为此而奋斗。

企业内部各级各部门必须协调一致，才能最大限度地实现企业的总目标。各级各部门因职责不同，往往会出现互相冲突的现象。例如，企业的销售、生产、财务等各部门可以分别编制对自己来说最好的计划，而该计划在其他部门不一定能行得通。销售部门根据市场预测，提出一个庞大的销售计划，生产部门可能没有那么大的生产能力；生产部门可以编制一个充分发挥生产能力的计划，但销售部门却可能无力将这些产品推销出去；销售和生产部门都认为应当扩大生产能力，财务部门可能认为无法筹集到必要的资金。企业预算运用货币度量来表达，具有高度的综合性，经过综合平衡，可以制定解决各级各部门冲突的最佳办法，可以使各级各部门的工作在此基础上更加协调。

计划一经确定，就进入了实施阶段，管理工作的重心转入控制过程，即设法使经济活动按计划进行。控制过程包括经济活动状态的计量、实际状态和标准的比较、两者差异的确定和分析，以及采取措施调整经济活动等。预算是控制经济活动的依据和衡量其合理性的标准，当实际状态和预算有了较大差异时，要查明原因并采取措施。

现代化生产是许多共同劳动的过程，不能没有责任制度，而有效的责任制度离不开对工作成绩的考核。通过考核，对每个人的工作进行评价，并据此实行奖惩和人事任免，可以促使人们更好地工作。考核与不考核是大不一样的。当管理人员知道将根据他们的工作实绩来评价其能力并实行奖惩时，他们将会更努力地工作。超过上年或历史最好水平，只能说明有所进步，并不能说明这种进步已经达到了应有的程度。由于客观条件的变化，收入减少或成本增加并不一定是管理人员失职造成的，很难依据历史变化趋势确定工作的好坏。当然，考核时也不能只看预算是否被完全执行了，某些偏差可能是有利的，如增加推销费用可能对企业总体有利；反之，年终突击花钱，虽未超过预算，但也不是一种好的现象。

为使预算发挥上述作用，除了要编制一个高质量的预算外，还应制定合理的预算管理制度，包括编制程序、修改预算的办法、预算执行情况的分析方法、调查和奖惩办法等。

(三) 全面预算的编制程序

企业预算的编制，涉及经营管理的各个部门，只有执行人参与预算的编制，才能使预算成为其努力完成的目标。企业预算编制程序如下：

(1) 企业决策机构根据长期规划，利用本量利分析等工具，提出企业一定时期的总目标，并下达规划指标。

(2) 最基层成本控制人员自行草编预算，使预算能较为可靠、较为符合实际。

(3) 各部门汇总部门预算，并初步协调本部门预算，编制出销售、生产等财务预算。

(4) 预算委员会审查、平衡各预算，汇总出公司的总预算。

(5) 经过总经理批准，审议机构通过或者驳回修改预算。

（6）主要预算指标报告给董事会或上级主管单位，讨论通过或者驳回修改。

（7）批准后的预算下达给各部门执行。

第二节　财务预算的编制方法

一、固定预算和弹性预算

编制预算的方法按其业务量基础的数量特征不同，可分为固定预算和弹性预算两大类。

（一）概念

1. 固定预算

固定预算又称静态预算，是指以预算期内正常的、可实现的某一固定业务量（如生产量、销售量）水平作为唯一基础来编制预算的一种方法。显然，一旦预计业务量与实际业务量水平相去甚远，必然导致有关成本费用及利润的实际水平与预算水平因基础不同而失去可比性，不利于开展控制和考核。

2. 弹性预算

弹性预算亦称变动预算，是以业务量、成本和利润之间的依存关系为依据，以预算期内可预见的各种业务量水平为基础，编制能够适应多种情况预算的一种方法。弹性预算的基本原理是，将成本费用按照成本习性划分为固定成本和变动成本两部分，编制弹性预算时，对固定成本不予调整，只对变动成本进行调整。弹性预算能随着业务量的变动而变动，使预算执行情况的评价和考核建立在更加客观可比的基础上，可以充分发挥预算在管理中的控制作用。

（二）弹性预算的编制

编制弹性预算的基本步骤是：选择业务量的计量单位；确定适用的业务量范围；逐项研究并确定各项成本和业务量之间的数量关系；计算各项预算成本，并用一定的方式来表达。

编制弹性预算，要选用一个最能代表本部门生产经营活动水平的业务量计量单位。例如，以手工操作为主的车间，就应选用人工工时；制造单一产品或零件的部门，可以选用实物数量；制造多种产品或零件的部门，可以选用人工工时或机器工时；修理部门可以选用直接修理工时；等等。

弹性预算的业务量范围，视企业或部门的业务量变化情况而定，务必使实际业务量不至于超出确定的范围。一般来说，可定在正常生产能力的70%~110%，或以历史上最高业务量和最低业务量为其上下限。从理论上讲，弹性预算适用于与业务量有关的各种预算，但从实用角度看，主要用于编制弹性成本预算和弹性利润预算等。

1. 弹性成本预算的编制

弹性成本预算的编制方法有多种，本书主要介绍列表法和公式法两种。

（1）列表法。采用列表法，首先要在确定的业务量范围内，划分出若干个不同水平，然后分别计算各项预算成本，汇总列入一个预算表格。表9-1就是一个用列表法表达的弹性预算。在这个预算中，业务量的间隔为10%，这个间隔可以更大些，也可以更小些。间隔较大，水平级别就少一些，可简化编制工作，但太大了就会失去弹性预算的优点；间隔较小，用以控制成本较为准确，但会增加编制的工作量。

列表法的优点是：不管实际业务量是多少，不必经过计算即可找到与业务量相近的预算成本，用其控制成本比较方便；混合成本中的阶梯成本和曲线成本，可按其性态计算填列，不必用数学方法修正为近似的直线成本。但是，运用列表法弹性预算评价和考核实际成本时，往往需要使用插补法来计算"实际业务量的预算成本"，比较麻烦。

【例9-1】某公司直接人工工时的有效变动范围及制造费用各项目的资料如表9-1所示。根据资料采用列表法推算出以10%为业务量间距时，该公司2004年制造费用预算数额。

表9-1 某公司2004年制造费用弹性预算　　　　　　　　　　　　　　　单位：元

直接人工工时	1 400	1 600	1 800	2 000	2 200
生产能力利用（%）	70	80	90	100	110
1. 变动成本项目	77 000	88 000	99 000	110 000	121 000
燃油	7 000	8 000	9 000	10 000	11 000
辅助工人工资	70 000	80 000	90 000	100 000	110 000
2. 混合成本项目	476 400	510 800	545 200	579 600	614 000
辅助材料	131 000	134 000	137 000	140 000	143 000
维修费	237 200	266 000	294 800	323 600	352 400
检验人员工资	44 200	44 800	45 400	46 000	46 600
水费	64 000	66 000	68 000	70 000	72 000
3. 固定成本项目	858 000	858 000	858 000	858 000	858 000
管理人员工资	310 000	310 000	310 000	310 000	310 000
保险费	280 000	280 000	280 000	280 000	280 000
设备租金	268 000	268 000	268 000	268 000	268 000
制造费用预算数	1 411 400	1 456 800	1 502 200	1 547 600	1 593 000

（2）公式法。因为任何成本都可用公式"$y=a+bx$"来近似地表示，所以只要在预算中列示a（固定成本）和b（单位变动成本），便可随时利用公式计算任一业务量（x）的预算成本（y）。表9-2是一个公式法的弹性预算，其数据资料与多水平法一样，只是表达方式不同。公式法的优点是便于计算任何业务量的预算成本。但是，阶梯成本和曲线成本只能用数学方法修正为直线，以使用"$y=a+bx$"公式来表示。必要时，还需要在"备注"中说明不同的业务量范围内，应该采用的不同的固定成本金额和单位变动成本金额。

【例9-2】某公司生产甲产品，2008年7—12月发生的制造费用（维修费）如表9-2所示。要求采用高低点法将制造费用（维修费）分解为固定成本和变动成本。

表9-2 某公司2008年7—12月甲产品产量和制造费用（维修费）资料

项目	7月	8月	9月	10月	11月	12月
产量x（件）	100	150	200	250	300	350
维修费y（元）	50 000	57 000	65 000	73 000	80 000	86 000

根据上述资料，产销（业务）量的低点为100件，对应的成本为50 000元；高点为350件，对应的成本为86 000元。所以：

$$b = \frac{y_{高} - y_{低}}{x_{高} - x_{低}} = \frac{86\,000 - 50\,000}{350 - 100} = 144\,(元/件)$$

$$a = y_{低} - bx_{低} = 50\,000 - 144 \times 100 = 35\,600\,(元)$$

或 $a = y_{高} - bx_{高} = 86\,000 - 144 \times 350 = 35\,600\,(元)$

2. 弹性利润预算的编制

编制弹性利润预算能够反映不同销售业务量条件下相应的预算利润水平。常见的方法有因素法和百分比法。

（1）因素法。因素法根据影响利润的有关因素与收入成本的关系，列表反映这些因素分别变动时相应的预算利润水平。

【例9-3】甲企业预计2008年A产品单位变动成本80元，固定成本6 000元。当年生产的产品当年销售，销售业务量的有效变动范围为280～440件。同一销售业务量下其售价分别为120元和130元（见表9-3）。要求采用因素法推算出以5%为业务量间隔时，甲企业2008年A产品利润预算数额。

表 9-3　2008年甲企业A产品弹性利润预算　　　　　　　　　　单位：万元

销售量	280 件		...	400 件		...	440 件	
售价	120	130	...	120	130	...	120	130
销售收入	33 600	36 400	...	48 000	52 000	...	52 800	57 200
变动成本	22 400	22 400	...	32 000	32 000	...	35 200	35 200
固定成本	6 000	6 000	...	6 000	6 000	...	6 000	6 000
利润总额	5 200	8 000	...	10 000	14 000	...	11 600	16 000

以销售量280件、售价120元为例：

2008年A产品利润预算数额 = 销售收入 - 预计销售量 × 单位变动成本预算数 - 固定成本预算数
= 33 600 - 280 × 80 - 6 000 = 5 200（元）

因素法主要适用于单一品种经营的企业，多品种经营的企业通常采用百分比法编制弹性利润预算。

（2）百分比法。百分比法是按不同项目占销售额的百分比，列表反映在销售业务量的有效变动范围内，不同销售收入百分比相应的预算利润水平。百分比法必须假定固定成本不变，变动成本随着销售收入变动百分比而同比例变动。

【例9-4】乙企业2007年利润表及各项目占销售额的百分比如表9-4所示。根据表9-4的资料采用百分比法编制乙企业2008年销售利润弹性预算，如表9-5所示。

表 9-4　乙企业2007年实际利润表

项目	金额（万元）	占销售百分比（%）
销售收入	500	100
变动成本	390	78
固定成本	70	14
利润总额	40	8

表 9-5　乙企业 2008 年弹性利润预算　　　　　　　　　　　　　　　单位：万元

收入百分比	70%	80%	...	100%	110%
销售收入	350	400	...	500	550
变动成本	273	312	...	390	429
固定成本	70	70	...	70	70
利润总额	7	18	...	40	51

以销售收入百分比 70% 为例：

2008 年利润预算数额 = 2007 年销售收入 × 70% × (1−78%) − 2007 年固定成本
　　　　　　　　　 = 500 × 70% × (1−78%) − 70
　　　　　　　　　 = 7（万元）

二、增量预算和零基预算

编制成本费用预算的方法按其出发点的特征不同，可分为增量预算和零基预算两大类。

（一）概念

1. 增量预算

增量（或减量）预算是在基期成本费用水平的基础上，结合预算期业务量水平及降低成本费用的措施，通过调整有关原有成本费用项目而编制的预算。

增量预算方法的缺点是：①受原有费用项目限制，可能导致保护落后；②滋长预算中的"平均主义"和"简单化"；③不利于企业未来发展。

2. 零基预算

零基预算亦称零底预算，是增量（或减量）预算的对称，是以零为基础编制的预算。零基预算的基本原理是，编制预算时一切从零开始，从实际需要与可能出发，像对待决策项目一样，逐项审议各项成本费用开支是否必要合理，进行综合平衡后确定各种成本费用项目的预算数额。零基预算方法打破传统的编制预算观念，不再以历史资料为基础进行调整，而是一切以零为基础。编制预算时，首先要确定各个费用项目是否应该存在，然后按项目的轻重缓急，安排企业的费用预算。

零基预算的优点是不受已有费用项目和开支水平的限制；能够调动各方面降低费用的积极性，有助于企业的发展。其缺点是工作量大，重点不突出，编制时间较长。

此方法特别适用于产出量较难辨认的服务性部门费用预算的编制。

（二）零基预算的编制

1. 零基预算的编制程序

（1）确定预算单位。预算单位有时称为"基本预算单位"，也可以定义为主要的基本建设项目、专项工作任务，或者是主要项目。在实践中，通常由高层管理者来确定哪一级机构部门或项目为预算单位。

（2）提出相应费用预算方案。预算单位针对企业在预算年度的总体目标以及由此确定的各预算单位的具体目标和业务活动水平，提出相应的费用预算方案，并说明每一项费用开支的理由与数额。

（3）进行成本和效益分析。按"成本—效益分析"方法比较每一项费用及相应的效益，评价每项费用开支计划的重要程度，区分不可避免成本与可延缓成本。

（4）决定预算项目资金分配方案。将预算期可动用的资金在预算单位内各项目之间进行分配，对不可避免成本项目优先安排资金，对可延缓成本项目根据可动用资金情况，按轻重缓急、收益大小分配资金。

（5）编制明细费用预算。预算单位经协调后具体规定有关指标，逐项下达费用预算。

2. 零基预算的编制举例

【例9-5】丙公司采用零基预算编制2008年销售及管理费用预算。

第一步，由销售及管理部门的全体职工，根据预算期公司的总目标和本部门的具体目标，进行反复讨论，提出预算期可能发生的一些费用项目及金额，如表9-6所示。

表9-6 2008年丙公司可能发生的费用项目及金额   单位：元

项目	金额	项目	金额
广告费	2 600	业务招待费	3 000
差旅费	1 400	房屋租金	3 000
培训费	1 000	办公费	2 000

第二步，将广告费和业务招待费根据历史资料进行"成本—效益"分析，做出评价。其结果如下：广告费：投入成本1元，可获收益20元；业务招待费：投入成本1元，可获收益30元。至于差旅费、培训费、房屋租金、办公费，经研究列入不可避免的成本费用项目，应全额得到保证。

第三步，假定丙公司在预算期内可用于销售及管理费用的资金为10 000元，则该部门分配资金时首先满足差旅费、培训费、房屋租金、办公费等四项不可避免成本费用支出，共计7 400（3 000+2 000+1 400+1 000）元，剩余2 600（10 000－7 400）元，按其收益大小在广告费和业务招待费之间进行分配：

费用分配率 = 2 600÷（20+30）= 52

广告费用项目可分配的资金 = 20×52 = 1 040（元）

招待费用项目可分配的资金 = 30×52 = 1 560（元）

第四步，编制零基预算表，如表9-7所示。

表9-7 2008年丙公司销售及管理费用零基预算   单位：元

项目	房屋租金	办公费	差旅费	培训费	招待费	广告费	合计
预算额	3 000	2 000	1 400	1 000	1 560	1 040	10 000

由此可见，零基预算不受基期费用水平的束缚，不仅能使预算单位负责人重视预算的编制工作，而且能充分调动预算单位全体职工的工作积极性，挖掘内在潜力，增强预算的应用能力；同时，零基预算有利于有效地分配资源。但是零基预算工作量大，所需时间和所付代价较高。另外，费用项目成本效益的计算也缺乏客观依据。

三、定期预算与滚动预算

编制预算的方法按其预算期的时间特征不同，可分为定期预算和滚动预算两大类。

（一）定期预算

1. 概念

定期预算，是指在编制预算时以不变的会计期间（如日历年度）作为预算期的一种编制预算的方法。

2. 特点

定期预算的优点是能够使预算期间与会计年度相配合，便于考核和评价预算的执行结果。其缺点是：第一，盲目性。由于定期预算往往是在年初甚至提前两三个月编制的，预测的数据与实际发生的经营活动有时出现较大差距，给预算的执行带来很多困难，不利于对生产经营活动的考核与评价。第二，滞后性。由于定期预算不能随情况的变化及时调整，当预算中所规划的各种经营活动在预算期内发生重大变化时（如预算期临时中途转产），就会造成预算滞后过时，使之成为虚假预算。第三，间断性。受预算期间的限制，经营管理者的决策视野局限于本期规划的经营活动，通常不考虑下期。因此，按定期预算方法编制的预算不能适应连续不断的经营过程，从而不利于企业的长远发展。为了克服定期预算的缺点，在实践中可采用滚动预算的方法编制预算。

（二）滚动预算

1. 概念

滚动预算又称连续预算或永续预算，是指在编制预算时，将预算期与会计年度脱离，随着预算的执行不断延伸补充预算，逐期向后滚动，使预算期永远保持为12个月的一种编制预算的方法。

2. 特点

（1）透明度高。滚动预算不再仅是预算年度开始之前几个月的事情，而是实现了与日常管理的紧密衔接，可以使管理人始终能够从动态的角度把握企业近期的规划目标和远期的战略布局，使预算具有较高的透明度。

（2）及时性强。滚动预算能根据前期预算的执行情况结合各种因素的变动影响，及时调整和修订近期预算，从而使预算更加切合实际，能够充分发挥预算的指导和控制作用。

（3）连续性、完整性和稳定性突出。滚动预算在时间上不再受日历年度的限制，能够连续不断地规划未来的经营活动，不会造成预算的人为间断，同时可以使企业管理人员了解未来12个月内企业的总体规划与近期预算目标，能够确保企业管理工作的完整性与稳定性。

3. 编制方式

滚动预算按其预算编制和滚动的时间单位不同可分为逐月滚动、逐季滚动和混合滚动三种方式。

（1）逐月滚动。

逐月滚动是指在预算编制过程中，以月份为预算的编制和滚动单位，每个月调整一次预算的方法。

如在2009年1月至12月的预算执行过程中，需要在1月末根据当月预算的执行情况，修订2月至12月的预算，同时补充2010年1月的预算；2月末根据当月预算的执行情况，修订3月至2010年1月的预算，同时补充2010年2月的预算……以此类推。

逐月滚动编制的预算比较精确，但工作量太大。

（2）逐季滚动。

逐季滚动是指在预算编制过程中，以季度为预算的编制和滚动单位，每个季度调整一次预算的方法。如在2009年第一季度至第四季度的预算执行过程中，需要在第一季度末根据当季预算的执行情况，修订第二季度至第四季度的预算，同时补充2010年第一季度的预算；在第二季度末根据当季预算的执行情况，修订第三季度至2010年第一季度的预算，同时补充2010年第二季度的预算……以此类推。逐季滚动编制的预算比逐月滚动的工作量小，但预算精度较差。

（3）混合滚动。

混合滚动是指在预算编制过程中，同时使用月份和季度作为预算的编制和滚动单位的方法。这种方式的理论根据是：人们对近期的预计把握较大，对远期的预计把握较小。如对2009年1月至3月逐月编制详细预算，其余4月至12月分别按季度编制粗略预算；3月末根据季度预算的执行情况，编制4月至6月的详细预算，并修订第三至第四季度的预算，同时补充2010年第一季度的预算；6月末根据当季预算的执行情况，编制7月至9月的详细预算，并修订第四季度至2010年第一季度的预算，同时补充2010年第二季度的预算……以此类推。

第三节 现金预算与预计财务报表的编制

一、现金预算

现金预算包括现金收入、现金支出、现金多余或不足的计算，以及不足部分的筹措方案和多余部分的利用方案等。它可以分开编成短期现金收支预算和短期信贷预算两个预算，也可以合在一起编成一个预算。现金预算实际上是其他预算有关现金收支部分的汇总，以及收支差额平衡措施的具体计划。它的编制，要以其他各项预算为基础，或者说其他预算在编制时要为现金预算做好数据准备。

"现金收入"部分包括期初现金余额和预算期现金收入。"期初现金余额"是在编制预算时预计的，"销售现金收入"的数据来自销售预算，"可供使用现金"是期初余额与本期现金收入之和。

"现金支出"部分包括预算期的各项现金支出。"直接材料""直接人工""制造费用""销售及管理费用"的数据分别来自前述有关预算。此外，还包括所得税、购置设备、股利分配等现金支出，有关的数据分别来自另行编制的专门预算。

"现金多余或不足"部分列示现金收入合计与现金支出合计的差额。差额为正，说明收大于支，现金有多余，可用于偿还过去向银行取得的借款，或者用于短期投资。差额为负，说明支大于收，现金不足，要向银行取得新的借款。

【例9-6】假定某公司期初现金余额为8 000元，需要保留的现金余额为6 000元，不足此数时需要向银行借款。银行借款的金额要求是1 000元的倍数，一般按"每期期初借入，每期期末归还"来预计利息，年利率为10%。现根据本节提供的各种预算表编制现金预算，如表9-8至表9-17所示。

表9-8 销售预算 单位：元

项目	第一季度	第二季度	第三季度	第四季度	全年合计
预计销售量（件）	100	150	200	180	630
预计单位售价（元/件）	200	200	200	200	200
销售收入	20 000	30 000	40 000	36 000	126 000

表9-9 预计销售现金收入 单位：元

上年应收账款	6 200				6 200
第一季度现销收入	12 000	8 000			20 000
第二季度现销收入		18 000	12 000		30 000
第三季度现销收入			24 000	16 000	40 000
第四季度现销收入				21 600	21 600
现金收入合计	18 200	26 000	36 000	37 600	117 800

表 9-10　生产预算　　　　　　　　　　　　　　　　　　　　　　　　单位：件

项目	第一季度	第二季度	第三季度	第四季度	全年合计
预计销售量	100	150	200	180	630
预计期末存货量	15	20	18	20	20
预计期初存货量	10	15	20	18	10
预计生产量	105	155	198	182	640

表 9-11　直接材料预算　　　　　　　　　　　　　　　　　　　　　　单位：千克

项目	第一季度	第二季度	第三季度	第四季度	全年合计
预计生产量（件）	105	155	198	182	640
单位产品材料用量（千克/件）	10	10	10	10	10
生产需用量	1 050	1 550	1 980	1 820	6 400
加：预计期末存量	310	396	364	400	400
减：预计期初存量	300	310	396	364	300
预计采购量	1 060	1 636	1 948	1 856	6 500
单价（元/千克）	5	5	5	5	5
预计采购金额（元）	5 300	8 180	9 740	9 280	32 500

表 9-12　预计直接材料采购现金支出　　　　　　　　　　　　　　　　单位：元

	第一季度	第二季度	第三季度	第四季度	全年合计
上年应付账款	2 350				2 350
第一季度采购支出	2 650	2 650			5 300
第二季度采购支出		4 090	4 090		8 180
第三季度采购支出			4 870	4 870	9 740
第四季度采购支出				4 640	4 640
现金支出合计	5 000	6 740	8 960	9 510	30 210

表 9-13　直接人工预算　　　　　　　　　　　　　　　　　　　　　　单位：元

项目	第一季度	第二季度	第三季度	第四季度	全年合计
预计产量（件）	105	155	198	182	640
单位产品工时（小时/件）	10	10	10	10	10
总工时（小时）	1 050	1 550	1 980	1 820	6 400
每小时人工成本	2	2	2	2	2
总人工成本	2 100	3 100	3 960	3 640	12 800

表 9-14　制造费用预算　　　　　　　　　　　　　　　　　　　　　　　单位：元

项目	第一季度	第二季度	第三季度	第四季度	全年合计
变动制造费用					
间接人工	105	155	198	182	640
间接材料	105	155	198	182	640
修理费	210	310	396	364	1 280
水电费	105	155	198	182	640
小计	525	775	990	910	3 200
固定制造费用					
修理费	500	640	400	400	1 940
折旧	1 000	1 000	1000	1 000	4 000
管理人员工资	200	200	200	200	800
设备租金	500	500	500	500	2 000
其他税费	175	185	210	290	860
小计	2 375	2 525	2 310	2 390	9 600
合计	2 900	3 300	3 300	3 300	12 800
现金支出	1 900	2 300	2 300	2 300	8 800

表 9-15　产品成本预算

项目	单位成本			生产成本（640件）	期末存货（20件）	销货成本（630件）
	单价	投入量	成本（元）			
直接材料	5元/千克	10 千克	50	32 000	1 000	31 500
直接人工	2元/小时	10 小时	20	12 800	400	12 600
变动制造费用	0.5元/小时	10 小时	5	3 200	100	3 150
固定制造费用	1.5元/小时	10 小时	15	9 600	300	9 450
合计			90	57 600	1 800	56 700

表 9-16　销售及管理费用预算　　　　　　　　　　　　　　　　　　　　单位：元

费用项目	全年预算	费用项目	全年预算
1. 销售人员工资	2 000	5. 管理人员薪金	4 000
2. 广告费	5 500	6. 福利费	800
3. 包装、运输费	3 000	7. 保险费	600
4. 保管费	2 700	8. 办公费	1 400
		全年费用合计	20 000
		每季度现金支出	5 000

表 9-17 现金预算　　　　　　　　　　　　　　　　　　　　　　　单位：元

项目	第一季度	第二季度	第三季度	第四季度	全年合计
期初现金余额	8 000	8 200	6 060	6 290	8 000
加：销售现金收入	18 200	26 000	36 000	37 600	117 800
可供使用现金	26 200	34 200	42 060	43 890	146 350
减：直接材料	5 000	6 740	8 960	9 510	30 210
直接人工	2 100	3 100	3 960	3 640	12 800
制造费用	1 900	2 300	2 300	2 300	8 800
销售及管理费用	5 000	5 000	5 000	5 000	20 000
所得税	4 000	4 000	4 000	4 000	16 000
购买设备		10 000			10 000
股利		8 000		8 000	16 000
支出合计	18 000	39 140	24 220	32 450	113 810
现金多余或不足	8 200	（4 940）	17 840	11 440	11 990
向银行借款		11 000			11 000
向银行还款			11 000		11 000
短期借款利息			550		550
期末现金余额	8 200	6 060	6 290	11 440	11 440

二、预计财务报表编制

预计财务报表亦称为企业总预算，是企业财务管理的重要工具，是控制企业预算期内资金、成本和利润总量的重要手段，主要包括预计利润表和预计资产负债表等。

（一）预计利润表

预计利润表是根据上述有关预算编制的、以货币为计量单位、全面综合地反映企业预算期内生产经营的财务情况和规定利润计划数额的一种预算，是控制企业生产经营活动和财务收支的主要依据。其中"销售收入"项目的数据，来自销售收入预算；"销售成本"项目的数据，来自产品成本预算；"毛利"项目的数据是前两项的差额；"销售及管理费用"项目的数据，来自销售费用及管理费用预算；"利息"项目的数据，来自现金预算。"所得税费用"项目是在利润规划时估计的，并已列入现金预算。它通常不是根据"利润"和所得税税率计算出来的（见表 9-18）。

表 9-18 预计利润表　　　　　　　　　　　　　　　　　　　　　　　单位：元

销售收入	126 000
销售成本	56 700
毛利	69 300
销售及管理费用	20 000

续表

利息	550
利润总额	48 750
所得税费用	16 000
净利润	32 750

(二) 预计资产负债表

编制预计资产负债表的目的，在于判断预算反映的财务状况的稳定性和流动性。如果通过资产负债表预算的分析，发现某些财务比率不佳，必要时可修订有关预算，以改善财务状况。预计资产负债表与实际的资产负债表内容、格式相同，只不过数据是反映预算期末的财务状况。该表是利用本期期初资产负债表，根据销售、生产、资本等预算的有关数据加以调整编制的（见表9-19）。

表 9-19 预计资产负债表　　　　　　　　　　　　　　单位：元

资产			权益		
项目	年初数	年末数	项目	年初数	年末数
现金	8 000	11 440	应付账款	2 350	4 640
应收账款	6 200	14 400	普通股股本	20 000	20 000
直接材料	1 500	2 000	未分配利润	25 250	42 000
产成品	900	1 800			
固定资产	31 000	37 000			
资产总额	47 600	66 640	权益总额	47 600	66 640

其中：

期末应收账款 = 本期销售额 ×（1－本期收现率）

　　　　　　 = 36 000 ×（1－60%）

　　　　　　 = 14 400（元）

期末应付账款 = 本期采购金额 ×（1－本期付现率）

　　　　　　 = 9 280 ×（1－50%）

　　　　　　 = 4 640（元）

期末未分配利润 = 期初未分配利润 + 本期利润 － 本期股利

　　　　　　　 = 25 250 + 32 750 － 16 000

　　　　　　　 = 42 000（元）

因为已经编制了现金预算，通常没有必要再编制现金流量表预算。

本章小结

1. 财务预算是由一系列专门反映企业未来一定预算期内预计财务状况和经营成果，以及现金收支等价值指标的各种预算的总称，主要内容包括现金预算和预计财务报表。

2. 企业编制预算的方法按其业务量基础的数量特征不同，可分为固定预算和弹性预算两大类；编制成本费用预算的方法按其出发点的特征不同，可分为增量预算和零基预算两大类；编制预算的方法按其预算期的时间特征不同，可分为定期预算和滚动预算两大类。

3. 现金预算亦称现金收支预算，它是以日常业务预算和专门决策预算为基础编制的反映企业预算期间现金收支情况的预算。它反映现金收入、现金支出、现金收支差额、现金筹措使用情况以及期初期末现金余额，主要包括现金收入、现金支出、现金余缺和现金融通四个部分。

4. 预计财务报表亦称为企业总预算，是企业财务管理的重要工具，是控制企业预算期内资金、成本和利润总量的重要手段，主要包括预计利润表和预计资产负债表。预计利润表是以货币为计量单位，全面综合反映企业预算期内生产经营的财务情况和规定利润计划数额的一种预算，是控制企业生产经营活动和财务收支的主要依据。编制预计资产负债表的目的，在于判断预算反映的财务状况的稳定性和流动性。如果通过资产负债表预算的分析，发现某些财务比率不佳，必要时可修订有关预算，以改善财务状况。

思考题

1. 什么是财务预算？什么是全面预算？
2. 现金预算如何编制？
3. 预计财务报表有哪几种？

案例分析题

资料：

2000年10月，中石化经过重组分别在中国香港、美国纽约、英国伦敦成功上市，2001年在上海证券交易所上市。上市以后，中石化对外信息披露和内部管理面临新的挑战，要求中石化必须以全新的经营理念、经营机制、管理模式、运作方式进行操作，逐步与国际接轨。这对进一步提升财务管理的水平提出了更高的要求。因此，中石化开始进行信息化建设的实践。

中石化的信息化建设于2000年上市后大规模展开，并与咨询公司进行ERP建设的规划。目前，SAP已在中石化下属24家单位上线运行，取得了较好的应用效果。在集团总部的应用，则主要包括生产计划部门牵头的KPI体系、财务部门牵头的成本控制体系，以及信息管理部门牵头的数据仓库（支撑KPI体系和成本控制体系的平台）。具体到财务部门，中石化为了实现建立成本控制体系的目标，主要做了以下工作：一是对成本核算进行统一和规范，确保同类企业的核算口径相同；在这方面，中石化制定了统一的成本核算办法、设计了统一的标准代码体系、应用统一的软件平台。二是将收入、成本（费用）的预算落在实处，并选择了Hyperion Planning；完成损益预算后，又实施了资金预算。三是选择Hyperion Essbase产品，建立先进的、系统的、与国际初步接轨的财务分析体系。截至目前，中石化所进行的各相关项目基本完成，运行情况良好，基本实现了项目的预期目标。

事实上，中石化在很早之前便有财务预算管理的意识，不过中石化也意识到进行财务预算管理离不开强大的系统支持，否则将流于形式。直接推动中石化加快财务信息管理系统建设的因素是其在海内外的成功上市，因为成功上市后不仅需要每年向外界披露财务报表，而且要实现内部管理从行业管理的模式向企业管理的模式转变。而在上市之初，中石化没有统一的内部会计制度和统一的核算成本办法，多种财务信息系统平台造成了汇总、合并处理的困难。

在这种情况下，中石化在启动 ERP 项目建设的同时，于 2000 年开始实施财务管理信息系统，同年推广完成账务和报表系统，2001 年推广炼化企业成本核算和固定资产系统，然后逐步向企业应用靠拢，并与 ERP 的应用结合。不过，当时的财务信息管理系统主要还是面向企业应用，且主要是核算层面的应用。而面向总部的应用，特别是管理层面的应用尚未全面展开。中石化选择了预算管理作为突破口，在进行成本控制体系的规划时，选用海波龙的财务预算管理解决方案 Hyperion Planning。中石化之所以选择海波龙的解决方案，主要是出于两方面的考虑：一方面是埃森哲的推荐，海波龙的财务预算管理解决方案全球领先；另一方面是中石化高层赴国外考察时发现国外大型石油化工企业普遍采用海波龙的解决方案。对中石化而言，从总部的角度来看，关键应该考虑如何设计规范，实现下属企业在规范和标准下运作，对大型的集团性企业来说，这样做的难度较大，主要受方案设计、执行、监督等因素的影响，但必须这样做。同时，从管理的角度来看，预算管理相当重要，要实现真正的预算管理首先必须在思想上意识到预算管理的重要性和必要性，并通过循序渐进的方式逐步完善财务预算体系，同时要有良好的业务解决方案和优秀的工具支持。这是中石化在提高财务预算管理过程中所获得的经验。

作为一种工具和手段，海波龙解决方案发挥了很大的价值，这主要表现在首先满足了预算方案根据实际情况适时变化、维护和更新的需求；其次满足了预算编制流程透明、责任明确的需求。海波龙解决方案的后端是 Hyperion Essbase，是多维数据库架构，基于"元数据"的应用和管理，易于使用，加上良好的数据查询和分析工具 Hyperion Analyzer 和 Hyperion Intelligence，轻松地实现了预算审核与分析、预算与实际结果的对比分析等功能。以前，中石化财务预算比较粗放，现在财务预算可以做得更细致。同时，大大缩短了中石化预算编制周期，年度与月度、损益与资金都纳入预算管理，这在过去是难以实现的。海波龙解决方案不仅有预算编制的结果，还可跟踪预算编制的过程，更有利于分析预算偏差的原因和症结所在，明确相关责任，以便及时加以改进。此外，可实现预算的监督和分析对比，中石化总部可以实现每月的预算对比，下属分公司有的可以实现每天部分、每十天大部分的预算与实际的对比。

（资料来源：麦炳，《中国制造业信息化》）

问题：
1. 中石化为什么采用海波龙的财务预算管理方案？
2. 财务预算与财务信息化的关系如何？

第十章 财务成本控制

ITEM 10

学习目标

通过本章的学习，使学生了解财务控制的特征和种类；理解财务控制的含义；了解责任中心和内部价格转移的内容；熟悉成本中心、利润中心、投资中心的概念；掌握利润中心和投资中心的业绩评价指标。

开篇案例

魏文王问名医扁鹊："你们家兄弟三人，都精于医术，到底哪一位最好呢？"扁鹊答："大哥最好，二哥次之，我最差。"魏文王再问："那么为什么你最出名呢？"扁鹊答："大哥治病，是治病于病情发作之前。由于一般人不知道他事先能铲除病灶，所以他的名气无法传出去。二哥治病，是治病于病情初起时。一般人以为他只能治轻微的小病，所以他的名气只及本乡里。而我是治病于病情严重之时。一般人看到我在经脉上穿针放血、在皮肤上敷药等治疗手段，就以为我的医术高明，名气因此响遍全国。"

感悟：企业财务内部控制必须从基础抓起。首先，建立一套科学、完善的财务内部控制体系，使企业具备防范风险的能力。科学、完善的财务内部控制体系须具备"操作性、纠错性、奖惩性"特点，并使相关执行人员熟知。其次，企业的经济业务必须按财务内部控制体系的要求和规定执行，这样，出现风险的初期症状，就能及时发现并纠正。如果等到风险失控造成了重大的损失才寻求弥补，即使请来了名气很大的"空降兵"，也往往于事无补。最后，应当对经营成果进行财务分析。会计核算的滞后性，决定了财务分析只能成为事后诸葛亮，但这并不妨碍财务分析的预测功能。

导　言

企业在激烈的市场竞争环境下，为了寻求发展，有时会采取降低价格的方式赢得消费者，但是过分降低价格反而会影响自身的可持续发展，而严格控制成本，提升产品的质量，才能够更好地赢得利润空间，因此在这种情况下必须要不断采取科学措施控制企业的财务成本。

第一节 财务控制概述

一、财务控制的含义与特征

控制是指对一个组织的活动进行约束指导，使之按既定目标发展。财务控制是指对企业财务活动的控制，是按照一定的程序和方式确保企业及其内部机构和人员全面落实和实现财务预算的过程的控制。财务控制具有以下特征：

（1）财务控制是一种价值控制。财务控制以实现财务预算为目标。财务预算所包含的现金预算、预计利润表和预计资产负债表，都是以价值形式予以反映的；财务控制所借助的手段，如责任预算、责任报告、业绩考核、内部转移价格等都是通过价值指标实现的。

（2）财务控制是一种综合、全面控制。由于财务控制用价值手段来实施其控制过程，因此，它不仅可以将各种不同性质的业务综合起来进行控制，而且可以将不同层次、不同部门的业务综合起来进行控制，体现财务控制的全面性。

（3）财务控制以现金流量为控制目的。企业的财务活动归根结底反映的是企业的资金运动。企业日常的财务活动表现为组织现金流量的运动过程，因此，财务控制重点应放在现金流量状况的控制上，通过现金预算、现金流量表等保证企业资金活动的顺利进行。

二、财务控制的基本原则

财务控制的基本原则包括：

（1）目的性原则。财务控制作为一种财务管理职能，必须具有明确的目的，为企业理财目标服务。

（2）充分性原则。财务控制的手段对于目标而言，应当是充分的，应当足以保证目标的实现。

（3）及时性原则。财务控制的及时性要求及时发现偏差，并能及时采取措施加以纠正。

（4）认同性原则。财务控制的目标、标准和措施必须为相关人士所认同。

（5）经济性原则。财务控制的手段应当是必要的、没有多余的，财务控制所获得的价值应大于所需费用。

（6）客观性原则。管理者对绩效的评价应当客观公正，防止主观片面。

（7）灵活性原则。财务控制应当含有足够灵活的要素，以便在出现任何失常情况下，都能保持对运行过程的控制，不受环境变化、计划疏忽、计划变更的影响。

（8）适应性原则。财务控制的目标、内容和方法应与组织结构中的职位相适应。

（9）协调性原则。财务控制的各种手段在功能、作用、方法和范围方面不能相互制约，而应相互配合，在单位内部形成合力，产生协同效应。

（10）简明性原则。控制目标应当明确，控制措施与规章制度应当简明易懂，易为执行者所理解和接受。

三、财务控制的种类

（一）按控制的主体分类

财务控制按控制主体分为出资者财务控制、经营者财务控制和财务部门的财务控制。

出资者财务控制是资本所有者为了实现其资本保全和增值目标而对经营者的财务收支活动进行

的控制，如对成本开支范围和标准的规定等。经营者财务控制是管理者为了实现财务预算目标而对企业的财务收支活动进行的控制，这种控制是通过管理者制定财务决策目标，并促使这些目标被贯彻执行而实现的，如企业的筹资、投资、资产运用、成本支出决策及其执行等。财务部门的财务控制是财务部门为了有效地保证现金供给，通过编制现金预算，对企业日常财务活动进行的控制。一般来说，出资者财务控制是一种外部控制，而经营者和财务部门的财务控制是内部控制，更能反映出财务控制的作用和效果。

（二）按控制的时序分类

财务控制按控制的时序分为事前财务控制、事中财务控制和事后财务控制。

事前财务控制，是指企业为防止财务资源在质和量上发生偏差，而在行为发生之前所实施的控制，如财务收支活动发生之前的申报审批制度等。事中财务控制，是指财务活动发生过程中所进行的控制，如按财务预算要求监督预算的执行过程，对各项收入的去向和支出的用途进行监督等。事后财务控制，是指对财务活动的结果进行的分析、评价，如按财务预算的要求对各责任中心的财务收支结果进行评价，并以此实施奖罚。

（三）按控制的依据分类

财务控制按控制的依据分为预算控制和制度控制。

预算控制是指以财务预算为依据，对预算执行主体的财务收支活动进行监督、调整的一种控制形式。预算表明了执行主体的责任和奋斗目标，规定了执行主体的行为。制度控制是指通过制定企业内部规章制度，并以此为依据约束企业和各责任中心财务收支活动的一种控制形式。制度控制通常规定能做什么、不能做什么，与预算控制相比较，制度控制具有防护性的特征，而预算控制具有激励性的特征。

（四）按控制的对象分类

财务控制按控制的对象分为收支控制和现金控制。

收支控制是指对企业和各责任中心的财务收入活动和财务支出活动所进行的控制。通过收支控制，使企业收入达到既定目标，而成本开支尽量减少，以实现企业利润最大化。现金控制是对企业和各责任中心的现金流入和现金流出活动所进行的控制。通过现金控制，实现现金流入、流出的基本平衡，既要防止因现金短缺而可能出现的支付危机，也要防止因现金沉淀而可能出现的机会成本增加。

四、财务控制的方法

财务控制是内部控制的一个重要环节，要以消除隐患、防范风险、规范经营、提高效率为宗旨，建立全方位的财务控制体系，采取多元的财务监控措施。

多元的财务监控措施，是指既有事后的监控措施，更有事前、事中的监控手段、策略；既有约束手段，也有激励的安排；既有财务上资金流量、存量预算指标的设定，会计报告反馈信息的跟踪，也有人事委派、生产经营一体化、转移价格、资金融通的策略。

第二节　责任中心

对各级主管人员的业绩评价，应以其在企业完成目标和计划中的贡献和履行职责中的成绩为依据。他们所主管的部门和单位有不同的职能，按其责任和控制范围的大小划分责任中心。

一、责任中心的含义与特征

企业为了实行有效的内部协调与控制，通常都按照统一领导、分级管理的原则，在其内部合理划分责任单位，明确各责任单位应承担的经济责任、应有的权力和利益，促使各责任单位各尽其职，各负其责。责任中心就是承担一定经济责任，并享有一定权力和利益的企业内部单位。责任中心通常具有以下特征：

（1）责任中心是一个责权利相统一的实体。每一个责任中心都要对一定的财务指标的完成情况负责任；同时，责任中心被赋予与其所承担责任的大小及范围相适应的权力。

（2）责任中心具有承担经济责任的条件。一是责任中心具有履行经济责任中各条款的行为能力；二是责任中心一旦不能履行经济责任，能对其后果承担责任。

（3）责任中心所承担的责任和行使的权力都应是可控的。责任中心对其职责范围内的成本、收入、利润和投资负责。因此，这些内容必定是该责任中心所能控制的内容，在对责任中心进行责任预算和业绩考核时也只能包括该中心所能控制的项目。一般而言，责任层次越高，其可控范围越大，但不论什么层次的责任中心，一定都具备考核其责任实施的条件。

（4）责任中心具有相对独立的经营业务，能开展财务收支活动。责任中心的独立核算是实施责权利统一的基本条件。只有独立核算，工作业绩才可能得到正确评价。因此，只有既分清责任又能进行独立核算的企业内部单位，才是真正意义上的责任中心。

根据企业内部责任单位的权限范围及业务活动的不同特点，责任中心一般分为成本中心、利润中心和投资中心三大类。

二、成本中心

（一）成本中心的概念

一个责任中心，如果不形成或者不考核其收入，而着重考核其所发生的成本和费用，这类中心称为成本中心。这类责任中心只能控制成本，故只对成本的高低负责，无须对销售收入、利润或投资负责。

成本中心有两种类型：标准成本中心和费用中心。

标准成本中心，必须是所生产的产品稳定而明确，并且已经知道单位产品所需要的投入量的责任中心。通常，标准成本中心的典型代表是制造业工厂、车间、工段、班组等。

费用中心，适用于那些产出物不用财务指标来衡量，或者投入和产出之间没有密切关系的单位。这些单位一般包括行政管理部门、研究开发部门。

（二）成本中心的考核指标

一般来说，标准成本中心的考核指标，是既定产品质量和数量条件下的标准成本。标准成本中心不需要做出价格决策、产量决策或产品结构决策，这些决策由上级管理部门做出，或授权给销货单位做出。标准成本中心的设备和技术决策，通常由职能管理部门做出，而不是由成本中心的管理人员自己决定。因此，标准成本中心不对生产能力的利用程度负责，而只对既定产量的投入量承担责任。如果采用全额成本法，成本中心不对闲置能量的差异负责，但对固定成本的其他差异要承担责任。

确定费用中心的考核指标是一件困难的工作。通常，使用费用预算来评价费用中心的成本控制业绩。由于很难依据一个费用中心的工作质量和服务水平来确定预算数额，一个解决办法是考察同行业类似职能的支出水平。

三、利润中心

(一) 利润中心的概念

一个责任中心，如果能同时控制生产和销售，既要对成本负责又要对收入负责，但没有责任或没有权力决定该中心资产投资的水平，因而可以根据其利润的多少来评价该中心的业绩，那么，该中心就称为利润中心。

利润中心适用于企业管理中具有独立收入来源的较高阶层，例如分公司、分厂等。在西方国家，目前有很多企业把条件成熟的生产车间或部门建为利润中心，借以扩大企业的经营范围，朝着分散经营、跨行业经营的方向发展。

利润中心有两种类型：一种是自然的利润中心，它直接向企业外部出售产品，在市场上进行购销业务。另一种是人为的利润中心，它主要在企业内部按照内部转移价格出售产品。例如，大型钢铁公司分成采矿、炼铁、炼钢、轧钢等几个部门，这些生产部门的产品主要在公司内部转移，只有少量产品对外销售，或者全部对外销售由专门的销售机构完成，这些生产部门可视为利润中心并称为人为的利润中心。

通常，利润中心被看成一个可以用利润衡量其一定时期业绩的组织单位，但是并非可以计量利润的组织单位都是真正意义上的利润中心。

(二) 利润中心的考核指标

对利润中心进行考核的指标主要是利润。但是也应当看到，任何一个单位的业绩衡量指标都不能够反映出某个组织单位的所有经济效果，利润指标也是如此。因此，尽管利润指标具有综合性，利润计算具有强制性和较好的规范化程度，但仍然需要一些非货币的衡量方法作为补充，包括生产率、市场地位、产品质量、职工态度、社会责任、短期目标和长期目标的平衡等。

(三) 部门利润的计算

利润并不是一个十分具体的概念，在这个名词前加上不同的定语，可以得出不同的概念。在评价利润中心业绩时，我们至少有四种选择：边际贡献、可控边际贡献、部门边际贡献和税前部门利润。

其中：

$$边际贡献 = 销售收入 - 变动成本$$

$$可控边际贡献 = 边际贡献 - 可控固定成本$$

$$部门边际贡献 = 可控边际贡献 - 不可控固定成本$$

$$税前部门利润 = 部门边际贡献 - 公司分摊的各种费用$$

【例 10-1】某公司的某一部门是一个人为的利润中心。本期实现部门销售收入 30 000 元；已销商品变动成本和变动销售费 10 000 元；部门可控固定间接费用 10 000 元；部门不可控固定间接费用 2 000 元；分配的公司管理费用 1 000 元。

则该中心实际考核指标分别为：

$$边际贡献 = 30\,000 - 10\,000 = 20\,000（元）$$
$$可控边际贡献 = 20\,000 - 10\,000 = 10\,000（元）$$
$$部门边际贡献 = 10\,000 - 2\,000 = 8\,000（元）$$
$$税前部门利润 = 8\,000 - 1\,000 = 7\,000（元）$$

以边际贡献 20 000 元作为业绩评价依据不够全面。部门经理至少可以控制某些固定成本，并且在固定成本和变动成本的划分上有一定选择余地，可能导致部门经理尽可能多地支出固定成本以减少变动成本支出，尽管这样做并不能降低总成本。

以可控边际贡献 10 000 元作为业绩评价依据可能是最好的，它反映了部门经理在其权限和控制范围内有效使用资源的能力。部门经理可控制收入，以及变动成本和部分固定成本，因而可以对可控边际贡献承担责任。这一衡量标准的主要问题是可控固定成本和不可控固定成本的区分比较困难。

以部门边际贡献 8 000 元作为业绩评价依据，可能更适合评价该部门对企业利润和管理费用的贡献，而不适合对部门经理进行评价。如果要决定该部门的取舍，部门边际贡献是有重要意义的信息。如果要评价部门经理的业绩，由于有一部分固定成本是过去最高管理阶层投资决策的结果，现在的部门经理已很难改变，部门边际贡献则超出了经理的控制范围。

以税前部门利润 7 000 元作为业绩评价的依据通常是不合适的。第一，公司总部的管理费用是部门经理无法控制的成本，由于分配公司管理费用而引起部门利润的不利变化，不能由部门经理负责。第二，分配给各部门的管理费用常常是任意的，部门本身的活动和分配的管理费用高低并无因果关系。许多企业把所有的总部管理费用分配给下属部门，其目的是提醒部门经理注意各部门提供的边际贡献必须抵补总部的管理费用，否则企业作为一个整体就不会盈利。其实，通过给每个部门建立一个期望能达到的可控边际贡献标准，可以更好地达到上述目的。

四、投资中心

（一）投资中心的概念

投资中心是指某些分散经营的单位或部门，其经理所拥有的自主权不仅包括制定价格、确定产品和生产方法等短期经营决策权，而且包括投资规模和投资类型等投资决策权。投资中心的经理不仅能控制除公司分摊管理费用外的全部成本和收入，而且能控制占用的资产，因此，不仅要衡量其利润，而且要衡量其资产，并把利润与其所占用的资产联系起来。

（二）投资中心的考核指标

评价投资中心业绩的指标通常有以下两种：

1. 投资报酬率

这是最常见的考核投资中心业绩的指标。这里所说的投资报酬率是部门边际贡献除以该部门所拥有的资产额。计算公式：

$$投资报酬率 = \frac{部门边际贡献}{部门资产总额} \times 100\%$$

【例 10-2】假设某个部门的资产额为 20 000 元，部门边际贡献为 4 000 元，那么投资报酬率为 20%：

$$投资报酬率 = \frac{4\ 000}{20\ 000} = 20\%$$

用投资报酬率来评价投资中心业绩有许多优点：

（1）投资报酬率能反映投资中心的综合盈利能力。投资报酬率与收入、成本、投资额和周转能力有关，通过调整上述指标就能发挥资产的最大优势，创造最高利润。

（2）投资报酬率具有横向可比性。投资报酬率将各投资中心的投入与产出进行比较，剔除了因投资额不同而导致的利润差异等不可比因素，有利于比较各投资中心经营业绩。

（3）投资报酬率可以作为选择投资机会的依据，有利于调整资产的存量，优化资源配置。

（4）以投资报酬率作为评价投资中心经营业绩的尺度，可以正确引导投资中心的经营管理行为，使其行为长期化。由于该指标反映了投资中心运用资产并使资产增值的能力，如果投资中心资产运用不当，会增加资产或投资占用规模，也会降低利润。因此，以投资报酬率作为评价与考核的尺度，将促使各投资中心盘活闲置资产，减少不合理资产占用，及时处理过时、变质、毁损资产等。

但是该指标也有缺点：

（1）世界性的通货膨胀使企业资产账面价值失真、失实，以致相应的折旧少计、利润多计、使计算的投资报酬率无法揭示投资中心的实际经营能力。

（2）使用投资报酬率往往会使投资中心只顾本身利益而放弃对整个企业有利的投资项目，造成投资中心的近期目标与整个企业长远目标的背离。各投资中心为达到较高的投资报酬率，可能会采取减少投资的行为。

（3）投资报酬率的计算与资本支出预算所用的现金流量分析方法不一致，不便于投资项目建成投产后与原定目标的比较。

（4）从控制角度看，由于一些共同费用无法为投资中心所控制，投资报酬率的计量不全是投资中心所能控制的。为了克服投资报酬率的某些缺陷，应采用剩余收益作为评价指标。

2. 剩余收益

为了克服使用比率来衡量部门业绩带来的次优化问题，许多企业采用绝对数指标来实现利润与投资之间的联系，即剩余收益指标。

$$剩余收益 = 部门边际贡献 - 部门资产应计报酬$$
$$= 部门边际贡献 - 部门资产 \times 资金成本$$

剩余收益的主要优点是可以使业绩评价与企业的目标协调一致，引导部门经理采纳高于企业资金成本的决策。采用剩余收益指标还有一个好处，就是允许使用不同的风险调整资金成本。从现代财务理论来看，不同的投资有不同的风险，要求按风险程度调整其资金成本。因此，不同行业部门的资金成本不同，甚至同一部门的资产也属于不同的风险类型。

【例10-3】根据【例10-2】的资料，企业的资金成本为15%，如果部门经理只能选择一个投资方案：①投资额20 000元，投资回报率为17%；②投资额为5 000元，投资回报率为20%。

（1）利用剩余收益指标选择：

$$目前部门剩余收益 = 4\ 000 - 20\ 000 \times 15\% = 1\ 000（元）$$
$$采纳方案①后剩余收益 = (4\ 000 + 20\ 000 \times 17\%) - (20\ 000 + 20\ 000) \times 15\% = 1\ 400（元）$$
$$采纳方案②后剩余收益 = (4\ 000 + 5\ 000 \times 20\%) - (20\ 000 + 5\ 000) \times 15\% = 1\ 250（元）$$

（2）利用投资报酬率指标选择：

$$采纳方案①后的投资回报率 = (4\ 000 + 20\ 000 \times 17\%) \div (20\ 000 + 20\ 000) = 18.5\%$$
$$采纳方案②后的投资回报率 = (4\ 000 + 5\ 000 \times 20\%) \div (20\ 000 + 5\ 000) = 20\%$$

如果利用剩余收益指标选择，应首选方案①，这正是与企业总目标相一致的；如果利用投资报酬率指标选择，应首选方案②，这将使部门为片面追求资产报酬率而放弃最大利润。

第三节 内部转移价格

内部转移价格是指企业内部各责任中心之间进行内部结算和责任结转时所采用的价格标准。制定内部转移价格的目的有两个：防止成本转移带来的部门间责任转嫁，使每个利润中心都能作为单独组织单位进行业绩评价；引导下级部门采取明智的决策，生产部门据此确定提供产品的数量，购买部门据此确定所需要的产品数量。但是，这两个目的往往矛盾。能够满足评价部门业绩的转移价格，可能引导部门经理采取并非对企业最理想的决策；而能够正确引导部门经理的转移价格，可能使某个部门获利水平很高而另一个部门亏损。我们很难找到理想的转移价格来兼顾业绩评价和制定决策，而只能根据企业的具体情况选择基本满意的解决办法。

可以考虑的转移价格有以下几种：

（一）市场价格

在中间产品存在完全竞争市场的情况下，市场价格减去对外的销售费用，才是理想的转移价格。产品内在经济价值计量的最好方法是把它们投入市场，在市场竞争中判断社会所承认的产品价格。由于企业为把中间产品销售出去，还需追加各种销售费用，如包装、发运、广告、结算等，所以，市场价格减去某些调整项目才是目前未销售的中间产品的价格。从机会成本的观点来看，中间产品用于内部而失去的外销收益，是它们被内部购买部门使用的应计成本。这里失去的外销收益并非市场价格，而扣除必要的销售费用，才是失去的净收益。

完全竞争市场这一假设条件，意味着企业外部存在中间产品的公平市场，生产部门被允许向外界顾客销售任意数量的产品，购买部门也可以从外界供应商那里获得任意数量的产品。以市场价格为基础的转移价格，通常会低于市场价格，这个折扣反映与外销有关的销售费，以及交货、保修等成本，因此可以鼓励中间产品的内部转移。如果不考虑其他更复杂的因素，购买部门的经理应当选择从内部取得产品，而不是从外部采购。

如果生产部门在采用这种转移价格的情况下不能长期获利，企业最好是停止生产此产品而到外部去采购。同样，如果购买部门以此价格进货而不能长期获利，则应停止购买并进一步加工此产品，同时应尽量向外部市场销售这种产品。这样做对企业总体是有利的。

需要注意的是，外部供应商为了达成交易可能先报一个较低的价格，同时期望日后抬高价格。因此，在确认外部价格时要采用可以长期保持的价格。另外，企业内部转移的中间产品比外购产品的质量可能更有保证，并且更容易根据企业需要加以改进。因此，在经济分析无明显差别时，一般不应该依靠外部供应商，而应该鼓励利用自己内部的供应能力。

（二）以市场为基础的协商价格

如果中间产品存在非完全竞争的外部市场，可以采用协商的办法确定转移价格，即双方部门经理就转移中间产品的数量、质量、时间和价格进行协商并设法取得一致意见。

成功的协商转移价格依赖于下列条件：首先，要有一个某种形式的外部市场，两个部门经理可以自由地选择接受或是拒绝某一价格。如果根本没有可能从外部取得或销售中间产品，就会使一方或双方处于垄断状态，这样的谈判结果不是协商价格而是垄断价格。在垄断的情况下，最终价格的确定受谈判人员的实力和技巧影响。其次，在谈判者之间分享所有的信息资源。这个条件能使协商价格接近一方的机会成本，如双方都接近机会成本则更为理想。最后，最高管理阶层的必要干预。虽然尽可能让谈判双方自己来解决大多数问题，以发挥分散经营的优点，但是，对于双方谈判时可能导致的企业非最优决策，最高管理阶层要进行干预，对于双方不能自行解决的争论有必要进行调解。当然，这种干预必须是有限的、得体的，不能使整个谈判变成上级领导裁决一切问题。

协商价格往往会浪费时间和精力，可能导致部门之间的矛盾，部门获利能力大小与谈判人员的谈判技巧有很大关系，是这种转移价格的缺陷。尽管有上述不足之处，但协商转移价格仍被广泛采用，它的好处是有一定弹性，可以照顾双方利益并得到双方认可。少量的外购或外卖是有益的，可以保证得到合理的外部价格信息，为协商双方提供一个可供参考的基准。

(三) 变动成本加固定费转移价格

这种方法要求中间产品的转移用单位变动成本来定价，与此同时，还应向购买部门收取固定费，作为长期以低价获得中间产品的一种补偿。这样做，生产部门有机会通过每期收取固定费来补偿其固定成本并获得利润；购买部门每期支付特定数额的固定费之后，对于购入的产品只需支付变动成本，通过边际成本等于边际收入的原则来选择产量水平，可以使其利润达到最优水平。按照这种方法，供应部门收取的固定费总额为期间固定成本预算额与必要的报酬之和，它按照各购买部门的正常需要量比例分配给购买部门。此外，为单位产品确定标准的变动成本，按购买部门的实际购入量计算变动成本总额。如果总需求量超过了供应部门的生产能力，变动成本不再表示需要追加的边际成本，那么这种转移价格将失去积极作用。反之，如果最终产品的市场需求很少，购买部门需要的中间产品也变得很少，但它仍然需要支付固定费用，在这种情况下，市场风险全部由购买部门承担了，而供应部门仍能维持一定利润水平，显得很不公平。实际上供应部门和购买部门都受到最终产品市场的影响，应当共同承担市场变化引起的市场波动。

(四) 全部成本转移价格

以全部成本或者以全部成本加上一定利润作为内部转移价格，可能是最差的选择。它既不是业绩评价的良好尺度，也不能引导部门经理做出有利于企业的明智决策。它的唯一的优点是简单。

首先，它以目前各部门的成本为基础，再加上一定百分比作为利润，在理论上缺乏说服力。以目前成本为基础，会鼓励部门经理维持比较高的成本水平，并据此取得更多的利润。越是节约成本的单位，越会有可能在下一期被降低转移价格，使利润减少。成本加成百分率的确定也是个困难问题，很难说清楚它为什么会是5%、10%或20%。

其次，在连续式生产企业中成本随产品在部门间流转，成本不断积累，使用相同的成本加成率会使后序部门利润明显大于前序部门。如果扣除半成品成本转移，则会因各部门投入原材料出入很大而使利润分布失衡。

因此，只有在无法采用其他形式转移价格时，才考虑使用全部成本加成办法来制定转移价格。

本章小结

1. 财务控制是指对企业财务活动的控制，是按照一定的程序和方式确保企业及其内部机构和人员全面落实和实现财务预算的过程的控制。财务控制是一种价值控制，是一种综合、全面控制，以现金流量为控制目的。

2. 财务控制的实现手段之一是实行责任控制，即将财务控制落实到责任中心。责任中心就是承担一定经济责任，并享有一定权力和利益的企业内部单位。一般可分为成本中心、利润中心和投资中心。不同的责任中心承担不同的财务控制责任，基本原则是责、权、利的统一。

3. 成本中心的考核指标主要有：标准成本和费用预算；利润中心的考核指标主要有：边际贡献、可控边际贡献、部门边际贡献和税前部门利润；投资中心的考核指标主要有：投资报酬率和剩余收益。

4. 内部转移价格主要包括市场价格、以市场为基础的协商价格、变动成本加固定费转移价格、全部成本转移价格。

 **思考题**

1. 财务控制的概念、特征是什么?
2. 简述财务控制的种类。
3. 责任中心的种类及考核指标是什么?
4. 内部转移价格分别包括哪几种?

 **案例分析题**

资料：

德国 SAP 公司是一家国际领先的 ERP（Enterprise Resource Planning，企业资源计划）系统供应商，占据全球 ERP 市场份额的 1/3 以上，甚至连国际著名的 IT 企业如微软、IBM、INTEL 等都是它的客户。在 SAP 公司提供的整个金融业解决方案中，PA（Profitability Analyzer，盈利能力分析器，以下简称 SAP PA）作为一个相对独立的模块，能够提供多维度盈利能力分析报告。从我国商业银行的实际情况出发，充分发挥 ERP 系统的集成功能，完成从核心银行系统到管理信息系统的数据抽取和加工，并借助信息技术的大容量存储和大规模运算功能，可以克服长期以来商业银行管理会计进行责任会计核算、内部转移计价等复杂数据处理的困难，从而促进商业银行管理会计的实施和应用。正是基于上述考虑，浦发银行从 2003 年开始实施管理会计项目，希望借助 SAP PA 模块的引进，建设基于责任中心，以内部资金转移价格、全面成本分摊和风险资本分摊为主要内容的绩效分析和评价体系，并在此基础上出具从机构、条线、客户到产品乃至于客户经理的盈利分析报告和绩效评价报告，从而从整体上完成商业银行管理会计方法和架构的应用。本部分主要围绕浦发银行 SAP 管理会计系统的实施案例来分析责任中心的划分和考核。

SAP PA 通过借助 ERP 系统的集成支持，将全行各级经营管理机构划分为不同的责任中心，并依据各责任中心责任范围和归属关系的不同将其划分为成本中心、利润中心和内部衡量的利润中心等不同类型。同时，借助信息技术手段，对组织架构进行纵横分割，派生出不同的业务条线。这些基础工作的到位，为商业银行管理会计体系的建立打下坚实基础，也实现了长期以来我们梦寐以求的责任会计体系。

由于商业银行业务和核算的特点，国内商业银行的成本管理体系相对于企业而言，略显单薄和不足。在浦发银行的案例中，其在借助系统手段实现了费用核算按责任中心入账的基础上，进一步将成本理念扩展为全面成本管理理念，不仅涵盖了直接费用，还可以计算分摊后的间接费用；不仅覆盖营业费用等财务成本，还可以计算资金成本和风险成本。同时借助成本类型的划分，能够根据不同的经营管理用途，区分不同的费用类型。

系统对责任中心成本归属所遵循的原则是，责任中心应该对自己责任范围内的可控成本负责；为了维持整个银行各项经营管理业务的正常运转，只承担管理职责和为业务或交易提供支持服务的责任中心，应该按照全面成本管理的要求进行成本分摊，从而在最终分析层面能够体现全部的期间成本；责任成本（可控成本）、管理成本和交易成本应该分类显示，针对不同的用途提供不同的辅助决策信息；能够明确确认的专属服务成本或者双方认可的内部转移成本，应该专项计入承担该成本的责任中心。

商业银行管理会计的成本分摊不同于一般制造企业。从SAP系统的实际情况来看，它主要包括两个部分，一个是责任中心之间的成本分摊（以下简称CO分摊），另一个是责任中心向成本分析对象（如客户、机构、产品等）的分摊（以下简称PA分摊）。

对于CO分摊而言，从成本中心类型的角度出发，我们可以将所有的成本中心划分为业务管理中心（如行长室、行政部等）、业务支持中心（如人事部、财务部等）和业务服务中心（如清算中心、各营销管理部门），并按照总分行两级划分。支行则按照运营业务、公司金融业务和个人金融业务三大基础条线进行划分。业务管理中心、业务支持中心和业务服务中心的期间费用按照一定的成本分摊标准（如人数、责任中心数量等）依次向下进行分摊。经过CO分摊后，最终结果是所有的期间费用归集到各个营销及业务责任中心。在分摊的过程中，总行和分行业务管理中心、业务支持中心和部分业务服务中心的期间费用会分类反映，以区分各个营销及业务责任中心当期发生的直接可控费用。

此外，对于运营部门等业务支持中心，CO分摊借鉴了作业成本管理的基本思路，采取了按照公司业务和个人业务各自的业务量乘以单笔业务成本为分摊标准的分摊方法，将全行运营部门的期间费用向公司业务和个人业务两大条线进行分摊。这样，运营部门责任中心可以视同内部衡量的利润中心进行运行效率和绩效的评价分析。

（资料来源：http://www.gxxbcpa.com）

问题：

1. 从财务控制角度分析浦发银行对PA系统的应用定位是什么。
2. 系统进行责任中心成本归属所遵循的原则是什么？为什么？

第五篇

财务分析篇

第十一章　财务分析

第一节　财务分析概述
第二节　财务分析方法
第三节　财务分析指标
第四节　财务综合分析

第十一章 财务分析

ITEM 11

学习目标

通过本章的学习,要求达到:

1. 了解财务分析的主体、目的、内容和基本依据。
2. 掌握财务分析的基本方法,在此基础上熟练掌握偿债能力、营运能力、盈利能力、发展能力的指标分析及其应用,并理解各种综合财务分析的思路和基本方法。

开篇案例

财务基本指标包括偿债能力指标、营运能力指标、盈利能力指标和发展能力指标。ABC 股份公司的资产负债表、利润表如表 11-1、表 11-2 所示。

表 11-1 资产负债表

编制单位:ABC 公司　　　　　　20×1 年 12 月 31 日　　　　　　单位:万元

资产	期末余额	年初余额	负债和所有者权益	期末余额	年初余额
流动资产			流动负债		
货币资金	600	400	短期借款	2 600	1 700
交易性金融资产	400	800	应付账款	1 500	1 000
应收账款	1 100	1 000	预收账款	400	500
预付账款	100	100	其他应付款	100	200
存货	5 200	5 000	流动负债合计	4 600	3 400
其他流动资产	100	200	非流动负债		
流动资产合计	7 500	7 500	长期借款	4 100	4 000
非流动资产			非流动负债合计	4 100	4 000
持有至到期投资	500	400	负债合计	8 700	7 400
固定资产	22 000	20 000	所有者权益		
无形资产	500	100	实收资本	15 000	15 000
非流动资产合计	23 000	20 500	盈余公积	3 600	3 600
			未分配利润	3 200	2 000
			所有者权益合计	21 800	20 600
资产总计	30 500	28 000	负债及所有者权益合计	30 500	28 000

表 11-2　利润表

编制单位：ABC 公司　　　　　　　　20×1 年 12 月 31 日　　　　　　　　单位：万元

项目	本期金额	上期金额
一、营业收入	20 000	18 000
减：营业成本	13 000	10 900
营业税金及附加	1 200	1 000
销售费用	1 000	1 600
管理费用	1 000	1 000
财务费用	500	600
加：投资收益	300	100
二、营业利润	3 600	3 000
加：营业外收入	200	100
减：营业外支出	800	600
三、利润总额	3 000	2 500
减：所得税费用	1 800	1 500
四、净利润	1 200	1 000

如何通过上述资产负债表和利润表所展现的数据计算 ABC 股份公司的偿债能力、盈利能力、营运能力以及发展能力指标？请通过本章的学习，给出合理的解答。

导　言

我国社会经济的快速发展在很大程度上促进了企业生产力的快速提高，决定企业生产发展的一个重要因素就是企业经营管理能力。企业的经营与发展离不开经营管理，二者是息息相关的，如果想要提高企业的经营管理能力和水平，那么一定要对财务分析给予高度的重视。相关的管理人员可以通过对财务分析的有效利用，权衡企业的优势和劣势，对企业目前的经营状态有一个良好的掌握，并从实际情况出发对企业发展的经营战略进行调整，确保企业的健康、可持续发展。

第一节　财务分析概述

一、财务分析的含义及意义

财务分析是指以财务报告和其他相关的资料为依据，采用专门的方法，对企业的财务状况和经营成果及其变动趋势进行系统分析和评价的一种方法。它既是对已完成财务活动的总结，又是财务预测的前提，在财务管理环节中起着承上启下的作用。

财务分析能够反映企业在运营过程中的利弊得失和发展趋势，从而为改进企业财务管理工作和优化经济决策提供重要的财务信息。财务分析是评价财务状况、衡量经营业绩的重要依据，是挖掘潜力、改进工作、实现理财目标的重要手段，是合理实施投资决策的重要步骤。

二、财务分析的主体及内容

财务分析的主体主要包括企业所有者、企业债权人、企业经营决策者、政府有关职能部门和注册会计师等。不同主体出于不同的利益考虑，对财务分析有不同的要求。

企业所有者作为股权投资人，关心其资本的保值和增值状况，因此较为重视企业获利能力指标。企业债权人因不能参与企业剩余收益分享，首先关注的是其投资的安全性，因此更重视企业偿债能力指标。企业经营决策者必须对企业经营理财的各个方面，包括运营能力、偿债能力、获利能力及发展能力的全部信息予以详尽的了解和掌握。政府职能部门兼具多重身份，既是宏观经济管理者，又是国有企业的所有者和重要的市场参与者，因此政府对企业财务分析的关注点因身份不同而有差异。注册会计师为减少风险，需要评估公司的盈利性和破产风险；为确定审计的重点，需要分析财务数据的异常变动。

总的来看，财务分析的基本内容包括偿债能力分析、运营能力分析、获利能力分析和发展能力分析，四者相辅相成。

三、财务分析的主要对象

财务分析的起点是财务报告，构成财务报告的主要内容是会计报表，会计报表包括资产负债表、利润表、现金流量表和所有者权益变动表。资产负债表是反映企业某一时点的财务状况的报表；利润表是反映企业一定会计期间的经营成果的报表；现金流量表是反映企业一定期间由于经营、投资、筹资等活动引起的现金流量变动的报表；所有者权益变动表是反映构成所有者权益各组成部分当期增减变动情况的报表。这四张报表存在着密切的联系。在利润的形成过程中一定会引起资产、负债、所有者权益及其内部结构变化；现金流量表揭示了企业现金从哪里来、到何处去，进一步说明资产负债表的结果；所有者权益变动表能够让报表使用者准确理解所有者权益增减变动的根源。

四、财务分析的目的

财务分析的目的是进行财务分析的最终目标，财务分析的最终目标是为财务报表使用者做出相关决策提供可靠的依据。财务分析的目的受财务分析主体的制约，不同的财务分析主体进行财务分析的目的是不同的。财务分析的一般目的可以概括为：评价过去的经营业绩、衡量现在的财务状况、预测未来的发展趋势。根据分析的具体目的，财务分析可以分为流动性分析、盈利性分析、财务风险分析、专题分析（如破产分析、审计人员的分析性检查程序）。

五、财务分析的局限性

财务分析的局限性主要表现为资料来源的局限性、分析方法的局限性和分析指标的局限性。其中，资料来源的局限性包括数据缺乏可比性、缺乏可靠性和存在滞后性等。

第二节 财务分析方法

财务分析一般分为定量分析和定性分析两类。定量分析是指分析者根据经济活动的内在联系，采用一定的数学方法，对所收集的数据资料进行加工、计算，对企业的财务状况和经营成果进行的分析。定性分析是指分析者运用所掌握的情况和资料，凭借其经验，对企业的财务状况和经营成果进行的分析。财务分析的过程实际上是定量分析和定性分析相结合的过程。财务分析方法主要包括趋势分析法、比率分析法和因素分析法。

一、趋势分析法

趋势分析法又称水平分析法，是通过对比两期或连续数期财务报告中相同指标，确定其增减变动的方向、数额和幅度，来说明企业财务状况或经营成果的变动趋势的一种方法。采用这种方法，可以分析引起变化的主要原因、变动的性质，并预测企业未来的发展前景。常用的趋势比率有定基动态比率和环比动态比率，其计算公式为：

$$\text{定基动态比率} = \frac{\text{分析期数额}}{\text{固定基期数额}} \times 100\%$$

$$\text{环比动态比率} = \frac{\text{分析期数额}}{\text{前期数额}} \times 100\%$$

趋势分析法的一般步骤如下：
（1）确定选用的趋势比率。
（2）计算趋势比率。
（3）预测未来的发展趋势。

在采用趋势分析法时，必须注意以下问题：第一，用于进行对比的各个时期的指标，在计算口径上必须一致；第二，剔除偶发性项目的影响，使作为分析的数据能反映正常的经营状况；第三，运用例外原则，对某项有显著变动的指标作重点分析，研究其产生的原因，以便采取对策，趋利避害。

二、比率分析法

比率分析法是通过计算各种比率指标来确定经济活动变动程度的分析方法。比率是相对数，采用这种方法，能够把某些条件下的不可比指标变为可以比较的指标，以利于分析。比率指标主要有三类：构成比率、效率比率、相关比率。

构成比率又称结构比率，它是某项财务指标的各组成部分数值占总体数值的百分比，反映部分与总体的关系。比如，企业资产中流动资产、固定资产和无形资产占资产总额的百分比（资产构成比率），可以考察总体中某个部分的形成和安排是否合理，以便协调各项财务活动。

效率比率是某项财务活动中所费与所得的比例，反映投入与产出的关系。比如，将利润项目与销售成本、销售收入、资本金等项目加以对比，可计算出成本利润率、销售利润率以及资本金利润率等利润率指标，可以从不同角度观察比较企业获利能力的高低及其增减变化情况。利用效率比率指标，可以进行得失比较，考察经营成果，评价经济效益。

相关比率是将某个项目和与其有关但又不同的项目加以对比所得的比率，反映有关经济活动的相互关系。比如，将流动资产与流动负债相比，据以判断短期偿债能力。

虽然比率分析法被认为是财务分析的最基本或最重要方法，但应用比率分析法时必须了解它的局限性：第一，比率的变动可能仅仅被解释为两个相关因素之间的变动，涉及面比较窄；第二，很难综合反映比率与计算它的报表的联系；第三，比率是一个相对数，给人想象的空间范围较大，给人们不保险的最终印象；第四，比率不能给人们会计报表关系的综合观点。

三、因素分析法

因素分析法是依据分析指标与其驱动因素之间的关系，从数量上确定各因素对分析指标影响方向和影响程度的一种方法。采用这种方法的出发点在于，当有若干因素对分析指标产生影响时，假定其他各个因素都无变化，顺序确定每一个因素单独变化所产生的影响。

因素分析法具体有两种：一是连环替代法；二是差额分析法。

（一）连环替代法

连环替代法是将分析指标分解为各个可以计量的因素，并根据各个因素之间的依存关系，顺次用各因素的比较值（通常即实际值）替代基准值（通常即标准值或计划值），据以测定各因素对分析指标的影响。

【例11-1】某材料标准单位成本为1 000元/立方米。A产品标准消耗量为0.1立方米/件。本年度此材料实际单位成本为1 100元/立方米，单位消耗为0.09立方米/件。产量资料：预算产量2 000件，实际产量2 200件。请用连环替代法对A产品材料成本进行因素分析，相关数据如表11-3所示。

表11-3 相关数据资料

项目	计划数	实际数
产量	2 000件	2 200件
单位产品消耗量	0.1立方米/件	0.09立方米/件
标准单位成本	1 000元/立方米	1 100元/立方米
A产品总成本	200 000元	217 800元

分析对象：

217 800－200 000＝17 800（元）

产品标准成本 ＝2 000×0.1×1 000＝200 000（元）　①

第一次替代：

2 200×0.1×1 000＝220 000（元）　②

第二次替代：

2 200×0.09×1 000＝198 000（元）　③

第三次替代：

2 200×0.09×1 100＝217 800（元）　④

②－①＝220 000－200 000＝20 000（元）（产量变动的影响）

③－②＝198 000－220 000＝－22 000（元）（单位产品消耗量变动的影响）

④－③＝217 800－198 000＝19 800（元）（单位价格变动的影响）

20 000－22 000＋19 800＝17 800（元）（全部因素变动的影响）

(二)差额分析法

差额分析法是连环替代法的一种简化形式,其因素分析的原理与连环替代法是相同的,区别只在于分析顺序上,即它可直接利用各影响因素的实际数与基期数的差额,在其他因素不变的假定条件下,计算各因素对分析指标的影响程度。

【例11-2】根据【例11-1】的资料,采用差额分析法对A产品材料成本进行因素分析。

分析对象:

217 800 - 200 000 = 17 800(元)

(2 200 - 2 000) × 0.1 × 1 000 = 20 000(元)(产量变动的影响)

2 200 × (0.09 - 0.1) × 1 000 = -22 000(元)(单位产品消耗量变动的影响)

2 200 × 0.09 × (1 100 - 1000) = 19 800(元)(单位价格变动的影响)

20 000 - 22 000 + 19 800 = 17 800(元)(全部因素变动的影响)

应用因素分析法应注意的问题:

(1)因素分析的关联性。确定构成经济指标的因素,必须客观存在着因果关系,要能够反映形成该指标差异的内在构成因素,即有实际经济意义。

(2)因素分析的顺序性。替代因素时,必须按照各因素的依存关系,排成一定的顺序并依次替代,不能随意交换,即不存在乘法交换率的问题。

(3)顺序替代的连环性。因素分析法在计算每一个因素变动的影响时,都是在前一次计算的基础上进行,并采用连环比较的方法确定因素变化影响结果。因为只有保持计算程序上的连环性,才能使各个因素影响之和等于分析指标变动的差异,以全面说明分析指标变动的原因。

(4)计算结果的假定性。由于因素分析法计算的各因素变动的影响数会因替代计算顺序的不同而有差别,因而计算结果不免带有假定性,即它不可能使每个因素计算的结果都达到绝对的准确。它只是在某种假定前提下的影响结果,离开了这种假定前提条件,也就不会是这种影响结果。

第三节 财务分析指标

一、偿债能力指标

由于债务按到期时间分为短期债务和长期债务,所以偿债能力分析分为短期偿债能力分析和长期偿债能力分析两部分。偿债能力的衡量方法有两种:一种是比较债务与可供偿债资产的存量,资产存量超过债务存量较多,则认为偿债能力强;另一种是比较偿债所需现金和经营活动产生的现金流量,如果产生的现金超过需要的现金较多,则认为偿债能力强。

(一)短期偿债能力指标

1. 短期债务与可偿债资产的存量比较

企业短期债务的存量是资产负债表中列示的各项流动负债年末余额,可以用来偿还这些债务的资产是资产负债表中列示的流动资产年末余额。流动负债需要在一年内用现金偿还,流动资产将在一年内变成现金。因此,两者的比较可以反映短期偿债能力。流动资产与流动负债的存量比较有两种方法:一种是差额比较,两者相减的差额称为营运资本;另一种是比率比较,两者相除的比率称为短期债务存量比率。

(1)营运资本。

营运资本是指流动资产超过流动负债的部分,其计算公式如下:

$$\text{营运资本} = \text{流动资产} - \text{流动负债}$$

如果流动资产与流动负债相等，并不足以保证偿债，因为债务的到期与流动资产的现金生成不可能同步同量。企业必须保持流动资产大于流动负债，即保有一定数额的营运资本作为缓冲，以防止流动负债"穿透"流动资产。因此，营运资本越多，流动负债的偿还越有保障，短期偿债能力越强。

（2）流动比率。

流动比率是全部流动资产与流动负债的比值。流动比率假设全部流动资产都可以用于偿还短期债务，表明每1元流动负债有多少流动资产作为偿还保障。其计算公式如下：

$$\text{流动比率} = \frac{\text{流动资产}}{\text{流动负债}}$$

流动比率是相对数，排除了企业规模不同的影响，更适合同业比较以及本企业不同历史时期的比较。不同行业的流动比率，通常有明显差别。营业周期越短的行业，合理的流动比率越低。过去很长时期，人们认为生产型企业合理的最低流动比率是2。这是因为流动资产中变现能力最差的存货金额约占流动资产总额的一半，剩下的流动性较好的流动资产至少要等于流动负债，才能保证企业最低的短期偿债能力。这种认识一直未能从理论上得到证明。

流动比率有某些局限性，在使用时应注意：流动比率假设全部流动资产都可以变为现金并用于偿债，全部流动负债都需要还清。实际上，有些流动资产的账面金额与变现金额有较大差异，如产成品等；经营性流动资产是企业持续经营所必需的，不能全部用于偿债；经营性应付项目可以滚动存续，无须动用现金全部结清。因此，流动比率是对短期偿债能力的粗略估计。

（3）速动比率。

速动比率是速动资产与流动负债的比值。所谓速动资产，是指流动资产减去变现能力较差且不稳定的存货、预付账款、一年内到期的非流动资产和其他流动资产等之后的余额。由于剔除了存货等变现能力较弱且不稳定的资产，速动比率较之流动比率能够更加准确、可靠地评价企业资产的流动性及其偿还短期负债的能力。其计算公式如下：

$$\text{速动比率} = \frac{\text{速动资产}}{\text{流动负债}}$$

速动比率假设速动资产是可以用于偿债的资产，表明每1元流动负债有多少速动资产作为偿还保障。

影响速动比率可信性的重要因素是应收账款的变现能力。账面上的应收账款不一定都能变成现金，实际坏账可能比计提的准备要多；季节性的变化，可能使报表上的应收账款数额不能反映平均水平。

（4）现金比率。

速动资产中，流动性最强、可直接用于偿债的资产称为现金资产。现金资产包括货币资金、交易性金融资产等。它们与其他速动资产有区别，其本身就是可以直接偿债的资产，而其他速动资产需要等待不确定的时间才能转换为不确定数额的现金。

现金资产与流动负债的比值称为现金比率，其计算公式如下：

$$\text{现金比率} = \frac{\text{货币资金} + \text{交易性金融资产}}{\text{流动负债}}$$

现金比率假设现金资产是可偿债资产，表明1元流动负债有多少现金资产作为偿还保障。

流动比率、速动比率和现金比率是短期债务存量比率。

2. 短期债务与现金流量的比较

短期债务的数额是偿债需要的现金流量,经营活动产生的现金流量是可以偿债的现金流量,后者与前者的比值称为现金流量比率。其计算公式为:

$$现金流量比率 = \frac{经营现金流量}{流动负债}$$

现金流量比率表明每 1 元流动负债的经营现金流量保障程度,该比率越高,偿债越有保障。公式中的"经营现金流量",通常使用现金流量表中的"经营活动产生的现金流量净额"。它代表了企业产生现金的能力,已经扣除了经营活动自身所需的现金流出,是可以用来偿债的现金流量。"流动负债",通常使用资产负债表中的"流动负债"的年初与年末的平均数。为了方便,也可以使用期末数。

3. 影响短期偿债能力的其他因素

上述短期偿债能力比率,都是根据财务报表中资料计算的。还有一些表外因素会影响企业的短期偿债能力,甚至影响相当大。

(1)增强短期偿债能力的因素。

增强短期偿债能力的表外因素主要有:可动用的银行贷款指标;准备很快变现的非流动资产;偿债能力的声誉。

(2)降低短期偿债能力的因素。

与担保有关的或有负债;经营租赁合同中承诺的付款;建造合同、长期资产购置合同中的分阶段付款。

(二)长期偿债能力指标

衡量长期偿债能力的财务指标分为总债务存量比率和总债务流量比率两类。

1. 总债务存量比率

从长期来看,所有的债务都要偿还。因此,反映长期偿债能力的存量比率是总债务、总资产和股东权益之间的比例关系。常用比率包括:资产负债率、产权比率、权益乘数和长期资本负债率。

(1)资产负债率。

资产负债率是负债总额占资产总额的百分比,其计算公式如下:

$$资产负债率 = \frac{负债总额}{总资产} \times 100\%$$

资产负债率反映总资产中有多大比例是通过负债取得的。它可以衡量企业在清算时保护债权人利益的程度。资产负债率越低,企业偿债越有保证,贷款越安全。资产负债率还代表企业的举债能力。一个企业的资产负债率越低,举债越容易。通常资产在破产拍卖时的售价不到账面价值的 50%。因此,如果资产负债率高于 50%,债权人的利益就缺乏保障。

(2)产权比率。

产权比率是资产负债率的另外一种表现形式,和资产负债率的性质一样,其计算公式如下:

$$产权比率 = \frac{负债总额}{股东权益} \times 100\%$$

一般情况下,产权比率越低,表明企业的长期偿债能力越强,债权人权益的保障程度越高,承担的风险越小,但企业不能充分地发挥负债的财务杠杆效应。所以,企业在评价产权比率适度与否时,应从提高获利能力与增强偿债能力两个方面综合进行,即在保障债务偿还安全的前提下,应尽可能提高产权比率。产权比率与资产负债率对评价偿债能力的作用基本相同,两者的主要区别是:

资产负债率侧重于分析债务偿付安全性的物质保障程度，产权比率则侧重于揭示财务结构的稳健程度以及自有资金对偿债风险的承受能力。

2. 总债务流量比率

（1）利息保障倍数。

利息保障倍数是指息税前利润与利息费用的比率，反映了获利能力对债务偿付的保证程度。

$$利息保障倍数 = \frac{息税前利润}{利息费用} = \frac{净利润 + 利息费用 + 所得税费用}{利息费用}$$

利息保障倍数表明1元债务利息有多少倍的息税前利润作保障，它可以反映债务政策的风险大小。如果企业一直保持按时付息的信誉，则长期负债可以延续，举借新债也比较容易。利息保障倍数越大，利息支付越有保障。如果利息支付尚且缺乏保障，归还本金就很难指望。因此，利息保障倍数可以反映长期偿债能力。

（2）现金流量利息保障倍数。

现金流量利息保障倍数是指经营现金流量为利息费用的倍数。其计算公式如下：

$$现金流量利息保障倍数 = \frac{经营现金净流量}{利息费用}$$

现金流量利息保障倍数表明1元的利息费用有多少倍的经营现金净流量作保障。它比以收益为基础的利息保障倍数更可靠，因为实际用以支付利息的是现金，而不是收益。

（3）现金流量债务比。

现金流量债务比是指经营活动所产生的现金净流量与债务总额的比率。其计算公式为：

$$现金流量债务比 = \frac{经营现金净流量}{债务总额} \times 100\%$$

3. 影响长期偿债能力的其他因素

上述衡量长期偿债能力的财务比率是根据财务报表数据计算的，还有一些表外因素影响企业的长期偿债能力，如长期租赁、债务担保、未决诉讼。

二、营运能力指标

营运能力是指企业基于外部市场环境的约束，通过内部人力资源和生产资料的配置组合对财务目标实现所产生作用的大小。

资产营运能力的强弱取决于资产的周转速度、资产运行状况、资产管理水平等多种因素。资产周转速度越快，资产的使用效率越高，资产营运能力越强；反之，营运能力就越差。资产周转速度通常用周转率和周转期表示。所谓周转率，即企业在一定时期内资产的周转额与平均余额的比率，它反映企业资产在一定时期的周转次数。周转次数越多，表明周转速度越快，资产营运能力越强。这一指标的反指标是周转期，它是周转次数的倒数与计算期天数的乘积，反映资产周转一次所需要的天数。周转天数越少，表明周转速度越快，资产营运能力越强。

1. 应收账款周转率

应收账款周转率是应收账款与销售收入的比率。它主要有两种表示形式：应收账款周转次数、应收账款周转天数。其计算公式如下：

$$应收账款周转次数 = \frac{营业收入}{平均应收账款余额}$$

$$应收账款周转天数 = \frac{平均应收账款余额 \times 360}{营业收入}$$

$$平均应收账款余额 = \frac{应收账款余额年初数 + 应收账款余额年末数}{2}$$

应收账款周转次数表明应收账款1年中周转的次数，或者说明1元应收账款投资支持的销售收入。应收账款周转天数，也称为应收账款的收现期，表明从销售开始到回收现金平均需要的天数。

在计算和使用应收账款周转率时应注意以下问题：

（1）销售收入的赊销比例问题。从理论上说应收账款是赊销引起的，其对应的流量是赊销额，而非全部销售收入。

（2）应收账款年末余额的可靠性问题。应收账款是特定时点的存量，容易受季节性、偶然性和人为因素影响。应收账款周转率用于业绩评价时，最好使用多个时点的平均数，以减少这些因素的影响。

（3）应收账款的减值准备问题。财务报表上列示的应收账款是已经提取减值准备后的净额，而销售收入并没有相应减少。提取的减值准备越多，应收账款周转天数越少。这种周转天数的减少不是好的业绩，反而说明应收账款管理欠佳，如果减值准备的数额较大，就应进行调整。

（4）应收票据是否计入应收账款周转率。大部分应收票据是销售形成的，只不过是应收账款的另一种形式，应将其纳入应收账款周转天数的计算。

2. 存货周转率

存货周转率是企业一定时期营业成本（营业收入）与平均存货余额的比率，是反映企业流动资产流动性的一个指标，也是衡量企业生产经营各环节中存货运营效率的一个综合性指标。其计算公式为：

$$存货周转率 = \frac{营业成本（营业收入）}{平均存货余额}$$

$$平均存货余额 = \frac{存货余额年初数 + 存货余额年末数}{2}$$

$$存货周转期 = \frac{平均存货余额 \times 360}{营业成本（营业收入）}$$

一般来讲，存货周转率越高越好，存货周转率越高，表明其变现的速度越快，周转额越大，资产占用水平越低。因此，通过存货周转分析，有利于找出存货管理存在的问题，尽可能降低资金占用水平。首先，存货既不能过少造成生产中断或销售紧张，又不能过多形成呆滞、积压。一定要保持结构合理、质量可靠。其次，存货是流动资产的重要组成部分，其质量和流动性对企业流动比率具有举足轻重的影响，进而影响企业的短期偿债能力。因此，一定要加强存货的管理，来提高投资的变现能力和获利能力。

在计算存货周转率时应注意以下几个问题：

（1）存货计价方法对存货周转率具有较大的影响，因此，在分析企业不同时期或不同企业的存货周转率时，应注意存货计价方法的口径是否一致。

（2）分子、分母的数据应注意时间上的对应性。

（3）计算过程中，使用"营业收入"还是"营业成本"应根据分析的目的而定。为评估资产变现能力需要计量存货转换为现金的数量和时间，以及分解总资产周转率，系统分析各项资产的周转情况并识别主要影响因素，应使用"营业收入"；如果是为了评估存货管理的业绩，应使用"营业成本"。

3. 流动资产周转率

流动资产周转率是营业收入与平均流动资产总额的比值,是反映企业流动资产周转速度的指标。其计算公式为:

$$流动资产周转率 = \frac{营业收入}{平均流动资产总额}$$

$$平均流动资产总额 = \frac{流动资产总额年初数 + 流动资产总额年末数}{2}$$

$$流动资产周转期 = \frac{平均流动资产总额 \times 360}{营业收入}$$

流动资产周转次数,表明流动资产1年中周转的次数,或者说是1元流动资产所支持的销售收入。流动资产周转天数表明流动资产周转一次所需要的时间,也就是期末流动资产转换成现金平均所需要的时间。流动资产与收入比表明1元收入所需要的流动资产投资。

4. 非流动资产周转率

非流动资产周转率是营业收入与平均非流动资产总额的比值。其计算公式为:

$$非流动资产周转率 = \frac{营业收入}{平均非流动资产总额}$$

$$平均非流动资产总额 = \frac{非流动资产总额年初数 + 非流动资产总额年末数}{2}$$

$$非流动资产周转期 = \frac{平均非流动资产总额 \times 360}{营业收入}$$

5. 总资产周转率

总资产周转率是营业收入与平均资产总额的比值,用来反映企业全部资产的利用效率。其计算公式为:

$$总资产周转率 = \frac{营业收入}{平均资产总额}$$

$$平均资产总额 = \frac{资产总额年初数 + 资产总额年末数}{2}$$

$$总资产周转期 = \frac{平均资产总额 \times 360}{营业收入}$$

在销售利润率不变的条件下,周转的次数越多,形成的利润越多,所以它可以反映盈利能力。它也可以理解为1元资产投资所产生的销售额,产生的销售额越多,说明资产的使用和管理效率越高。习惯上,总资产周转次数又称为总资产周转率。

总资产是由各项资产组成的,在销售收入既定的条件下,总资产周转率的驱动因素是各项资产。通过驱动因素的分析,可以了解总资产周转率变动是由哪些资产项目引起的,以及影响较大的因素,为进一步分析指明方向。

三、盈利能力指标

盈利能力就是企业资金增值的能力,它通常体现为企业收益数额的大小与水平的高低。按照会计基本要素设置营业利润率、成本费用利润率、盈余现金保障倍数、总资产报酬率、净资产收益率等指标,借以评价企业各要素的获利能力及资本保值增值情况。此外,上市公司经常使用的盈利能力指标还有每股收益、每股股利、市盈率和每股净资产等。

(一)营业利润率

营业利润率是企业一定时期营业利润与营业收入的比率。其计算公式为:

$$营业利润率 = \frac{营业利润}{营业收入} \times 100\%$$

$$营业净利润率 = \frac{净利润}{营业收入} \times 100\%$$

$$营业毛利率 = \frac{营业收入 - 营业成本}{营业收入} \times 100\%$$

营业利润率越高,表明企业市场竞争力越强,发展潜力越大,从而盈利能力越强。

(二)成本费用利润率

成本费用利润率是指企业一定时期利润总额与成本费用总额的比率。其计算公为:

$$成本费用利润率 = \frac{利润总额}{成本费用总额} \times 100\%$$

其中:

成本费用总额 = 营业成本 + 营业税金及附加 + 销售费用 + 管理费用 + 财务费用

该指标越高,表明企业为取得利润而付出的代价越小,成本费用控制得越好,盈利能力越强。

(三)总资产报酬率

总资产报酬率是企业一定时期内获得的报酬总额与平均资产总额的比率。它是反映企业资产综合利用效果的指标,也是衡量企业利用债权人和所有者权益总额所取得盈利的重要指标。其计算公式为:

$$总资产报酬率 = \frac{息税前利润总额}{平均资产总额} \times 100\%$$

息税前利润总额 = 利润总额 + 利息支出 = 净利润 + 所得税 + 利息支出

总资产报酬率全面反映了企业全部资产的盈利水平。一般情况下,该指标越高,表明企业的资产利用效益越好,整个企业盈利能力越强,经营管理水平越高。

(四)净资产收益率

净资产收益率是企业一定时期净利润与平均净资产的比率。它是反映自有资金投资收益水平的指标,是反映企业获利能力的核心指标。其计算公式为:

$$净资产收益率 = \frac{净利润}{平均净资产} \times 100\%$$

$$平均净资产 = \frac{所有者权益年初数 + 所有者权益年末数}{2}$$

净资产收益率是评价企业自有资本及其积累获取报酬水平的最具综合性与代表性的指标,反映企业资本运营的综合效益。一般认为,净资产收益率越高,企业自有资本获取收益的能力越强,运营效益越好,对企业投资人和债权人权益的保证程度越高。

（五）每股收益

每股收益反映企业普通股股东持有每一股份所能享有的企业利润和承担的企业亏损，是衡量上市公司盈利能力时最常用的财务分析指标。每股收益越高，说明公司的获利能力越强。

每股收益的计算包括基本每股收益和稀释收益。其计算公式为：

$$基本每股收益 = \frac{归属于普通股股东的当期净利润}{当期发行在外普通股的加权平均数}$$

当期发行在外普通股的加权平均数 =（期初发行在外普通股股份 × 报告期时间 + 当期新发行普通股股数 × 已发行时间）÷ 报告期时间 −（当期回购普通股股数 × 已购时间）÷ 报告期时间

企业存在稀释性潜在普通股的，应当分别调整归属于普通股股东的当期净利润和发行在外普通股的加权平均数（即基本每股收益计算公式中的分子、分母），据以计算稀释每股收益。其中，稀释性潜在普通股，是指假设当期转换为普通股会减少每股收益的潜在普通股，主要包括可转换公司债券、认股权证和股票期权等。

（六）每股股利

每股股利指上市公司本年发放的普通股现金股利总额与年末普通股总数的比值。其计算公式为：

$$每股股利 = \frac{普通股股利总额}{年末普通股股数}$$

（七）市盈率

市盈率是上市公司普通股每股市价相对于每股收益的倍数，反映投资者对上市公司每元净利润愿意支付的价格，可以用来估计股票的投资报酬和风险。其计算公式为：

$$市盈率 = \frac{普通股每股市价}{普通股每股收益}$$

市盈率是反映上市公司盈利能力的一个重要财务比率，投资者对这个比率十分重视。这一比率是投资者做出投资决策的重要参考指标之一。一般来说，市盈率高，说明投资者对该公司的发展前景看好，愿意出较高的价格购买该公司股票，所以一些成长性较好的高科技公司股票的市盈率通常要高一些。但是，也应注意，如果某一种股票的市盈率过高，也意味着这种股票具有较高的投资风险。

（八）每股净资产

每股净资产是上市公司年末净资产与年末普通股总数的比值。其计算公式为：

$$每股净资产 = \frac{年末股东权益}{年末普通股总数}$$

四、发展能力指标

发展能力通常是指企业未来生产经营的发展趋势和发展潜力。它包括资产、销售、收入、收益等方面的增长趋势和增长速度。主要指标包括营业收入增长率、利润增长率、总资产增长率、资本积累率等。

（一）营业收入增长率

营业收入增长率是企业本年营业收入增长额与上年营业收入总额的比率，反映企业营业收入的增减变动情况，是评价企业成长状况和发展能力的重要指标。其计算公式为：

$$营业收入增长率 = \frac{本年营业收入增长额}{上年营业收入总额} \times 100\%$$

其中：

$$本年营业收入增长额 = 本年营业收入总额 - 上年营业收入总额$$

实务中也可以用销售增长率来分析企业营业收入的增减变动情况，其计算公式为：

$$销售增长率 = \frac{本年销售收入增长额}{上年销售收入总额} \times 100\%$$

营业收入增长率是衡量企业经营成果和市场占有能力、预测企业经营业务拓展趋势的重要指标。

（二）利润增长率

利润增长率是本年营业利润总额增长额与上年营业利润总额的比率，反映企业本期营业利润的增长情况。其计算公式为：

$$利润增长率 = \frac{本年营业利润总额增长额}{上年营业利润总额} \times 100\%$$

其中：

$$本年营业利润总额增长额 = 本年营业利润总额 - 上年营业利润总额$$

利润增长率反映了企业盈利能力的变化，该比率越高，说明企业的成长性越好，发展能力越强。

（三）总资产增长率

总资产增长率是本年总资产增长额与年初资产总额的比率，反映企业资产规模的增长情况。其计算公式为：

$$总资产增长率 = \frac{本年总资产增长额}{年初资产总额} \times 100\%$$

其中：

$$本年总资产增长额 = 年末资产总额 - 年初资产总额$$

总资产增长率从企业资产规模扩张方面来衡量企业的发展能力，表明企业规模增长水平对企业发展后劲的影响。

（四）资本积累率

资本积累率是本年所有者权益增长额与年初所有者权益的比率，反映企业当年资本的积累能力，是评价企业发展潜力的指标。其计算公式为：

$$资本积累率 = \frac{本年所有者权益增长额}{年初所有者权益} \times 100\%$$

其中：

$$本年所有者权益增长额 = 年末所有者权益 - 年初所有者权益$$

资本积累率反映了企业所有者权益总额的增长率，反映了企业所有者权益在当年的变动水平，体现了企业资本的积累情况，是企业发展强盛与否的标志。

第四节 财务综合分析

财务综合分析就是将营运能力、偿债能力、盈利能力和发展能力指标等纳入一个有机的整体，全面地对企业经营状况、财务状况进行揭示与披露，并借以对企业经济效益的优劣做出系统的、合理的评价。

一、财务综合指标体系必须具备的基本要素

财务综合指标分析的特点体现在其财务指标体系的要求上,一个健全有效的财务综合指标体系必须具有指标要素齐全、主辅指标功能匹配、满足多方信息需求等特点。

1. 指标要素齐全

这是指所设置的评价指标必须能够涵盖企业营运能力、偿债能力和盈利能力等总体考核的要求。

2. 主辅指标功能匹配

这里要强调两个方面:第一,在确定营运能力、偿债能力和盈利能力诸方面评价的主要指标与辅助指标的同时,进一步明晰总体结构中各项指标的主辅地位;第二,不同范畴的主要考核指标所反映的企业经营状况、财务状况的不同侧面与不同层次的信息有机统一,应当能够全面而翔实地揭示出企业经营理财的实际业绩。

3. 满足多方信息需求

这要求评价指标体系必须能够提供多层次、多角度的信息资料,既能满足企业内部管理当局实施决策对充分而具体的财务信息的需要,同时又能满足外部投资者和政府经济管理机构据以决策和实施宏观调控的要求。

二、财务综合分析的主要方法

财务综合分析的方法很多,其中应用比较广泛的有杜邦财务分析体系和沃尔比重评分法。

1. 杜邦财务分析体系

杜邦财务分析体系(简称杜邦体系)是利用各财务指标间的内在关系,对企业综合经营理财及经济效益进行系统分析评价的方法,因其最初由美国杜邦公司创立并成功运用而得名。该体系以净资产收益率为核心,将其分解为若干财务指标,通过分析各分解指标的变动对权益净利率的影响来揭示企业获利能力及其变动原因。

$$\text{权益净利率} = \frac{\text{税后经营利润}}{\text{股东权益}} - \frac{\text{税后利息}}{\text{股东权益}}$$

$$= \frac{\text{税后经营利润}}{\text{净经营资产}} \times \frac{\text{净经营资产}}{\text{股东权益}} - \frac{\text{税后利息}}{\text{净负债}} \times \frac{\text{净负债}}{\text{股东权益}}$$

$$= \frac{\text{税后经营利润}}{\text{净经营资产}} \times \left(1 + \frac{\text{净负债}}{\text{股东权益}}\right) - \frac{\text{税后利息}}{\text{净负债}} \times \frac{\text{净负债}}{\text{股东权益}}$$

$$= \text{净经营资产利润率} + (\text{净经营资产利润率} - \text{税后利息率}) \times \text{净财务杠杆}$$

2. 沃尔比重评分法

在进行财务分析时,人们遇到的一个主要困难就是计算出财务比率之后,无法判断它是偏高还是偏低。与本企业的历史比较,也只能看出自身的变化,难以评价其在市场竞争中的优劣地位。为了弥补这些缺陷,亚历山大·沃尔提出了信用能力指数概念,将流动比率、产权比率、固定资产比率、存货周转率、应收账款周转率、固定资产周转率、自有资金周转率等七项财务比率用线性关系结合起来,并分别给定各自的分数比重,然后通过与标准比率进行比较,确定各项指标的得分及总体指标的累计分数,从而对企业的信用水平做出评价。

原始意义上的沃尔分析法存在两个缺陷:一是所选定的七项指标缺乏证明力;二是当某项指标严重异常时,会对总评分产生不合逻辑的重大影响。现在通常认为,在选择指标时应当选偿债能力、营运能力、盈利能力和发展能力指标,除此之外还应适当选取一些非财务指标作为参考。

沃尔比重评分法的基本步骤：
（1）选择评价指标并分配指标的权重；
（2）确定各项评价指标的标准值；
（3）对各项评价指标计分并计算综合分数；
（4）形成评价结果。

开篇案例解读

提示：随着市场经济环境的不断发展与变化，企业之间的竞争越来越激烈。若想使企业的核心竞争力得到快速提升，就要不断提高自身的经营管理水平，通过全面科学有效的财务分析来对经营状况进行分析与调整，促进经营管理能力的提升，从而确保企业能够长期发展，屹立在激烈的市场竞争中。

结合本章学习的有关财务分析知识，回答开篇案例问题。

根据表11-1资料，该公司20×1年末的营运资本计算如下：

$$营运资本 = 7\,500 - 4\,600 = 2\,900（万元）$$

根据表11-1资料，该公司20×1年末的流动比率计算如下：

$$流动比率 = \frac{7\,500}{4\,600} = 1.63$$

根据表11-1资料，该公司20×1年末的速动比率计算如下：

$$速动比率 = \frac{600 + 400 + 1\,100}{4\,600} = 0.46$$

根据表11-1资料，该公司20×1年末的现金比率计算如下：

$$现金比率 = \frac{600 + 400}{4\,600} = 0.22$$

根据表11-1资料，并获知该公司20×1年末的经营现金流量为4 500万元，则现金流量比率计算如下：

$$现金流量比率 = \frac{4\,500}{4\,600} = 0.98$$

根据表11-1资料，该公司20×1年末的资产负债率计算如下：

$$资产负债率 = \frac{8\,700}{30\,500} \times 100\% = 28.52\%$$

根据表11-1资料，该公司20×1年末的产权比率计算如下：

$$产权比率 = \frac{8\,700}{21\,800} \times 100\% = 39.91\%$$

根据表11-2资料，该公司20×1年末的利息保障倍数计算如下：

$$利息保障倍数 = \frac{1\,200 + 500 + 1\,800}{500} = 7$$

根据表11-2资料，并获知该公司20×1年末的经营现金流量为4 500万元，现金流量利息保障倍数计算如下：

$$现金流量利息保障倍数 = \frac{4\,500}{500} = 9$$

根据表 11-1 资料，并获知该公司 20×1 年末的经营现金流量为 4 500 万元，则现金流量债务比计算如下：

$$现金流量债务比 = \frac{4\,500}{8\,700} \times 100\% = 51.72\%$$

根据表 11-1、表 11-2 的资料，该公司 20×1 年末的应收账款周转率计算如下：

$$平均应收账款余额 = \frac{1\,100 + 1\,000}{2} = 1\,050（万元）$$

$$周转率 = \frac{20\,000}{1\,050} = 19.05（次）$$

$$应收账款周转天数 = \frac{1\,050 \times 360}{20\,000} = 18.9（天）$$

根据表 11-1、表 11-2 的资料，该公司 20×1 年末的存货周转率计算如下：

$$平均存货余额 = \frac{5\,200 + 5\,000}{2} = 5\,100（万元）$$

$$存货周转率 = \frac{13\,000}{5\,100} = 2.55（次）$$

$$存货周转期 = \frac{5\,100 \times 360}{13\,000} = 141.23（天）$$

根据表 11-1、表 11-2 的资料，该公司 20×1 年末的流动资产周转率计算如下：

$$平均流动资产总额 = \frac{7\,500 + 7\,500}{2} = 7\,500（万元）$$

$$流动资产周转率 = \frac{20\,000}{7\,500} = 2.67（次）$$

$$流动资产周转期 = \frac{7\,500 \times 360}{20\,000} = 135（天）$$

根据表 11-1、表 11-2 的资料，该公司 20×1 年末的总资产周转率计算如下：

$$平均资产总额 = \frac{30\,500 + 28\,000}{2} = 29\,250（万元）$$

$$总资产周转率 = \frac{20\,000}{29\,250} = 0.68（次）$$

$$总资产周转期 = \frac{29\,250 \times 360}{20\,000} = 526.5（天）$$

根据表 11-2 的资料，该公司 20×1 年末的营业利润率计算如下：

$$营业利润率 = \frac{3\,600}{20\,000} \times 100\% = 18\%$$

$$营业净利润率 = \frac{1\,200}{20\,000} \times 100\% = 6\%$$

$$营业毛利率 = \frac{20\,000 - 13\,000}{20\,000} \times 100\% = 35\%$$

根据表11-2的资料,该公司20×1年末的成本费用利润率计算如下:

$$成本费用利润率 = \frac{3\,000}{13\,000 + 1\,200 + 1\,000 + 1\,000 + 500} \times 100\% = 17.96\%$$

根据表11-1、表11-2的资料,该公司20×1年末的总资产报酬率计算如下:

$$总资产报酬率 = \frac{3\,000 + 500}{29\,250} \times 100\% = 11.97\%$$

根据表11-1、表11-2的资料,该公司20×1年末的净资产收益率计算如下:

$$净资产收益率 = \frac{1\,200}{21\,200} \times 100\% = 5.66\%$$

根据表11-1、表11-2的资料,同时获知该公司20×1年末发行在外的普通股股数为10 000万股,则每股收益计算如下:

$$基本每股收益 = \frac{1\,200}{10\,000} = 0.12(元)$$

获知该公司20×1年末发行在外的普通股股数为10 000万股,决定发放的股利为500万元,则每股股利计算如下:

$$每股股利 = \frac{500}{10\,000} = 0.05(元)$$

根据前述资料,同时获知该公司股票的期末市价为4元,则市盈率计算如下:

$$市盈率 = \frac{4}{0.12} = 33.33(倍)$$

根据表11-1的资料,同时获知该公司20×1年末发行在外的普通股股数为10 000万股,则每股净资产计算如下:

$$每股净资产 = \frac{21\,800}{10\,000} = 2.18(元)$$

根据表11-2的资料,计算该公司20×1年度的营业增长率:

$$营业增长率 = \frac{20\,000 - 18\,000}{18\,000} \times 100\% = 11.11\%$$

根据表11-2的资料,计算该公司20×1年度的利润增长率:

$$利润增长率 = \frac{3\,600 - 3\,000}{3\,000} \times 100\% = 20\%$$

根据表11-1的资料,计算该公司20×1年度的总资产增长率:

$$总资产增长率 = \frac{30\,500 - 28\,000}{28\,000} \times 100\% = 8.93\%$$

根据表11-1的资料,计算该公司20×1年度的资本积累率:

$$资本积累率 = \frac{21\,800 - 20\,600}{20\,600} \times 100\% = 5.83\%$$

那么,根据以上计算结果,可对该公司的偿债能力、营运能力、盈利能力以及发展能力做出评价。

本章小结

1. 财务分析是指以财务报告和其他相关的资料为依据，采用专门的方法，对企业的财务状况和经营成果及其变动趋势进行系统分析和评价的一种方法。

2. 财务分析方法包括趋势分析法、比率分析法和因素分析法。趋势分析法，是通过对比两期或连续数期财务报告中相同指标，确定其增减变动的方向、数额和幅度，来说明企业财务状况或经营成果的变动趋势的一种方法。比率分析法是通过计算各种比率指标来确定经济活动变动程度的分析方法。因素分析法是依据分析指标与其驱动因素之间的关系，从数量上确定各因素对分析指标影响方向和影响程度的一种方法。

3. 财务分析指标包括偿债能力指标、营运能力指标、盈利能力指标和发展能力指标。偿债能力指标包括短期偿债能力指标和长期偿债能力指标；营运能力指标包括人力资源营运能力指标和生产资料营运能力指标；盈利能力指标主要包括营业利润率、成本费用利润率、盈余现金保障倍数、总资产报酬率、净资产收益率等指标，此外，上市公司经常使用的盈利能力指标还有每股收益、每股股利、市盈率和每股净资产等；发展能力指标主要包括营业收入增长率、利润增长率、资本积累率、总资产增长率等。

4. 将上述各种指标纳入一个有机的整体，全面地对企业经营状况、财务状况进行揭示和披露，称为综合指标分析。综合指标分析方法主要有杜邦财务分析体系和沃尔比重评分法。

概念题

1. 简述财务分析的概念。
2. 财务分析指标包括哪几类？具体指标分别有哪些？
3. 财务综合分析与财务分析指标有何关系？
4. 财务综合分析的具体方法有几种？
5. 杜邦财务分析体系的核心指标是什么？

问答题

结合本章所学知识，查找资料，了解"瑞幸咖啡财务造假事件"，并对其进行财务分析，由此可以得到什么启发？你对价值观有什么思考？

注意：对于企业而言，进行财务分析，要有正确的价值观，以及求真务实、精益求精的进取精神，避免财务造假事件的出现。为此，在对企业进行偿债能力分析、盈利能力分析、营运能力分析以及发展能力分析时，要批判杜绝财务造假、舞弊行为，提升自身财务职业道德观。

附 表

附表一 复利终值系数表

期数	1%	2%	3%	4%	5%	6%	7%	8%	9%	10%
1	1.010 0	1.020 0	1.030 0	1.040 0	1.050 0	1.060 0	1.070 0	1.080 0	1.090 0	1.100 0
2	1.020 1	1.040 4	1.060 9	1.081 6	1.102 5	1.123 6	1.144 9	1.166 4	1.188 1	1.210 0
3	1.030 3	1.061 2	1.092 7	1.124 9	1.157 6	1.191 0	1.225 0	1.259 7	1.295 0	1.331 0
4	1.040 6	1.082 4	1.125 5	1.169 9	1.215 5	1.262 5	1.310 8	1.360 5	1.411 6	1.464 1
5	1.051 0	1.104 1	1.159 3	1.216 7	1.276 3	1.338 2	1.402 6	1.469 3	1.538 6	1.610 5
6	1.061 5	1.126 2	1.194 1	1.265 3	1.340 1	1.418 5	1.500 7	1.586 9	1.677 1	1.771 6
7	1.072 1	1.148 7	1.229 9	1.315 9	1.407 1	1.503 6	1.605 8	1.713 8	1.828 0	1.948 7
8	1.082 9	1.171 7	1.266 8	1.368 6	1.477 5	1.593 8	1.718 2	1.850 9	1.992 6	2.143 6
9	1.093 7	1.195 1	1.304 8	1.423 3	1.551 3	1.689 5	1.838 5	1.999 0	2.171 9	2.357 9
10	1.104 6	1.219 0	1.343 9	1.480 2	1.628 9	1.790 8	1.967 2	2.158 9	2.367 4	2.593 7
11	1.115 7	1.243 4	1.384 2	1.539 5	1.710 3	1.898 3	2.104 9	2.331 6	2.580 4	2.853 1
12	1.126 8	1.268 2	1.425 8	1.601 0	1.795 9	2.012 2	2.252 2	2.518 2	2.812 7	3.138 4
13	1.138 1	1.293 6	1.468 5	1.665 1	1.885 6	2.132 9	2.409 8	2.719 6	3.065 8	3.452 3
14	1.149 5	1.319 5	1.512 6	1.731 7	1.979 9	2.260 9	2.578 5	2.937 2	3.341 7	3.797 5
15	1.161 0	1.345 9	1.558 0	1.800 9	2.078 9	2.396 6	2.759 0	3.172 2	3.642 5	4.177 2
16	1.172 6	1.372 8	1.604 7	1.873 0	2.182 9	2.540 4	2.952 2	3.425 9	3.970 3	4.595 0
17	1.184 3	1.400 2	1.652 8	1.947 9	2.292 0	2.692 8	3.158 8	3.700 0	4.327 6	5.054 5
18	1.196 1	1.428 2	1.702 4	2.025 8	2.406 6	2.854 3	3.379 9	3.996 0	4.717 1	5.559 9
19	1.208 1	1.456 8	1.753 5	2.106 8	2.527 0	3.025 6	3.616 5	4.315 7	5.141 7	6.115 9
20	1.220 2	1.485 9	1.806 1	2.191 1	2.653 3	3.207 1	3.869 7	4.661 0	5.604 4	6.727 5
21	1.232 4	1.515 7	1.860 3	2.278 8	2.786 0	3.399 6	4.140 6	5.033 8	6.108 8	7.400 2
22	1.244 7	1.546 0	1.916 1	2.369 9	2.925 3	3.603 5	4.430 4	5.436 5	6.658 6	8.140 3
23	1.257 2	1.576 9	1.973 6	2.464 7	3.071 5	3.819 7	4.740 5	5.871 5	7.257 9	8.954 3
24	1.269 7	1.608 4	2.032 8	2.563 3	3.225 1	4.048 9	5.072 4	6.341 2	7.911 1	9.849 7
25	1.282 4	1.640 6	2.093 8	2.665 8	3.386 4	4.291 9	5.427 4	6.848 5	8.623 1	10.835
26	1.295 3	1.673 4	2.156 6	2.772 5	3.555 7	4.549 4	5.807 4	7.396 4	9.399 2	11.918
27	1.308 2	1.706 9	2.221 3	2.883 4	3.733 5	4.822 3	6.213 9	7.988 1	10.245	13.110
28	1.321 3	1.741 0	2.287 9	2.998 7	3.920 1	5.111 7	6.648 8	8.627 1	11.167	14.421
29	1.334 5	1.775 8	2.356 6	3.118 7	4.116 1	5.418 4	7.114 3	9.317 3	12.172	15.863
30	1.347 8	1.811 4	2.427 3	3.243 4	4.321 9	5.743 5	7.612 3	10.063	13.268	17.449
40	1.488 9	2.208 0	3.262 0	4.801 0	7.040 0	10.286	14.975	21.725	31.409	45.259
50	1.644 6	2.691 6	4.383 9	7.106 7	11.467	18.420	29.457	46.902	74.358	117.39
60	1.816 7	3.281 0	5.891 6	10.520	18.679	32.988	57.946	101.26	176.03	304.48

续表

期数	12%	14%	15%	16%	18%	20%	24%	28%	32%	36%
1	1.120 0	1.140 0	1.150 0	1.160 0	1.180 0	1.200 0	1.240 0	1.280 0	1.320 0	1.360 0
2	1.254 4	1.299 6	1.322 5	1.345 6	1.392 4	1.440 0	1.537 6	1.638 4	1.742 4	1.849 6
3	1.404 9	1.481 5	1.520 9	1.560 9	1.643 0	1.728 0	1.906 6	2.097 2	2.300 0	2.515 5
4	1.573 5	1.689 0	1.749 0	1.810 6	1.938 8	2.073 6	2.364 2	2.684 4	3.036 0	3.421 0
5	1.762 3	1.925 4	2.011 4	2.100 3	2.287 8	2.488 3	2.931 6	3.436 0	4.007 5	4.652 6
6	1.973 8	2.195 0	2.313 1	2.436 4	2.699 6	2.986 0	3.635 2	4.398 0	5.289 9	6.327 5
7	2.210 7	2.502 3	2.660 0	2.826 2	3.185 5	3.583 2	4.507 7	5.629 5	6.982 6	8.605 4
8	2.476 0	2.852 6	3.059 0	3.278 4	3.758 9	4.299 8	5.589 5	7.205 8	9.217 0	11.703
9	2.773 1	3.251 9	3.517 9	3.803 0	4.435 5	5.159 8	6.931 0	9.223 4	12.167	15.917
10	3.105 8	3.707 2	4.045 6	4.411 4	5.233 8	6.191 7	8.594 4	11.806	16.060	21.647
11	3.478 5	4.226 2	4.652 4	5.117 3	6.175 9	7.430 1	10.657	15.112	21.199	29.439
12	3.896 0	4.817 9	5.350 3	5.936 0	7.287 6	8.916 1	13.215	19.343	27.983	40.038
13	4.363 5	5.492 4	6.152 8	6.885 8	8.599 4	10.699	16.386	24.759	36.937	54.451
14	4.887 1	6.261 3	7.075 7	7.987 5	10.147	12.839	20.319	31.691	48.757	74.053
15	5.473 6	7.137 9	8.137 1	9.265 5	11.974	15.407	25.196	40.565	64.359	100.71
16	6.130 4	8.137 2	9.357 6	10.748	14.129	18.488	31.243	51.923	84.954	136.97
17	6.866 0	9.276 5	10.761	12.468	16.672	22.186	38.741	66.461	112.14	186.28
18	7.690 0	10.575	12.376	14.463	19.673	26.623	48.039	85.071	148.02	253.34
19	8.612 8	12.056	14.232	16.777	23.214	31.948	59.568	108.89	195.39	344.54
20	9.646 3	13.744	16.367	19.461	27.393	38.338	73.864	139.38	257.92	468.57
21	10.804	15.668	18.822	22.575	32.324	46.005	91.592	178.41	340.45	637.26
22	12.100	17.861	21.645	26.186	38.142	55.206	113.57	228.36	449.39	866.67
23	13.552	20.362	24.892	30.376	45.008	66.247	140.83	292.30	593.20	1 178.7
24	15.179	23.212	28.625	35.236	53.109	79.497	174.63	374.14	783.02	1 603.0
25	17.000	26.462	32.919	40.874	62.669	95.396	216.54	478.90	1 033.6	2 180.1
26	19.040	30.167	37.857	47.414	73.949	114.48	268.51	613.00	1 364.3	2 964.9
27	21.325	34.390	43.535	55.000	87.260	137.37	332.96	784.64	1 800.9	4 032.3
28	23.884	39.205	50.066	63.800	102.97	164.84	412.86	1 004.3	2 377.2	5 483.9
29	26.750	44.693	57.576	74.009	121.50	197.81	511.95	1 285.6	3 137.9	7 458.1
30	29.960	50.950	66.212	85.850	143.37	237.38	634.82	1 645.5	4 142.1	10 143
40	93.051	188.88	267.86	378.72	750.38	1 469.8	5 455.9	19 427	66 521	*
50	289.00	700.23	1 083.7	1 670.7	3 927.4	9 100.4	46 890	*	*	*
60	897.60	2 595.9	4 384.0	7 370.2	20 555	56 348	*	*	*	*

注：* > 99 999。

计算公式：复利终值系数 = $(1+i)^n$，$S = P(1+i)^n$。

式中：P——现值或初始值；

　　　i——报酬率或利率；

　　　n——计息期数；

　　　S——终值或本利和。

附表二 复利现值系数表

期数	1%	2%	3%	4%	5%	6%	7%	8%	9%	10%
1	0.990 1	0.980 4	0.970 9	0.961 5	0.952 4	0.943 4	0.934 6	0.925 9	0.917 4	0.909 1
2	0.980 3	0.961 2	0.942 6	0.924 6	0.907 0	0.890 0	0.873 4	0.857 3	0.841 7	0.826 4
3	0.970 6	0.942 3	0.915 1	0.889 0	0.863 8	0.839 6	0.816 3	0.793 8	0.772 2	0.751 3
4	0.961 0	0.923 8	0.888 5	0.854 8	0.822 7	0.792 1	0.762 9	0.735 0	0.708 4	0.683 0
5	0.951 5	0.905 7	0.862 6	0.821 9	0.783 5	0.747 3	0.713 0	0.680 6	0.649 9	0.620 9
6	0.942 0	0.888 0	0.837 5	0.790 3	0.746 2	0.705 0	0.666 3	0.630 2	0.596 3	0.564 5
7	0.932 7	0.870 6	0.813 1	0.759 9	0.710 7	0.665 1	0.622 7	0.583 5	0.547 0	0.513 2
8	0.923 5	0.853 5	0.789 4	0.730 7	0.676 8	0.627 4	0.582 0	0.540 3	0.501 9	0.466 5
9	0.914 3	0.836 8	0.766 4	0.702 6	0.644 6	0.591 9	0.543 9	0.500 2	0.460 4	0.424 1
10	0.905 3	0.820 3	0.744 1	0.675 6	0.613 9	0.558 4	0.508 3	0.463 2	0.422 4	0.385 5
11	0.896 3	0.804 3	0.722 4	0.649 6	0.584 7	0.526 8	0.475 1	0.428 9	0.387 5	0.350 5
12	0.887 4	0.788 5	0.701 4	0.624 6	0.556 8	0.497 0	0.444 0	0.397 1	0.355 5	0.318 6
13	0.878 7	0.773 0	0.681 0	0.600 6	0.530 3	0.468 8	0.415 0	0.367 7	0.326 2	0.289 7
14	0.870 0	0.757 9	0.661 1	0.577 5	0.505 1	0.442 3	0.387 8	0.340 5	0.299 2	0.263 3
15	0.861 3	0.743 0	0.641 9	0.555 3	0.481 0	0.417 3	0.362 4	0.315 2	0.274 5	0.239 4
16	0.852 8	0.728 4	0.623 2	0.533 9	0.458 1	0.393 6	0.338 7	0.291 9	0.251 9	0.217 6
17	0.844 4	0.714 2	0.605 0	0.513 4	0.436 3	0.371 4	0.316 6	0.270 3	0.231 1	0.197 8
18	0.836 0	0.700 2	0.587 4	0.493 6	0.415 5	0.350 3	0.295 9	0.250 2	0.212 0	0.179 9
19	0.827 7	0.686 4	0.570 3	0.474 6	0.395 7	0.330 5	0.276 5	0.231 7	0.194 5	0.163 5
20	0.819 5	0.673 0	0.553 7	0.456 4	0.376 9	0.311 8	0.258 4	0.214 5	0.178 4	0.148 6
21	0.811 4	0.659 8	0.537 5	0.438 8	0.358 9	0.294 2	0.241 5	0.198 7	0.163 7	0.135 1
22	0.803 4	0.646 8	0.521 9	0.422 0	0.341 8	0.277 5	0.225 7	0.183 9	0.150 2	0.122 8
23	0.795 4	0.634 2	0.506 7	0.405 7	0.325 6	0.261 8	0.210 9	0.170 3	0.137 8	0.111 7
24	0.787 6	0.621 7	0.491 9	0.390 1	0.310 1	0.247 0	0.197 1	0.157 7	0.126 4	0.101 5
25	0.779 8	0.609 5	0.477 6	0.375 1	0.295 3	0.233 0	0.184 2	0.146 0	0.116 0	0.092 3
26	0.772 0	0.597 6	0.463 7	0.360 7	0.281 2	0.219 8	0.172 2	0.135 2	0.106 4	0.083 9
27	0.764 4	0.585 9	0.450 2	0.346 8	0.267 8	0.207 4	0.160 9	0.125 2	0.097 6	0.076 3
28	0.756 8	0.574 4	0.437 1	0.333 5	0.255 1	0.195 6	0.150 4	0.115 9	0.089 5	0.069 3
29	0.749 3	0.563 1	0.424 3	0.320 7	0.242 9	0.184 6	0.140 6	0.107 3	0.082 2	0.063 0
30	0.741 9	0.552 1	0.412 0	0.308 3	0.231 4	0.174 1	0.131 4	0.099 4	0.075 4	0.057 3
35	0.705 9	0.500 0	0.355 4	0.253 4	0.181 3	0.130 1	0.093 7	0.067 6	0.049 0	0.035 6
40	0.671 7	0.452 9	0.306 6	0.208 3	0.142 0	0.097 2	0.066 8	0.046 0	0.031 8	0.022 1
45	0.639 1	0.410 2	0.264 4	0.171 2	0.111 3	0.072 7	0.047 6	0.031 3	0.020 7	0.013 7
50	0.608 0	0.371 5	0.228 1	0.140 7	0.087 2	0.054 3	0.033 9	0.021 3	0.013 4	0.008 5
55	0.578 5	0.336 5	0.196 8	0.115 7	0.068 3	0.040 6	0.024 2	0.014 5	0.008 7	0.005 3

续表

期数	12%	14%	15%	16%	18%	20%	24%	28%	32%	36%
1	0.8929	0.8772	0.8696	0.862	0.8475	0.8333	0.8065	0.7813	0.7576	0.7353
2	0.7972	0.7695	0.7561	0.7432	0.7182	0.6944	0.6504	0.6104	0.5739	0.5407
3	0.7118	0.6750	0.6575	0.6407	0.6086	0.5787	0.5245	0.4768	0.4348	0.3975
4	0.6355	0.5921	0.5718	0.5523	0.5158	0.4823	0.4230	0.3725	0.3294	0.2923
5	0.5674	0.5194	0.4972	0.4761	0.4371	0.4019	0.3411	0.2910	0.2495	0.2149
6	0.5066	0.4556	0.4323	0.4104	0.3704	0.3349	0.2751	0.2274	0.1890	0.1580
7	0.4523	0.3996	0.3759	0.3538	0.3139	0.2791	0.2218	0.1776	0.1432	0.1162
8	0.4039	0.3506	0.3269	0.3050	0.2660	0.2326	0.1789	0.1388	0.1085	0.0854
9	0.3606	0.3075	0.2843	0.2630	0.2255	0.1938	0.1443	0.1084	0.0822	0.0628
10	0.3220	0.2697	0.2472	0.2267	0.1911	0.1615	0.1164	0.0847	0.0623	0.0462
11	0.2875	0.2366	0.2149	0.1954	0.1619	0.1346	0.0938	0.0662	0.0472	0.0340
12	0.2567	0.2076	0.1869	0.1685	0.1372	0.1122	0.0757	0.0517	0.0357	0.0250
13	0.2292	0.1821	0.1625	0.1452	0.1163	0.0935	0.0610	0.0404	0.0271	0.0184
14	0.2046	0.1597	0.1413	0.1252	0.0985	0.0779	0.0492	0.0316	0.0205	0.0135
15	0.1827	0.1401	0.1229	0.1079	0.0835	0.0649	0.0397	0.0247	0.0155	0.0099
16	0.1631	0.1229	0.1069	0.0930	0.0708	0.0541	0.0320	0.0193	0.0118	0.0073
17	0.1456	0.1078	0.0929	0.0802	0.0600	0.0451	0.0258	0.0150	0.0089	0.0054
18	0.1300	0.0946	0.0808	0.0691	0.0508	0.0376	0.0208	0.0118	0.0068	0.0039
19	0.1161	0.0829	0.0703	0.0596	0.0431	0.0313	0.0168	0.0092	0.0051	0.0029
20	0.1037	0.0728	0.0611	0.0514	0.0365	0.0261	0.0135	0.0072	0.0039	0.0021
21	0.0926	0.0638	0.0531	0.0443	0.0309	0.0217	0.0109	0.0056	0.0029	0.0016
22	0.0826	0.0560	0.0462	0.0382	0.0262	0.0181	0.0088	0.0044	0.0022	0.0012
23	0.0738	0.0491	0.0402	0.0329	0.0222	0.0151	0.0071	0.0034	0.0017	0.0008
24	0.0659	0.0431	0.0349	0.0284	0.0188	0.0126	0.0057	0.0027	0.0013	0.0006
25	0.0588	0.0378	0.0304	0.0245	0.0160	0.0105	0.0046	0.0021	0.0010	0.0005
26	0.0525	0.0331	0.0264	0.0211	0.0135	0.0087	0.0037	0.0016	0.0007	0.0003
27	0.0469	0.0291	0.0230	0.0182	0.0115	0.0073	0.0030	0.0013	0.0006	0.0002
28	0.0419	0.0255	0.0200	0.0157	0.0097	0.0061	0.0024	0.0010	0.0004	0.0002
29	0.0374	0.0224	0.0174	0.0135	0.0082	0.0051	0.0020	0.0008	0.0003	0.0001
30	0.0334	0.0196	0.0151	0.0116	0.0070	0.0042	0.0016	0.0006	0.0002	0.0001
35	0.0189	0.0102	0.0075	0.0055	0.0030	0.0017	0.0005	0.0002	0.0001	*
40	0.0107	0.0053	0.0037	0.0026	0.0013	0.0007	0.0002	0.0001	*	*
45	0.0061	0.0027	0.0019	0.0013	0.0006	0.0003	0.0001	*	*	*
50	0.0035	0.0014	0.0009	0.0006	0.0003	0.0001	*	*	*	*
55	0.0020	0.0007	0.0005	0.0003	0.0001	*	*	*	*	*

注：* < 0.0001。

计算公式：复利现值系数 = $(1+i)^{-n}$，$P = \dfrac{S}{(1+i)^n} = S(1+i)^{-n}$。

式中：P——现值或初始值；
i——报酬率或利率；
n——计息期数；
S——终值或本利和。

附表三　年金终值系数表

期数	1%	2%	3%	4%	5%	6%	7%	8%	9%	10%
1	1.000 0	1.000 0	1.000 0	1.000 0	1.000 0	1.000 0	1.000 0	1.000 0	1.000 0	1.000 0
2	2.010 0	2.020 0	2.030 0	2.040 0	2.050 0	2.060 0	2.070 0	2.080 0	2.090 0	2.100 0
3	3.030 1	3.060 4	3.090 9	3.121 6	3.152 5	3.183 6	3.214 9	3.246 4	3.278 1	3.310 0
4	4.060 4	4.121 6	4.183 6	4.246 5	4.310 1	4.374 6	4.439 9	4.506 1	4.573 1	4.641 0
5	5.101 0	5.204 0	5.309 1	5.416 3	5.525 6	5.637 1	5.750 7	5.866 6	5.984 7	6.105 1
6	6.152 0	6.308 1	6.468 4	6.633 0	6.801 9	6.975 3	7.153 3	7.335 9	7.523 3	7.715 6
7	7.213 5	7.434 3	7.662 5	7.898 3	8.142 0	8.393 8	8.654 0	8.922 8	9.200 4	9.487 2
8	8.285 7	8.583 0	8.892 3	9.214 2	9.549 1	9.897 5	10.260	10.637	11.029	11.436
9	9.368 5	9.754 6	10.159	10.583	11.027	11.491	11.978	12.488	13.021	13.580
10	10.462	10.950	11.464	12.006	12.578	13.181	13.816	14.487	15.193	15.937
11	11.567	12.169	12.808	13.486	14.207	14.972	15.784	16.646	17.560	18.531
12	12.683	13.412	14.192	15.026	15.917	16.870	17.889	18.977	20.141	21.384
13	13.809	14.680	15.618	16.627	17.713	18.882	20.141	21.495	22.953	24.523
14	14.947	15.974	17.086	18.292	19.599	21.015	22.551	24.215	26.019	27.975
15	16.097	17.293	18.599	20.024	21.579	23.276	25.129	27.152	29.361	31.773
16	17.258	18.639	20.157	21.825	23.658	25.673	27.888	30.324	33.003	35.950
17	18.430	20.012	21.762	23.698	25.840	28.213	30.840	33.750	36.974	40.545
18	19.615	21.412	23.414	25.645	28.132	30.906	33.999	37.450	41.301	45.599
19	20.811	22.841	25.117	27.671	30.539	33.760	37.379	41.446	46.019	51.159
20	22.019	24.297	26.870	29.778	33.066	36.786	40.996	45.762	51.160	57.275
21	23.239	25.783	28.677	31.969	35.719	39.993	44.865	50.423	56.765	64.003
22	24.472	27.299	30.537	34.248	38.505	43.392	49.006	55.457	62.873	71.403
23	25.716	28.845	32.453	36.618	41.431	46.996	53.436	60.893	69.532	79.543
24	26.974	30.422	34.427	39.083	44.502	50.816	58.177	66.765	76.790	88.497
25	28.243	32.030	36.459	41.646	47.727	54.865	63.249	73.106	84.701	98.347
26	29.526	33.671	38.553	44.312	51.114	59.156	68.677	79.954	93.324	109.18
27	30.821	35.344	40.710	47.084	54.669	63.706	74.484	87.351	102.72	121.10
28	32.129	37.051	42.931	49.968	58.403	68.528	80.698	95.339	112.97	134.21
29	33.450	38.792	45.219	52.966	62.323	73.640	87.347	103.97	124.14	148.63
30	34.785	40.568	47.575	56.085	66.439	79.058	94.461	113.28	136.31	164.49
40	48.886	60.402	75.401	95.026	120.80	154.76	199.64	259.06	337.88	442.59
50	64.463	84.579	112.80	152.67	209.35	290.34	406.53	573.77	815.08	1 163.9
60	81.670	114.05	163.05	237.99	353.58	533.13	813.52	1 253.2	1 944.8	3 034.8

续表

期数	12%	14%	15%	16%	18%	20%	24%	28%	32%	36%
1	1.000 0	1.000 0	1.000 0	1.000 0	1.000 0	1.000 0	1.000 0	1.000 0	1.000 0	1.000 0
2	2.120 0	2.140 0	2.150 0	2.160 0	2.180 0	2.200 0	2.240 0	2.280 0	2.320 0	2.360 0
3	3.374 4	3.439 6	3.472 5	3.505 6	3.572 4	3.640 0	3.777 6	3.918 4	4.062 4	4.209 6
4	4.779 3	4.921 1	4.993 4	5.066 5	5.215 4	5.368 0	5.684 2	6.015 6	6.362 4	6.725 1
5	6.352 8	6.610 1	6.742 4	6.877 1	7.154 2	7.441 6	8.048 4	8.699 9	9.398 3	10.146
6	8.115 2	8.535 5	8.753 7	8.977 5	9.442 0	9.929 9	10.980	12.136	13.406	14.799
7	10.089	10.731	11.067	11.414	12.142	12.916	14.615	16.534	18.696	21.126
8	12.300	13.233	13.727	14.240	15.327	16.499	19.123	22.163	25.678	29.732
9	14.776	16.085	16.786	17.519	19.086	20.799	24.713	29.369	34.895	41.435
10	17.549	19.337	20.304	21.322	23.521	25.959	31.643	38.593	47.062	57.352
11	20.655	23.045	24.349	25.733	28.755	32.150	40.238	50.399	63.122	78.998
12	24.133	27.271	29.002	30.850	34.931	39.581	50.895	65.510	84.320	108.44
13	28.029	32.089	34.352	36.786	42.219	48.497	64.110	84.853	112.30	148.48
14	32.393	37.581	40.505	43.672	50.818	59.196	80.496	109.61	149.24	202.93
15	37.280	43.842	47.580	51.660	60.965	72.035	100.82	141.30	198.00	276.98
16	42.753	50.980	55.718	60.925	72.939	87.442	126.01	181.87	262.36	377.69
17	48.884	59.118	65.075	71.673	87.068	105.93	157.25	233.79	347.31	514.66
18	55.750	68.394	75.836	84.141	103.74	128.12	195.99	300.25	459.45	700.94
19	63.440	78.969	88.212	98.603	123.41	154.74	244.03	385.32	607.47	954.28
20	72.052	91.025	102.44	115.38	146.63	186.69	303.60	494.21	802.86	1 298.8
21	81.699	104.77	118.81	134.84	174.02	225.03	377.46	633.59	1 060.8	1 767.4
22	92.503	120.44	137.63	157.42	206.34	271.03	469.06	812.00	1 401.2	2 404.7
23	104.60	138.30	159.28	183.60	244.49	326.24	582.63	1 040.4	1 850.6	3 271.3
24	118.16	158.66	184.17	213.98	289.49	392.48	723.46	1 332.7	2 443.8	4 450.0
25	133.33	181.87	212.79	249.21	342.60	471.98	898.09	1 706.8	3 226.8	6 053.0
26	150.33	208.33	245.71	290.09	405.27	567.38	1 114.6	2 185.7	4 260.4	8 233.1
27	169.37	238.50	283.57	337.50	479.22	681.85	1 383.1	2 798.7	5 624.8	11 198
28	190.70	272.89	327.10	392.50	566.48	819.22	1 716.1	3 583.3	7 425.7	15 230
29	214.58	312.09	377.17	456.30	669.45	984.07	2 129.0	4 587.7	9 802.9	20 714
30	241.33	356.79	434.75	530.31	790.95	1 181.9	2 640.9	5 873.2	12 941	28 172
40	767.09	1 342.0	1 779.1	2 360.8	4 163.2	7 343.9	22 729	69 377	207 874	609 890
50	2 400.0	4 994.5	7 217.7	10 436	21 813	45 497	195 373	819 103	*	*
60	7 471.6	18 535	29 220	46 058	114 190	281 733	*	*	*	*

注：* > 999 999.99。

计算公式：年金终值系数 = $\frac{(1+i)^n - 1}{i}$，$S = A \frac{(1+i)^n - 1}{i}$。

式中：A——每期等额支付（或收入）的金额；
i——报酬率或利率；
n——计息期数；
S——年金终值或本利和。

附表四 年金现值系数表

期数	1%	2%	3%	4%	5%	6%	7%	8%	9%	10%
1	0.990 1	0.980 4	0.970 9	0.961 5	0.952 4	0.943 4	0.934 6	0.925 9	0.917 4	0.909 1
2	1.970 4	1.941 6	1.913 5	1.886 1	1.859 4	1.833 4	1.808 0	1.783 3	1.759 1	1.735 5
3	2.941 0	2.883 9	2.828 6	2.775 1	2.723 2	2.673 0	2.624 3	2.577 1	2.531 3	2.486 9
4	3.902 0	3.807 7	3.717 1	3.629 9	3.546 0	3.465 1	3.387 2	3.312 1	3.239 7	3.169 9
5	4.853 4	4.713 5	4.579 7	4.451 8	4.329 5	4.212 4	4.100 2	3.992 7	3.889 7	3.790 8
6	5.795 5	5.601 4	5.417 2	5.242 1	5.075 7	4.917 3	4.766 5	4.622 9	4.485 9	4.355 3
7	6.728 2	6.472 0	6.230 3	6.002 1	5.786 4	5.582 4	5.389 3	5.206 4	5.033 0	4.868 4
8	7.651 7	7.325 5	7.019 7	6.732 7	6.463 2	6.209 8	5.971 3	5.746 6	5.534 8	5.334 9
9	8.566 0	8.162 2	7.786 1	7.435 3	7.107 8	6.801 7	6.515 2	6.246 9	5.995 2	5.759 0
10	9.471 3	8.982 6	8.530 2	8.110 9	7.721 7	7.360 1	7.023 6	6.710 1	6.417 7	6.144 6
11	10.367 6	9.786 8	9.252 6	8.760 5	8.306 4	7.886 9	7.498 7	7.139 0	6.805 2	6.495 1
12	11.255 1	10.575 3	9.954 0	9.385 1	8.863 3	8.383 8	7.942 7	7.536 1	7.160 7	6.813 7
13	12.133 7	11.348 4	10.635 0	9.985 6	9.393 6	8.852 7	8.357 7	7.903 8	7.486 9	7.103 4
14	13.003 7	12.106 2	11.296 1	10.563 1	9.898 6	9.295 0	8.745 5	8.244 2	7.786 2	7.366 7
15	13.865 1	12.849 3	11.937 9	11.118 4	10.379 7	9.712 2	9.107 9	8.559 5	8.060 7	7.606 1
16	14.717 9	13.577 7	12.561 1	11.652 3	10.837 8	10.105 9	9.446 6	8.851 4	8.312 6	7.823 7
17	15.562 3	14.291 9	13.166 1	12.165 7	11.274 1	10.477 3	9.763 2	9.121 6	8.543 6	8.021 6
18	16.398 3	14.992 0	13.753 5	12.659 3	11.689 6	10.827 6	10.059 1	9.371 9	8.755 6	8.201 4
19	17.226 0	15.678 5	14.323 8	13.133 9	12.085 3	11.158 1	10.335 6	9.603 6	8.950 1	8.364 9
20	18.045 6	16.351 4	14.877 5	13.590 3	12.462 2	11.469 9	10.594 0	9.818 1	9.128 5	8.513 6
21	18.857 0	17.011 2	15.415 0	14.029 2	12.821 2	11.764 1	10.835 5	10.016 8	9.292 2	8.648 7
22	19.660 4	17.658 0	15.936 9	14.451 1	13.163 0	12.041 6	11.061 2	10.200 7	9.442 4	8.771 5
23	20.455 8	18.292 2	16.443 6	14.856 8	13.488 6	12.303 4	11.272 2	10.371 1	9.580 2	8.883 2
24	21.243 4	18.913 9	16.935 5	15.247 0	13.798 6	12.550 4	11.469 3	10.528 8	9.706 6	8.984 7
25	22.023 2	19.523 5	17.413 1	15.622 1	14.093 9	12.783 4	11.653 6	10.674 8	9.822 6	9.077 0
26	22.795 2	20.121 0	17.876 8	15.982 8	14.375 2	13.003 2	11.825 8	10.810 0	9.929 0	9.160 9
27	23.559 6	20.706 9	18.327 0	16.329 6	14.643 0	13.210 5	11.986 7	10.935 2	10.026 6	9.237 2
28	24.316 4	21.281 3	18.764 1	16.663 1	14.898 1	13.406 2	12.137 1	11.051 1	10.116 1	9.306 6
29	25.065 8	21.844 4	19.188 5	16.983 7	15.141 1	13.590 7	12.277 7	11.158 4	10.198 3	9.369 6
30	25.807 7	22.396 5	19.600 4	17.292 0	15.372 5	13.764 8	12.409 0	11.257 8	10.273 7	9.426 9
35	29.408 6	24.998 6	21.487 2	18.664 6	16.374 2	14.498 2	12.947 7	11.654 6	10.566 8	9.644 2
40	32.834 7	27.355 5	23.114 8	19.792 8	17.159 1	15.046 3	13.331 7	11.924 6	10.757 4	9.779 1
45	36.094 5	29.490 2	24.518 7	20.720 0	17.774 1	15.455 8	13.605 5	12.108 4	10.881 2	9.862 8
50	39.196 1	31.423 6	25.729 8	21.482 2	18.255 9	15.761 9	13.800 7	12.233 5	10.961 7	9.914 8
55	42.147 2	33.174 8	26.774 4	22.108 6	18.633 5	15.990 5	13.939 9	12.318 6	11.014 0	9.947 1

续表

期数	12%	14%	15%	16%	18%	20%	24%	28%	32%	36%
1	0.892 9	0.877 2	0.869 6	0.862 1	0.847 5	0.833 3	0.806 5	0.781 3	0.757 6	0.735 3
2	1.690 1	1.646 7	1.625 7	1.605 2	1.565 6	1.527 8	1.456 8	1.391 6	1.331 5	1.276 0
3	2.401 8	2.321 6	2.283 2	2.245 9	2.174 3	2.106 5	1.981 3	1.868 4	1.766 3	1.673 5
4	3.037 3	2.913 7	2.855 0	2.798 2	2.690 1	2.588 7	2.404 3	2.241 0	2.095 7	1.965 8
5	3.604 8	3.433 1	3.352 2	3.274 3	3.127 2	2.990 6	2.745 4	2.532 0	2.345 2	2.180 7
6	4.111 4	3.888 7	3.784 5	3.684 7	3.497 6	3.325 5	3.020 5	2.759 4	2.534 2	2.338 8
7	4.563 8	4.288 3	4.160 4	4.038 6	3.811 5	3.604 6	3.242 3	2.937 0	2.677 5	2.455 0
8	4.967 6	4.638 9	4.487 3	4.343 6	4.077 6	3.837 2	3.421 2	3.075 8	2.786 0	2.540 4
9	5.328 2	4.946 4	4.771 6	4.606 5	4.303 0	4.031 0	3.565 5	3.184 2	2.868 1	2.603 3
10	5.650 2	5.216 1	5.018 8	4.833 2	4.494 1	4.192 5	3.681 9	3.268 9	2.930 4	2.649 5
11	5.937 7	5.452 7	5.233 7	5.028 6	4.656 0	4.327 1	3.775 7	3.335 1	2.977 6	2.683 4
12	6.194 4	5.660 3	5.420 6	5.197 1	4.793 2	4.439 2	3.851 4	3.386 8	3.013 3	2.708 4
13	6.423 5	5.842 4	5.583 1	5.342 3	4.909 5	4.532 7	3.912 4	3.427 2	3.040 4	2.726 8
14	6.628 2	6.002 1	5.724 5	5.467 5	5.008 1	4.610 6	3.961 6	3.458 7	3.060 9	2.740 3
15	6.810 9	6.142 2	5.847 4	5.575 5	5.091 6	4.675 5	4.001 3	3.483 4	3.076 4	2.750 2
16	6.974 0	6.265 1	5.954 2	5.668 5	5.162 4	4.729 6	4.033 3	3.502 6	3.088 2	2.757 5
17	7.119 6	6.372 9	6.047 2	5.748 7	5.222 3	4.774 6	4.059 1	3.517 7	3.097 1	2.762 9
18	7.249 7	6.467 4	6.128 0	5.817 8	5.273 2	4.812 2	4.079 9	3.529 4	3.103 9	2.766 8
19	7.365 8	6.550 4	6.198 2	5.877 5	5.316 2	4.843 5	4.096 7	3.538 6	3.109 0	2.769 7
20	7.469 4	6.623 1	6.259 3	5.928 8	5.352 7	4.869 6	4.110 3	3.545 8	3.112 9	2.771 8
21	7.562 0	6.687 0	6.312 5	5.973 1	5.383 7	4.891 3	4.121 2	3.551 4	3.115 8	2.773 4
22	7.644 6	6.742 9	6.358 7	6.011 3	5.409 9	4.909 4	4.130 0	3.555 8	3.118 0	2.774 6
23	7.718 4	6.792 1	6.398 8	6.044 2	5.432 1	4.924 5	4.137 1	3.559 2	3.119 7	2.775 4
24	7.784 3	6.835 1	6.433 8	6.072 6	5.450 9	4.937 1	4.142 8	3.561 9	3.121 0	2.776 0
25	7.843 1	6.872 9	6.464 1	6.097 1	5.466 9	4.947 6	4.147 4	3.564 0	3.122 0	2.776 5
26	7.895 7	6.906 1	6.490 6	6.118 2	5.480 4	4.956 3	4.151 1	3.565 6	3.122 7	2.776 8
27	7.942 6	6.935 2	6.513 5	6.136 4	5.491 9	4.963 6	4.154 2	3.566 9	3.123 3	2.777 1
28	7.984 4	6.960 7	6.533 5	6.152 0	5.501 6	4.969 7	4.156 6	3.567 9	3.123 7	2.777 3
29	8.021 8	6.983 0	6.550 9	6.165 6	5.509 8	4.974 7	4.158 5	3.568 7	3.124 0	2.777 4
30	8.055 2	7.002 7	6.566 0	6.177 2	5.516 8	4.978 9	4.160 1	3.569 3	3.124 2	2.777 5
35	8.175 5	7.070 0	6.616 6	6.215 3	5.538 6	4.991 5	4.164 4	3.570 8	3.124 8	2.777 7
40	8.243 8	7.105 0	6.641 8	6.233 5	5.548 2	4.996 6	4.165 9	3.571 2	3.125 0	2.777 8
45	8.282 5	7.123 2	6.654 3	6.242 1	5.552 3	4.998 6	4.166 4	3.571 4	3.125 0	2.777 8
50	8.304 5	7.132 7	6.660 5	6.246 3	5.554 1	4.999 5	4.166 6	3.571 4	3.125 0	2.777 8
55	8.317 0	7.137 6	6.663 6	6.248 2	5.554 9	4.999 8	4.166 6	3.571 4	3.125 0	2.777 8

计算公式：年金现值系数 $=\dfrac{1-(1+i)^{-n}}{i}$，$P=A\dfrac{1-(1+i)^{-n}}{i}$。

式中：A——每期等额支付（或收入）的金额；

　　　i——报酬率或利率；

　　　n——计息期数；

　　　P——年金现值或本利和。

参考文献

［1］王化成. 财务管理学（第8版）［M］. 北京：中国人民大学出版社，2022.

［2］斯蒂芬·罗斯. 财务管理（第10版）［M］. 北京：机械工业出版社，2021.

［3］财政部会计资格评价中心. 财务管理［M］. 北京：经济科学出版社，2023.

［4］闫华红. 财务管理学（第4版）［M］. 北京：首都经济贸易大学出版社，2020.

［5］龚巧莉. 全面预算管理：案例与实务指引（第2版）［M］. 北京：机械工业出版社，2022.

［6］刘淑莲. 财务管理（第6版）［M］. 大连：东北财经大学出版社，2022.

［7］张俊民. 财务管理学（第1版）［M］. 上海：立信会计出版社，2022.

［8］东奥会计在线. 中级财务管理（上、中、下册）［M］. 北京：北京科学技术出版社，2022.

［9］李贺. 财务管理（第2版）［M］. 上海：立信会计出版社，2022.

［10］理查德·A. 布雷利. 公司金融（第12版）［M］. 北京：机械工业出版社，2017.

［11］斯蒂芬·H. 佩因曼. 财务报表分析与证券估值（第1版）［M］. 北京：机械工业出版社，2016.

［12］兰海林. 企业战略管理（第4版）［M］. 北京：科学出版社，2022.

［13］刘力. 公司财务（第1版）［M］. 北京：北京大学出版社，2014.

［14］尤金·F. 布里格姆. 财务管理精要（第1版）［M］. 北京：机械工业出版社，2017.

［15］陈信元. 财务会计（第4版）［M］. 北京：高等教育出版社，2023.

［16］新道科技股份有限公司. 财务共享服务业务处理（第1版）［M］. 北京：高等教育出版社，2021.